D1668932

Alexander von Humboldt

Essay über Kuba

Neu übersetzt und herausgegeben
von Irene Prüfer Leske

Título: Essay über Kuba
Autor: Alexander von Humboldt

Traductora y coordinadora: © Irene Prüfer Leske
Título original: *Essai politique sur l'Ile de Cuba*

Photographien:
Gebäude: Fakultät für Architektur Universität Alicante
Landschaften: Irene Prüfer Leske
Stiche: Nationalmuseum Madrid

I.S.B.N.: 84-8454-201-7
Depósito legal: A-881-2002

Edita: Editorial Club Universitario Telf.: 96 567 38 45
C/ Cottolengo, 25 – San Vicente (Alicante)
www.ecu.fm

Printed in Spain
Imprime: Imprenta Gamma Telf.: 965 67 19 87
C/. Cottolengo, 25 - San Vicente (Alicante)
www.gamma.fm
gamma@gamma.fm

L'esclavage est sans doute le plus grand de tous les maux qui ont affligé l'humanité.

A.v. Humboldt
Essai politique sur l'Ile de Cuba

Danksagung

Bei der Neu-Übersetzung des *Essai politique sur l'Ile de Cuba* ins Deutsche gab es viele Fragen, die in Spanien auch nicht mit Hilfe von alten Übersetzungen, Wörterbüchern oder Experten an der Universität Alicante gelöst werden konnten. Als Hauptverantwortliche des Projekts *Nuevas Traducciones del "Essai politique sur l'Ile de Cuba" de Alexander von Humboldt al alemán y al español, con motivo del 200 aniversario de la llegada de Humboldt a la Isla de Cuba en el año 2000* (Generalitat Valenciana Proyecto I+D Nr. GV99-36-1-09) danke ich daher im Namen meiner Kollegin, die an diesem Projekt beteiligt war, Frau Dr. Rosario Martí Marco, in erster Linie der valenzianischen Landesregierung (Generalitat Valenciana), die dieses Projekt in den Jahren 1999-2000 gefördert hat. Außer der spanischen Landesregierung haben Frau Martí und mir die dem Spanischen Außenministerium (Ministerio de Asuntos Exteriores) angegliederte Spanische Agentur für Internationale Zusammenarbeit (Agencia Española de Cooperación Internacional) sowie die Außenstelle der Universität Alicante in Havanna (Proyecto Habana de la Universidad de Alicante), über ihre Leiterin an der Universität Alicante, Frau Margarita Mazzella Di Bosco und ihren Vertreter in Havanna, Herr Alberto Alfonso García, mit entsprechenden finanziellen Unterstützungen in den Jahren 2000 und 2001 jeweils eine Reise nach Havanna und Umgebung und Trinidad ermöglicht, wo wir vor Ort dank der Hilfe der Universität Havanna, der Cátedra Humboldt und ihrem ersten Vorsitzenden, Dr. Iván Muñoz, dem Humboldt-Haus (Casa Humboldt) und seinem Leiter, Herrn Echeverría, dem Museum in Batabanó und seinem Leiter, Herrn Efraín Arrascaeta, Herrn Rafael Fernández Moya, dem Kulturbeauftragten des kubanischen Reiseunternehmens Habaguanex, S.A. und vielen anderen, wertvolle Hinweise und Antworten auf unsere mannigfaltigen Fragen einholen konnten. Ohne die finanzielle und administrative Unterstützung der erwähnten Institutionen und den selbstlosen persönlichen Einsatz der genannten Personen wäre dieses Unterfangen nicht möglich gewesen.

Vertieft wurde unsere Kenntnis weiterhin durch das Symposium *Simposio Interdisciplinar sobre Alexander von Humboldt*, das in Erinnerung des ersten Aufenthalts Humboldts auf Kuba und seines 200. Jahrestages am 1. März 2001 auf meine Initiative hin an der Universität Alicante veranstaltet wurde. Ganz besonderen Dank darf ich an dieser Stelle dem Prorektorat für Außenstellen und Institutionelle Zusammenarbeit der Universität Alicante und dem damaligen Prorektor Prof. Dr. Antonio Ramos Hidalgo aussprechen, ohne deren finanzielle und logistische Unterstützung das Symposium nicht stattgefunden hätte, ebenso den Beitragenden aus dem In- und Ausland, die Humboldt und das humboldtianische Gedanken- und Ideengut einem breiten Publikum in Alicante näher gebracht haben: seiner Magnifizenz, Prof. Dr. Salvador Ordóñez, Rektor der Universität Alicante, Prof. Dr. Ottmar Ette, Universität Potsdam, Dr. Jürgen Misch, Cátedra Humboldt Universität La Laguna – Teneriffa, Prof. Dr. Rosario Martí Marco.

Großen Dank sagen möchten wir der Deutschen Botschaft in Madrid und ihrem damaligen Kulturattaché, Dr. Peter Adamek, dem Goethe-Institut / Inter Nationes Madrid und seiner PV-Beauftragten Frau Beate Köhler für ihre aktive Unterstützung bei der Veranstaltung der Plakatausstellung "Alexander v. Humboldt 1769 – 1859", die zunächst an der Universität Alicante und wenige Wochen später zur Erinnerung an den Aufenthalt Humboldts im Humboldt-Haus in Havanna gezeigt und vom Deutschen Botschafter in Havanna, Dr.Wolff eröffnet wurde.

Ein besonderer Beitrag, ganz im Sinne unserer interdisziplinär ausgerichteten Arbeit, sind die von der Fakultät für Architektur der Universität Alicante zur Verfügung gestellten Zeichnungen und Bilder verschiedener restaurierter Gebäude des Alten Havanna von Familien, die Humboldt in seinem *Essay* erwähnt und von den Architekturstudenten unter Leitung von Herrn Antonio Jiménez Delgado in Havanna aufgenommen wurden. Wir danken allen Beteiligten ganz herzlich.

Wir sind folgender Institution, die die vorliegende Veröffentlichung sowohl finanziell als auch ideell unterstützt und somit ermöglicht hat, zu besonderem Dank verpflichtet:
Proyecto Habana Universität Alicante.

Ein ganz besonderer Dank gilt auch den geduldigen Korrektoren der von mir veranstalteten deutschen Version, meiner Kollegin, Frau Claudia Peter und meinem Bruder, Herrn Georg Prüfer - Schönfelder, der mir auch als Geograph mit fachlichem Rat zur Seite stand.

Unsere Danksagung gilt schließlich auch dem einzigartigen Wissenschaftler, Forscher und Denker Alexander von Humboldt selbst, der uns das Kuba von heute mit anderen Augen erleben lässt und dessen holistische Weltanschauung wir versuchen mit der Neuausgabe eines kleinen Ausschnitts seines Werkes der Öffentlichkeit neu vorzustellen. Wir hoffen, dass die Kubaner Humboldt weiterhin in ihren Herzen als den "sanften und friedlichen Eroberer" ihrer Insel bewahren, wie wir es an jenem Sonntagnachmittag Ende November 2000 erlebten, als wir überraschend in dem kleinen Museum von Batabanó nach Humboldt-Spuren fragten, uns Leiter Efraín Arrascaeta freudig willkommen hieß und zu unserem Erstaunen erklärte, dass er gerade dabei sei mit im Museum versammelten Mitbürgern

Batabanós anhand des *Ensayo político sobre la Isla de Cuba* über Humboldt zu sprechen und die 200-Jahrfeier seines Aufenthalts auf Kuba vorzubereiten.

Möge sich die Wirkung Humboldts und die Beliebtheit dieses Werkes auf andere spanisch- und deutschsprachige Länder ausdehnen und den Kuba - Interessierten einen historischen Einblick in die Lage Kubas vor 200 Jahren verschaffen!

Alicante, August 2002   Irene Prüfer Leske

Kurz-Biographie Alexander von Humboldts

Die folgende kurze Biographie stellt besonders diejenigen Daten heraus, die für das Kuba-Werk von Wichtigkeit sind.

1769	Geburt Alexander von Humboldts in Berlin
1779	Tod des Vaters von Alexander von Humboldt, Major Alexander Georg von Humboldt
1787-92	Studium in Frankfurt/Oder, Berlin, Göttingen, Hamburg und an der Freiberger Berg-Akademie
1789-99	Studienreise durch Deutschland, Italien, Schweiz, Polen und Frankreich
1794	Alexander von Humboldt wird zum Bergrat ernannt. Er lernt Goethe kennen.
1796	Tod der Mutter Humboldts, die ihm ein beträchtliches Vermögen hinterlässt.
1798	April bis Oktober: Aufenthalt in Paris, wo er den Arzt und späteren Reise- und Forschungsgefährten Aimé Bonpland kennenlernt.
1799	Januar bis Mai: Geographische Forschungsreise mit Bonpland durch Spanien und Ankunft in Madrid, wo Humboldt am spanischen Hof sein Forschungsvorhaben für die spanischen Kolonien vorstellt und die Erlaubnis zur Durchführung desselben erlangt, wodurch auch gewisse Ausgaben eingespart werden konnten. Mitte Mai Abreise aus Madrid. Am 5. Juni Abreise von La Coruña auf der "Pizarro", an der Burg "San Antonio" vorbei, in der Malaspina als Gefangener der spanischen Krone verweilte. 19.-25. Juni Aufenthalt auf Teneriffa und Besteigung des "Teide". Abfahrt Richtung Venezuela.
1799-1804	Forschungsreise durch Zentralamerika: Venezuela, Kuba, Kolumbien, Ecuador, Peru, Mexico, Vereinigte Staaten von Amerika und Rückkehr nach Frankreich. 18. Dezember 1800 bis 15. März 1801 erster Aufenthalt, 7. März 1804 – 29. April 1804 zweiter Aufenthalt Humboldts auf Kuba.

1804	Rückkehr nach Europa. Im August nimmt Humboldt in Paris seinen Wohnsitz ein. Er beginnt mit den Publikationen seiner *Relation Historique*, seiner "Reise in die Äquinoktial - Gegenden des neuen Kontinents". Freundschaft mit Bolivar.
1805	Humboldt wird Mitglied der Akademie der Wissenschaften zu Berlin.
1808	Beginn der Veröffentlichungen des *Essai politique sur le royaume de la Nouvelle Espagne* (Mexico) und *Ansichten der Natur*
1825-27	Veröffentlichung des *Essai politique sur l'Ile de Cuba* in Paris.
1805-39	Sein im Zeitraum von 34 Jahren veröffentlichtes Werk kann, wenn auch unvollständig geblieben, als das umfassendste Werk einer Privatperson aller Zeiten betrachtet werden.
1827	Nachdem Humboldt sein gesamtes privates Vermögen mit Forschungsreisen und Veröffentlichungen verbraucht hat und sowohl er als auch seine Verleger ruiniert sind, muss er notgedrungen in den Staatsdienst nach Berlin zurückkehren.
1827-28	Kosmos – Vorlesungen an der Universität zu Berlin
1828	Reise nach Russland und Sibirien bis an die Grenzen Chinas
1859	Tod Humboldts in Berlin im Alter von 90 Jahren

Vorwort

Die vorliegende Ausgabe in der Neuübersetzung ins Deutsche wurde auf Grund des in aller Welt gefeierten Gedenkens an den Forschungsaufenthalt Alexander von Humboldts vor 200 Jahren in der Neuen Welt veranstaltet. Das von moralischem Geist gezeichnete interdisziplinäre und transdisziplinäre Denken und Forschen Humboldts kam in den seit 1999 organisierten Ausstellungen, Symposien, Tagungen, Publikationen und Reisen zum Tragen.

Wenn auch das Werk über Kuba sich unter der kubanischen Bevölkerung selbst einer großen Beliebtheit erfreut, ist es doch weder in Deutschland noch in Spanien sehr verbreitet. Diese Tatsache steht in engem Zusammenhang damit, dass das Original in französischer Sprache geschrieben wurde und bisher keine modernen Übersetzungen weder ins Deutsche noch ins Spanische veranstaltet wurden. Daher rührt auch das geringe Interesse für Humboldt in Spanien, das in krassem Gegensatz zu seiner Berühmtheit vor allem in Lateinamerika steht. Dort wird er liebevoll der "zweite Entdecker Amerikas", der "sanfte Eroberer Kubas, ... der den Kubanern gehört, ... der erste Geograph und Ökologe" usw. genannt, während sich Alexander von Humboldt selbst als "der Geschichtsschreiber Amerikas" oder "Geschichtsschreiber der Kolonien" versteht. In Kuba ist er weiten Bevölkerungsschichten bekannt, sowohl bei Kindern als auch bei Erwachsenen, Lehrern, Professoren, Leitern von Museen und Buchhändlern.

Der Politische Essay über Kuba entsteht aus zwei verschiedenen Quellen: zum einen aus den zwei Aufenthalten 1799-1801 und 1804, die insgesamt kaum 5 Monate umfassen, und zum anderen aus den Veröffentlichungen 1825-27. Zum einen bestehen Tagebuchaufzeichnungen und zum anderen die eigenen Erhebungen, Erfahrungen und Reflektionen darüber. Dabei ist darauf hinzuweisen, dass zirka Dreiviertel des Kuba - Essays dem Studium der Bevölkerung und dem Menschen an sich im Umgang mit seiner Umwelt gewidmet sind. Das Vorhaben Humboldts ist hierbei im Dienste und Fortkommen des Menschen innerhalb eines moralischen Anspruchs zu verstehen. In engem Zusammenhang mit dem Mexiko-Werk, dem *Essai politique sur le royaume de la Nouvelle Espagne,* werden hier die Grundlagen für die moderne Landeskunde gelegt. So wie das Werk über Mexiko ist auch das Kuba-Werk als eine sozio-ökonomische Studie mit Beobachtungen über Natur und Kulturgeschichte zu verstehen. Interessant ist für den heutigen Kuba - Reisenden ein Vergleich der damaligen wirtschaftlichen Lage der Insel und den verschiedenen Produktionszweigen mit der heutigen Situation. Ein besonderes Augenmerk schenkt Humboldt der Zuckerindustrie, die seit der Kolonialzeit der "Motor der kubanischen Wirtschaft" ist. Von den 156 heute betriebenen Zuckerrohrplantagen sollen die Hälfte im Zuge der allgemeinen Wirtschaftskrise und dem Sinken der Zuckerpreise auf dem Weltmarkt geschlossen werden, was den Verlust von 100.000 Arbeitsplätzen (2,5 % der arbeitenden Bevölkerung Kubas) bedeutet (*El País*, 9. Juni 2002).

Besondere Beachtung ist der politischen Haltung Humboldts in Verfechtung der Unabhängigkeit der Völker Lateinamerikas vom verwerflichen Prinzip des Kolonialsystems zu schenken, die aus fast allen Seiten des Kuba-Werkes Humboldts spricht und zu der alle gesellschaftlichen und wirtschaftlichen Gegebenheiten in Bezug gesetzt werden, so z.B. auch das Verhältnis von Sklaven und Produktion in den Zuckerrohrplantagen. Die Hauptaufmerksamkeit gilt hierbei dem Schicksal der "importierten Neger-Sklaven aus Afrika". Zu Beginn des Kapitels über die Sklaverei steht Humboldts bezeichnender Ausspruch: "L'esclavage est sans doute le plus grand de tous les maux qui ont affligé l'humanité". Eine weitere Besorgnis gilt der offensichtlichen Ausrottung der Ureinwohner Kubas, deren Kultur der Wissenschaftler mit großem Respekt gegenüberstand. Im Vergleich zu den anderen Antillen und Nordamerika hatte Humboldt beobachtet, dass auf Kuba von der Urbevölkerung kaum Spuren zu verzeichnen waren. Diese Tatsache hatte verschiedene Hypothesen zur Folge, unter anderem die, dass die Ureinwohner aus Angst vor der Brutalität der Eroberer in Massen Selbstmord begangen hätten. Eine andere interessante Annahme von Humboldt, die sich heute durch die Realität bestätigt sieht, ist die, dass die Urbevölkerung sich vor den Eroberern mit kleinen Booten nach Florida zu retten versucht hätten. Diese Annahme wird von Anthropologen bestätigt, die eine Migrationsfluktuation von Norden nach Süden und Süden nach Norden beobachtet hatten.

Das Werk über Kuba erschien 1826 in einem Moment, zu dem Spanien fast alle Kolonien verloren hatte. Man nimmt an, dass Humboldt durch das separate Erscheinen des Werkes über Kuba, das eigentlich zu den "Reisen in die Äquinoktionalgegenden des Neuen Kontinents" gehörte, die Aufmerksamkeit auf diese Kolonie ziehen wollte, die Spanien noch geblieben war. In der Tat wurde der Text sofort ins Spanische übersetzt, jedoch nur mit den Initialen des Übersetzers versehen, dies nicht aus Verachtung dem Beruf des Übersetzers gegenüber, sondern in diesem Falle wohl mehr um ihn zu schützen. Diese Übersetzung, die nur ein Jahr nach Erscheinen (1826) des *Essai politique sur l'Ile de Cuba* im Jahre 1827 erschien, wurde sofort vom spanischen Gouverneur auf Kuba durch ein Dekret vom 29. November 1827 verboten.

Sämtliche offizielle und inoffizielle Schriften Humboldts, d.h. sowohl die Tagebuchaufzeichnungen als auch die Veröffentlichungen, legen offen dar, dass er die Situation der Kolonien als unhaltbar ansah, die dringende Veränderungen forderten. Jedoch war ihm nicht klar, welcher Ausweg aus dieser Situation der richtige war, damit alle Bewohner Kubas in den Genuss derselben Rechte kommen könnten. Die Vereinigten Staaten, als die große, im Aufbau begriffene Republik, waren dabei zweifelsohne ein Vorbild für ihn. Ohne die Figur eines militanten Revolutionärs einzunehmen, waren die Verteidigung der Menschenrechte und die Ideale der Französischen Revolution für Humboldt eine Konstante, nicht nur in seinen Äußerungen, sondern auch in seiner Haltung als Mensch und Wissenschaftler. Im Bewusstsein seiner Möglichkeiten und in Anbetracht des Schicksals von Malaspina kehrte er nach seiner Reise in die äquatorialen Gegenden nicht nach Madrid zurück, sondern ließ sich in Paris nieder, das damals das Zentrum des intellektuellen Austauschs von bedeutenden Wissenschaftlern war und das er dem damaligen Berlin mit seinem provinziellen Charakter vorzog. 1804 war er noch in der Lage, aus eigenen Mitteln zu leben.

Auf der einen Seite wurde, wie oben beschrieben, die Übersetzung des *Essai politique* ins Spanische in Kuba selbst sofort verboten, auf der anderen Seite wurde die Übersetzung von Thrasher ins Englische derartig manipuliert, dass das Kapitel über die Sklavenhalterei vollkommen herausgenommen wurde, um den damals in Amerika verbleibenden, die Sklaverei befürwortenden Parteien Auftrieb zu geben.

Bei der vorliegenden Übersetzung ins Deutsche wurde versucht, die referentielle, expressive und apellative Funktion des Ausgangstextes im Zieltext zu übermitteln. In der folgenden Darstellung der dazu verwendeten Übersetzungsstrategien wird dargelegt, auf welche Weise die Kommunikation zwischen dem heutigen Leser, der Kuba 200 Jahre nach Alexander von Humboldt besucht, und dem deutschen Wissenschaftler erleichtert werden soll. Ich würde mich über eine Rückmeldung freuen, in welchem Grade mir die Vermittlung gelungen oder misslungen ist.

Irene Prüfer Leske
Alicante 2002

13

Zu dieser Ausgabe

Alexander von Humboldt schreibt am Anfang seiner *Relation Historique*, der *Reise in die Äquinoktial-Gegenden des Neuen Kontinents*, zu der die vorliegende Abhandlung über Kuba zwar zählt, jedoch als eigenständig zu betrachten ist, von einem "doppelten Ziel": "Ich wollte die Länder, die ich besuchte, einer allgemeinen Kenntnis zuführen; und ich wollte Tatsachen zur Erweiterung einer Wissenschaft sammeln, die noch kaum skizziert ist und ziemlich unbestimmt bald *Physik der Welt*, bald *Theorie der Erde*, bald *Physikalische Geographie* genannt wird." In diesem Sinne lege ich das Kuba-Werk Humboldts hier zur neuerlichen Verbreitung in der vorliegenden Ausgabe besonders den Kuba-Reisenden und – Interessierten als Zieladressaten vor. Es kam mir darauf an, den teilweise in früheren Übersetzungen und auf früheren Übersetzungen aufbauenden Neuausgaben schwer verständlichen Text dem heutigen Publikum leichter zugänglich zu machen. Außerdem habe ich durch Erklärung, Verbesserung und Verdeutlichung einzelner Passagen im Text selbst versucht, die Ausgangskultur Humboldts dem Leser von heute näher zu bringen.

Eine wesentliche oder globale Übersetzungsstrategie meines Vorhabens, diesen historischen Text einer modernen Leserschaft zu erschließen, bestand darin, das Werk Humboldts in seiner Kultur unter Einsatz moderner Sprachmittel zeitgemäß und verständlich anzubieten. Äußere Merkmale dieser Modernisierung sind einerseits die Anwendung der neuen Rechtschreibung, andererseits wurden geographische, topographische und andere Bezeichnungen Humboldts den heutigen Namen (Puerto Príncipe > *Camagüey*) und der heutigen Schreibweise (Batabano > *Batabanó*) angepasst. Landschaftsbezeichnungen wurden erklärend beigefügt. Denn nichts ist schwieriger für den des Spanischen unkundigen Leser als ein Text voller spanischer Ausdrücke und Namen, die zwar der Liebe zur Exotik entgegenkommen, jedoch das Verständnis erheblich erschweren. Unter derselben Zielsetzung wurden lange, verschachtelte Sätze verkürzt, neu strukturiert und moderne Interpunktion angewendet. Obwohl Humboldt als Forscher alle seine Thesen minutiös diskutiert und der Akribie seiner weltumfassenden Vergleiche unterzieht und er damit ein genaues wissenschaftliches Arbeiten an den Tag legt, ist doch die Handhabung von spanischen Ausdrücken, Bezeichnungen und Redewendungen im Kuba-Werk recht uneinheitlich und unkonsequent zu nennen. Einige Ausdrücke werden ohne Erklärung oder Übersetzung in den Text übernommen, in anderen Fällen geben Fußnoten die Bedeutung auf Französisch wieder. Zur besseren Lesbarkeit wurde dieser von Humboldt im Original benutzte Wechsel zwischen französischer und spanischer Sprache behoben, ohne dabei in übertriebenen Purismus zu verfallen: Entweder wurde übersetzt, oder aber der Name belassen und erklärende Ergänzungen auf Deutsch beigefügt. Wir haben in diesem Sinne auch darauf verzichtet, die ohnehin große Anzahl der Anmerkungen durch eigene noch zu erhöhen, unde es vielmehr vorgezogen, alle Ergänzungen und Verdeutlichungen direkt in den Text aufzunehmen. Außerdem haben wir uns die Freiheit genommen, den Leser dieser Ausgabe keiner Geduldsprobe zu unterziehen und mannigfache Anmerkungen, vor allem bibliographischer Art, die nichts Neues zum Inhaltlichen beitrugen, wegzustreichen. Außerdem wurden der Anhang und die statistischen Angaben aus den Jahren 1825 - 1829 hier nicht wieder gegeben. Leser, die sich eingehender mit Alexander von Humboldt und gerade mit diesem Werk beschäftigen möchten, verweisen wir auf unsere vollständige Ausgabe, auf der die vorliegende beruht und die in den bibliographischen Angaben zu Ende dieser Vorbemerkung aufgeführt ist.

Offensichtliche Kohärenzfehler jeglicher - auch rechnerischer - Art (vor allem in den Tabellen und Statistiken), die schon im Original oder durch Transkription angelegt sind, wurden korrigiert. So schreibt Humboldt z.B. im letzten Kapitel über die Reise nach *Batabanó*, dass er im April in diese Gegend fuhr, obwohl belegt ist, dass er Kuba auf seiner ersten Reise zwischen Dezember und März schon am 16. März 1801 endgültig verließ. Wenn wir davon ausgehen, dass ein großer Teil des Ausgangstextes als auch des Zieltextes rein informative Funktion besitzt, wobei die einzelnen Zahlen heute unter veränderten Begebenheiten keine große oder eine stark veränderte Aussagekraft haben, macht eine Häufung von Fehlern in Tabellen und Statistiken die Übersetzung unglaubwürdig, da der Leser ja nicht weiß, ob diese beim Übersetzen (in diesem Falle Abschreiben) entstanden sind oder schon im Original vorhanden waren. Daher wurden die oftmals auf schwer lesbaren Ziffern und Fehlern des Originals basierenden unlogischen Summen und Ziffern anderer Übersetzungen vermieden.

Ein weiteres Anliegen war es, das Werk übersichtlicher zu gestalten. Deshalb wurde eine Neustrukturierung vorgenommen und dabei das Werk in 6 Kapitel mit oftmals vom Original abweichenden Abschnitten und entsprechenden Überschriften gegliedert. So findet der heutige Leser, der daran gewöhnt ist, ein Werk eventuell nur auszugsweise nach Interesse und Bedarf zu lesen, ein bestimmtes Kapitel leichter. Unsere Neuübersetzung dieses Werkes will somit ein gezielteres Lesen ermöglichen. Der Übersichtlichkeit dient auch die Konversion von Textstellen in Statistiken mit dem dazugehörigen Titel. Bei Humboldt durch Kursiv-Schrift hervorgehobene Ausdrücke wurden unterstrichen, dagegen Namen kubanischer Städte, Ortschaften, Berge, Flüsse und Inseln von uns mit

Kursiv-Schrift gekennzeichnet und bei Bedarf mit entsprechenden Erklärungen versehen (z.b. die Insel *Cayo de Piedras*). Alle Maßangaben wurden in ihrer ursprünglichen Bezeichnung übernommen. Die punktuellen Anmerkungen dazu geben eine Aufstellung der Maßangaben mit Erläuterungen und Entsprechungen derzeitig gültiger Maßeinheiten. Bei den Währungseinheiten wäre eine Umwandlung in heute gültige Einheiten sinnlos, wenn nicht unmöglich, daher wurde z.b. Piastres im Deutschen mit Piaster wieder gegeben.

Schließlich wurden auch Kürzungen von Textteilen vorgenommen, die für den angesprochenen Leserkreis von wenig Interesse sind, z.b. die Positionierung der Häfen Kubas im 2. Kapitel und der im Anhang aufgeführte Vergleich von Zuckerproduktion, -handel und -verbrauch der ganzen Welt und den Temperaturen in den heißen Zonen. Beibehalten dagegen wurden alle Anmerkungen, die inhaltlich wichtige Informationen enthalten, so z.b. im Kapitel über das Verbleiben der Urbevölkerung Kubas.

Die vorliegende Darstellung Kubas bewegt sich in einem breiten Spektrum von Stilen und Formen: Reisebericht, nüchterne Wiedergabe von Erhebungen mit Statistiken, glühende Parteinahme für Menschenrechte und Verurteilung der Sklavenhalterei. Die von Humboldt gewählte Gattungsbezeichnung "Essai politique" trifft auf die wenigsten Teile des Werkes zu. Nur der Anfang des ersten Teils und der letzte Teil des Werkes, die Reise von *Batabanó* nach *Trinidad*, können als Reisebericht gelten, der durchaus auch Anekdotisches enthält, z.B. die Ankunft und Abreise in und von *Trinidad*. Dieser Wechsel findet sich nicht nur von Kapitel zu Kapitel, sondern auch innerhalb einzelner Kapitel. Und damit steht immer die persönliche Note hinter Humboldts Berichten und Erhebungen, die seinen Anspruch glaubhaft macht, dass ihm das Kapitel über die Sklavenhalterei, von Thrasher vorsätzlich aus der Übersetzung desselben gestrichen, am meisten am Herzen lag.

Ich möchte den Kuba-Reisenden besonders folgende Kapitel zur Lektüre empfehlen, nach denen sie eine Reise auf den Spuren Humboldts zurechtlegen können: Das erste Kapitel über Havanna, nach dem sie einen Besuch Havannas auf den Spuren Alexander von Humboldts durchführen können. Empfehlenswert ist weiterhin eine Reise nach *Batabanó* und die umliegenden Sumpfgegenden auf der Suche nach (harmlosen) Kaimanen und Krokodilen. Weiterhin ist die Stadt *Trinidad* zu empfehlen und ein Besuch in einem "Ingenio", einer Zuckerplantage und Zuckersiederei. Ganz besonders möchte ich Ihnen aber ans Herz legen, die Reise von Humboldt zu den Inselchen *Jardines y Jardinillos* nicht nur im Geiste nachzuvollziehen.

Für diejenigen Interessierten, die sich eingehender mit Alexander von Humboldts Politischem Essay über Kuba, seinem Kuba-Werk beschäftigen möchten, empfehle ich folgende Ausgaben und Artikel:

Humboldt, Alexander von (1992): *Cuba-Werk, Herausgegeben und kommentiert von Hanno Beck*. Studienausgabe Band III. Darmstadt: Wissenschaftliche Buchgesellschaft.

Humboldt, Alexander von (2003): *Politischer Essay über die Insel Kuba*. Neu übersetzt und herausgegeben von Irene Prüfer Leske. Alicante: ECU

Prüfer, Irene (2001): "Übersetzungen, Manipulation und Neuübersetzung des *Essai politique sur l'Ile de Cuba* Alexander von Humboldts", in: Ette, Ottmar: *Ansichten Amerikas*. Frankfurt/Main: Vervuert Verlag.

Irene Prüfer Leske
Alicante, August 2002

ESSAI POLITIQUE

SUR

L'ILE DE CUBA;

PAR

ALEXANDRE DE HUMBOLDT.

AVEC UNE CARTE

ET UN SUPPLÉMENT QUI RENFERME DES CONSIDÉRATIONS SUR LA
POPULATION, LA RICHESSE TERRITORIALE ET LE COMMERCE DE
L'ARCHIPEL DES ANTILLES ET DE COLOMBIA.

PARIS,
LIBRAIRIE DE GIDE FILS,
RUE SAINT-MARC-FEYDEAU, N° 20.

1826.

Faksimilblatt

Essay über Kuba
mit einer Karte
von Alexander von Humboldt

0. Einleitung: Die geopolitische Bedeutung Kubas

Die politische Bedeutung der Insel Kuba beruht nicht nur auf ihrer Ausdehnung, die anderthalb mal die Größe von Haiti beträgt, auf ihrer bewunderungswürdigen Fruchtbarkeit, den Einrichtungen der Marine und der Eigenart ihrer Bevölkerung, die zu drei Fünftel aus freien Menschen besteht, sondern auch auf der günstigen geographischen Lage Havannas. Der nördliche Teil des Meeres der Antillen, der unter dem Namen "Golf von México" bekannt ist, bildet ein rundes Becken mit über 250 Meilen Durchmesser, einem Mittelmeer mit zwei Ausgängen, dessen Seiten von der Spitze Floridas bis zum Kap Catoche von Yucatán heute ausschließlich der Föderation der Mexikanischen Staaten und Nordamerika angehören. Die Insel Kuba oder vielmehr ihre Küste zwischen dem Kap *San Antonio* und der Stadt *Matanzas* an der Mündung des alten Kanals begrenzt den Golf von Mexiko im Südosten, indem der ozeanischen Strömung, dem Golfstrom, keine andere Öffnung als die nach Süden bleibt, einer Meerenge zwischen Kap *San Antonio* und Kap Catoche; gegen Norden den Bahama-Kanal, zwischen *Bahía Honda* und den Meeresuntiefen Floridas. Gerade dort, wo in der Nähe des nördlichen Ausgangs sozusagen mehrere große Handelsstraßen der Völker aufeinandertreffen, liegt der schöne Hafen von Havanna, sowohl natürlich als auch durch zahlreiche künstliche Bollwerke befestigt. Die zum Teil aus Zedern- und Akazienholz der Insel Kuba gebauten aus diesem Hafen auslaufenden Flotten können sich am Zugang zum mexikanischen Mittelmeer Schlachten liefern und die gegenüberliegenden Küsten bedrohen, so wie die aus Cádiz auslaufenden Flotten fähig sind, den Ozean bei den Säulen des Herkules (Gibraltar) zu beherrschen. Genau auf dem Längengrad, auf dem Havanna liegt, treffen der Golf von Mexiko, der Alte Kanal und der Bahama-Kanal aufeinander. Die gegenläufige Strömung und die zu Beginn des Winters sehr stürmischen atmosphärischen Turbulenzen verleihen diesen Zonen an der äußersten Grenze des Äquator-Gebietes einen eigenartigen Charakter.

Die Insel Kuba ist die größte der Antillen (ihre Ausdehnung unterscheidet sich nur gering von der Englands, Wales ausgeschlossen). Durch ihre schmale, langgestreckte Form liegt sie gleichzeitig in Nachbarschaft zu Haiti und Jamaika, der südlichsten Provinz der Vereinigten Staaten (Florida) und der östlichsten Provinz der mexikanischen Konföderation (Yucatán). Dieser Gegebenheit gebührt größte Aufmerksamkeit, denn die Länder, die nur 10-12 Tagesreisen entfernt sind, also Jamaika, Haiti, Kuba und der Süden der Vereinigten Staaten (von Louisiana bis Virginia) weisen beinahe 2.800.000 Afrikaner auf. Seit Santo Domingo, Florida und Neu-Spanien von der Hauptstadt abgetrennt sind, ist die Insel Kuba nur noch durch die Glaubens- und Sprachgemeinschaft sowie ihrer Bräuche und Sitten mit den umliegenden Ländern verbunden, die Jahrhunderte hindurch denselben Gesetzen unterworfen waren.

Florida bildet das letzte Glied dieser langen Kette von Republiken, deren nördlichstes Ende an das Bassin des Sankt-Lorenz-Stroms grenzt und sich über Palmenregionen bis hin zu Gebieten mit sehr strengen Wintern erstreckt. Die Einwohner der Neu-England-Staaten betrachten die ständige Zunahme der schwarzen Bevölkerung, das Vorherrschen der Sklavenstaaten, und die Vorliebe für den Anbau von für Kolonien typischen Kulturen als öffentliche Gefahr. Sie wünschen, dass die Meerenge Floridas, die zur Zeit die Grenze zur großen amerikanischen Konföderation bildet, nur auf der Basis eines freien Handels, der wiederum auf der Gleichheit der Rechte beruht, überschritten wird. Wenn sie auch fürchten, dass Havanna von einer europäischen Macht mit zweifelhafterem Ruf als dem Spaniens beherrscht werden könnte, so sind sie doch genauso wenig bereit, die politischen Bande, durch die die Insel Kuba mit Louisiana, Pensacola und San Augustín de la Florida seinerzeit verbunden war, auf immer zu brechen.

Auf Grund extremer Unfruchtbarkeit des Bodens, Unterbevölkerung und geringer landwirtschaftlicher Nutzung war Florida schon immer für den Handel mit Havanna wenig attraktiv. Anders sieht es in den Küstengebieten von Mexiko aus, die in einem verlängerten Halbkreis, von den Häfen Tampico, Veracruz und von Alvarado bis Kap Catoche mit der Halbinsel Yucatán die Westseite der Insel Kuba beinahe berühren. Der Handel zwischen Havanna und dem Hafen Campeche ist sehr rege; er nimmt trotz der politischen Neuordnung in Mexiko zu, denn der ebenfalls illegale Handel mit einer weiter entfernten Küste, der von Caracas und Kolumbien, beansprucht nur einen kleinen Teil der Gebäude. In diesen schweren Zeiten ist die Versorgung mit Pökelfleisch (*tasajo*) für die Sklaven leichter von Buenos Aires oder dem Flachland von Mérida aus als vom Hinterland von Cumaná, Barcelona oder Caracas. Man weiß, dass im Lauf der Jahrhunderte die Insel Kuba und das Archipel der Philippinen aus den Kassen von Neu-Spanien geschöpft haben, um die notwendigen Bedürfnisse für innere Verwaltung, Unterhalt der Befestigungen, Arsenale und Werften zu decken. Havanna ist der Militärhafen von Neu-Spanien gewesen und hat aus der mexikanischen Staatskasse bis zum Jahre 1808 jährlich 1.800.000 Piaster erhalten. In Madrid selbst hatte man sich schon seit vielen Jahren daran gewöhnt, die Insel Kuba und das philippinische Archipel als von Mexiko abhängig zu betrachten. Obwohl diese in recht unterschiedlichen Entfernungen im Osten und Westen von Veracruz und Acapulco liegen, waren sie doch durch Handel, gegenseitige Hilfe und alt hergebrachte Beziehungen zur mexikanischen Metropole, die damals selbst Kolonie

Europas war, verbunden. Durch den anwachsenden Reichtum auf der Insel war die finanzielle Hilfe, die Kuba gewohnheitsgemäß aus dem mexikanischen Etat bezog, nach und nach überflüssig geworden. Diese Insel hat sich von allen Besitzungen Spaniens am besten entwickelt. Der Hafen von Havanna nimmt nach den Unruhen von Santo Domingo den ersten Rang unter den Handelsplätzen ein. Die politisch glücklichen Umstände, die gemäßigte Haltung der abgesandten Statthalter der spanischen Krone, das kluge Benehmen der Bevölkerung - vorsichtig und engagiert zugleich - haben Havanna die Freiheit für Austausch mit ausländischen Nationen ermöglicht, deren es sich heute erfreut. Die Zölle sind so erhöht worden, dass die Insel Kuba nicht nur für ihre eigenen Bedürfnisse aufkommen kann, sondern auch während der Kämpfe zwischen der Metropole und den spanischen Kolonien des Kontinents beträchtliche Summen zugunsten der in Venezuela kämpfenden Armee aufbrachte, ebenso für die Garnison der Festung *San Juan de Ulua* und die Bewaffnung der Marine, die meist sehr kostspielig, wenn auch unnütz war.

Ich habe mich zweimal auf der Insel aufgehalten, einmal drei Monate lang und das zweite Mal anderthalb Monate. Ich habe das Vertrauen von Personen genossen, die durch ihr Talent und ihre Stellung als Verwalter, Besitzer oder Geschäftsleute die notwendigen Kenntnisse besaßen, um mich über den Fortschritt des öffentlichen Wohlstands zu informieren. Der besondere Schutz, mit dem mich das spanische Ministerium ehrte, legitimierte dieses Vertrauen: Ich erlaube mir, es meinem eigenen Verdienst zuzuschreiben, mir dieses Vertrauen auf Grund meiner bescheidenen Prinzipien, durch mein diskretes Vorgehen und die friedliche Art meiner Arbeit erworben zu haben. Seit dreißig Jahren hat die spanische Regierung in Havanna selbst in keiner Weise die Veröffentlichung statistisch wertvollster Dokumente über die Situation des Handels, der kolonialen Landwirtschaft und der Finanzen verhindert. Ich habe diese Dokumente durchforscht und die Beziehungen, die ich mit Amerika seit meiner Rückkehr nach Europa pflege, haben mich dazu befähigt, das Material, das ich vor Ort gesammelt hatte, zu vervollständigen. Ich habe mit Herrn Bonpland zusammen nur die Umgebung von Havanna, das schöne *Güines*-Tal und die Küste zwischen *Batabanó* und dem Hafen *Trinidad* erforscht. Nach der zusammenfassenden Beschreibung der Orte und der besonderen klimatischen Unterschiede gegenüber den anderen Antillen-Inseln werde ich die Gesamtbevölkerung der Insel, die nach genauer Ausmessung ihrer Küsten berechnete Ausdehnung, Handelsprodukte und öffentliche Staatseinnahmen darstellen.

1. Havanna und Umgebung

1.1 Havanna und Vororte

Der Anblick Havannas ist bei der Ankunft im Hafen einer der reizvollsten und malerischsten, dessen man sich an der Westküste von Amerika nördlich des Äquators erfreuen kann. Dieser Ort, der von den Reisenden aller Nationen mit den löblichsten Worten erwähnt wird, erfreut sich weder der überaus üppigen Vegetation des Flussufers des Guayaquil (Guyas) noch der wilden Großartigkeit der Felsküsten von Rio de Janeiro, zwei Häfen auf südlicher Hemisphäre. Stattdessen vereint sich hier der Reiz der kultivierten Natur unserer Klimazonen mit der Erhabenheit der Pflanzenformen von großer Wuchskraft, die das heiße Gebiet charakterisiert. In einer Vielfalt derart lieblicher Eindrücke vergisst der Europäer die Gefahr, die ihn im Herzen der übervölkerten Städte der Antillen bedroht. Er versucht, die verschiedenen Elemente einer weiten Landschaft zu erfassen, die Festungen, die die Felsen im Osten des Hafens krönen, zu betrachten, ebenso das Delta, das von Dörfern und Häfen gesäumt ist, die Palmen, die sich zu majestätischer Höhe aufschwingen, die Stadt, halbversteckt durch eine Unzahl von Masten und Segeln der Schiffe.

Beim Einlaufen in den Hafen von Havanna fährt man zwischen der Festung *Morro* oder *Castillo de los Santos Reyes* und der kleinen Festung *San Salvador de la Punta* hindurch: Die 170 bis 200 *Toisen* breite Öffnung ist $\frac{3}{5}$ Meilen lang. Außerhalb der engen Hafenzufahrt, nachdem die schöne Festung *San Carlos de la Cabaña* und das Stadtviertel *Casa Blanca* hinter einem liegen, kommt man in ein Delta in Form eines Kleeblattes, dessen große Achse von SSW nach NNO 2 $\frac{1}{5}$ Meilen lang ist. Dieses Delta ist mit 3 kleinen seichten Buchten verbunden, die den Stadtvierteln *Regla*, *Guanabacoa* und *Atarés* vorgelagert sind. In der letzten Bucht gibt es einige Süßwasserquellen.

Das von Stadtmauern umgebene Havanna bildet ein Kap, das im Süden das Waffenarsenal und im Norden die kleine Festung *La Punta* begrenzen. Jenseits einiger gesunkener Schiffswracks und der seichten Stellen von *La Luz* ist das Meer zwischen 8-10 und 5-6 Ellen tief. Die Festungen *Santo Domingo de Atarés* und *San Carlos del Príncipe* verteidigen die Stadt nach Westen. Auf der Landseite liegen sie 660 und 1.240 Toisen von der Innenmauer entfernt. Auf dem dazwischenliegenden Land gibt es die Vororte *Horcón, Jesús María, Guadalupe* und *Señor de la Salud*, Orte, die nach und nach immer mehr freies Gelände vom sogenannten *Marsfeld* (*Campo de Marte*) einnehmen.

Die großen Gebäude von Havanna, Kathedrale, Regierungsgebäude (*Casa del Gobierno*), Marinekommandantur, Waffenarsenal, Post (*Correo*) und Tabakfabrik zeichnen sich weniger durch Schönheit als durch solide Bauweise aus. Fast alle Straßen sind eng und die meisten noch nicht gepflastert. Da die Steine von Veracruz kommen und ihr Transport äußerst kostspielig ist, hatte man kurz vor meiner Ankunft die seltsame Idee gehabt, sie durch große Baumstämme zu ersetzen, so wie in Deutschland und in Russland beim Bau von Deichen in morastigen Gebieten üblich. Dieses Vorhaben wurde jedoch bald aufgegeben, sodass aus dem Ausland ankommende Reisende zu ihrem großen Erstaunen die schönsten Mahagoni-Baumstämme im Morast von Havanna erblicken. Während meines Aufenthalts boten wenige Städte des spanischen Amerika auf Grund des Fehlens einer guten Verwaltung einen schlimmeren Anblick. Man versank bis zum Knie im Morast, die Vielzahl der Galeschen, die in Havanna das typische Fortbewegungsmittel sind, mit Zuckerkisten vollgepackte Wagen und Lastenträger, die Passanten anrempelten, machten das Fußgängerdasein unangenehm und erniedrigend. Der Geruch nach schlecht getrocknetem Fleisch verpestete oft Häuser und unsaubere Straßen. Man behauptet, dass die Verwaltung in letzter Zeit diese Unannehmlichkeiten beseitigt und man in Bezug auf die Sauberkeit der Straßen viele Verbesserungen vorgenommen habe. Die Häuser haben mehr Licht und Luft und die Straße *Calle de los Mercaderes* bietet einen schönen Anblick. Genau wie in unseren ältesten Städten Europas kann auch hier ein missglückter Straßenbebauungsplan nur langsam korrigiert werden.

Es gibt zwei schöne Promenaden, die eine heißt *Alameda* und verbindet das *Paula*-Hospiz und das Theater, 1803 mit sehr viel Geschmack von dem italienischen Künstler Perouani innen ausgestaltet. Die andere Promenade verläuft zwischen der Festung *La Punta* und dem Eingang der Stadtmauer (*Puerta de la Muralla*). Letztere, die auch Promenade außerhalb der Stadtmauern *(Paseo extra muros)* genannt wird, ist von belebender Frische. Nach Sonnenuntergang verkehren hier viele Wagen. Diese Promenade ließ der Marqués de la Torre beginnen. Von allen Gouverneuren hat er der Insel den ersten und glücklichsten Impuls zur Verbesserung von Stadtplanung und -verwaltung gegeben. Luis de las Casas, dessen Namen die Bewohner von Havanna auch liebgewonnen haben, sowie der Graf von Santa Clara haben diese Grünanlagen erweitert. In der Nähe des Exerzierplatzes *Campo de Marte* befindet sich der Botanische Garten, der es sehr wohl verdiente, dass die Regierung ihm ihre Aufmerksamkeit schenkte. Gleiches gilt für eine andere Einrichtung, deren Anblick einen zugleich traurig stimmt und aufbringt: die Baracken, vor denen die unglücklichen Sklaven zum Verkauf angeboten werden. Auf der Promenade *Extra Muros* hat man seit meiner Rückkehr nach Europa die Marmorstatue von König Karl III. aufgestellt. Hier stand früher ein Denkmal für Christoph Kolumbus, dessen Asche man nach der Abtretung der spanischen Besitzungen von Santo Domingo auf die Insel Kuba gebracht hatte. Die Asche von Hernán Cortés gelangte im selben Jahr in Mexiko von einer Kirche in eine andere. Somit hat man in derselben Epoche, Ende des achtzehnten Jahrhunderts, der erneuten Bestattung der zwei größten Eroberer Amerikas beigewohnt.

Eine der majestätischsten Palmenarten, die kubanische Königspalme (*Palma real)*, verleiht der Umgebung von Havanna einzigartigen Charakter. Es handelt sich um die *Oreodoxa regia*: Ihr schlanker Stamm, der zur Mitte hin etwas anschwillt, erhebt sich bis zu 60 - 80 Fuß, ihre glänzende sanftgrüne Krone wird durch Blattwedel gebildet, die unten dicht zusammenstehen und sich oben trennen. Der obere Teil kontrastiert mit dem weißlichen, rissigen Übrigen. Es sieht aus, als ob sich zwei Säulen übereinanderstülpten. Die Königspalme von Kuba hat steife, nur an der Spitze gekrümmte Blätter, die steil in den Himmel wachsen. Die Gestalt dieser Pflanze erinnert an die *Vadgiai*-Palme, die auf den Felsen über den Wasserfällen des Orinoco wächst, wo sie ihre langen Fächer über dem nebligen Schaum hin- und herwiegt. Wie überall, wo eine große Bevölkerungsdichte herrscht, nimmt auch hier die Vegetation ab. Bei Havanna, im Vorort *Regla*, der die Gestalt eines Amphiteaters hat, gingen diese Palmen, die mir eine Augenweide waren, von Jahr zu Jahr zurück. Die morastigen Gebiete, die ich voller Bambusaceen gesehen habe, werden trocken gelegt und bepflanzt. Die Zivilisation rückt immer weiter vor, und man behauptet, dass die Erde heute weitgehend der Pflanzen beraubt sei und kaum noch Spuren ihrer ehemaligen üppigen Wildnis aufweise.

Von *La Punta* bis *San Lázaro*, von *La Cabaña* bis *Regla*, und von *Regla* bis *Atarés,* überall stehen Häuser: In der Bucht sind es leichte, elegante Bauten. Man entwirft sie und bestellt sie in den Vereinigten Staaten, wie man ein Möbelstück bestellt. Solange das Gelbfieber in Havanna herrscht, zieht man sich in die Landhäuser und auf die Hügel zwischen *Regla* und *Guanabacoa* zurück, wo die Luft reiner ist. In der Kühle der Nacht, wenn die Schiffe die Bucht durchqueren und auf dem phosphoreszierenden Wasser lange Lichtschatten hinter sich herziehen, bieten diese Landsitze den Bewohnern, die aus dem Trubel der Städte flüchten, charmante und geruhsame Zuflucht. Um den Fortschritt in der Landwirtschaft richtig beurteilen zu können, sollte der Besucher die kleinen Höfe mit Mais und anderen essbaren Pflanzen, den Ananas-Anbau auf den Feldern in *La Cruz de Piedra* und den Garten des Bischofs (*Quinta del Obispo*) besichtigen. Er ist in den letzten Jahren ein entzückender Ort geworden.

Die Stadt Havanna selbst, umgeben von Stadtmauern, ist nur 900 Toisen lang und 500 Toisen breit, hat jedoch über 44.000 Einwohner, darunter 26.000 Neger und Mulatten auf so engem Raum. Eine fast ebenso große Anzahl hat sich in die beiden großen Viertel *Jesús María* und *La Salud* zurückgezogen. Letzteres verdient kaum den wohlklingenden Namen "Gesundheit", denn die Lufttemperatur ist hier zwar nicht so hoch wie in der Innenstadt, aber die Straßen könnten breiter und besser angelegt sein. Die spanischen Ingenieure stehen seit 30 Jahren auf Kriegsfuß mit den Einwohnern der Vororte: Sie werfen der Regierung vor, dass die Häuser zu eng an den Festungen stehen und der Feind sich darin ungestört einnisten könnte. Doch man hat nicht den Mut dazu, die Vororte niederzureißen und allein 28.000 Einwohner aus dem Vorort *La Salud* zu vertreiben. Seit dem großen Brand im Jahre 1802 hat sich dieser Vorort gewaltig vergrößert: Man baute zuerst Hütten und nach und nach wurden diese Hütten zu Häusern. Die Einwohner der Vororte haben dem König verschiedene Projekte vorgelegt, nach denen man sie in die Befestigungslinie von Havanna einbeziehen und ihren bislang nur auf stillschweigenden Abmachungen beruhenden Besitz legalisieren sollte. Man wollte einen breiten Graben von der *Chaves*-Brücke beim Schlachthof bis zum Viertel *San Lázaro* bauen und so Havanna in eine Insel verwandeln. Die Entfernung beträgt ungefähr 1.200 Toisen. Die Bucht mündet schon zwischen Zeughaus und *Atarés*-Festung in einen natürlichen Kanal, der von Mangle- und Cocollobabäumen gesäumt ist. Auf diese Weise hätte die Stadt gegen Westen eine dreifache Befestigungsreihe: zunächst außerhalb, die hoch gelegenen Festungen *Atarés* und *Príncipe*, dann der im Entwurf vorliegende Kanal, und schließlich die Stadtmauer und der alte überdachte Weg des Grafen *Santa Clara*, der 700.000 Piaster gekostet hat. Die Verteidigung Havannas gegen Westen ist von höchster Wichtigkeit: Solange man Herr der Stadt an sich und des südlichen Teils der Bucht bleibt, sind die Festungen *Morro* und *Cabaña* mit 800 und 2.000 Mann Besatzung, uneinnehmbar, denn man kann von Havanna aus Lebensmittel dorthin schaffen und die Garnison wieder ergänzen, falls große Verluste auftreten sollten. Sehr gut unterrichtete französische Ingenieure haben mir versichert, dass der Feind die Stadt einnehmen könne, indem er die Festung *Cabaña* unter Beschuss setze, diese schöne Festung, in der jedoch die Besatzung eingeschlossen in Kasematten dem ungesunden Klima nicht lange widerstehen würde. Die Engländer haben die Festung *Morro* einmal erobert, ohne jedoch Havanna zu beherrschen. Damals existierten allerdings die Festungen *La Cabaña* und das *Fort Nr. 4* noch nicht, welche die Festung *Morro* beherrschen. Im Süden und im Westen sind die wichtigsten Gebäude die Festungen *Atarés* und *Príncipe* und die Geschütze der Festung *Santa Clara*.

1.2 Bevölkerung Havannas und der Vororte um 1810

EINWOHNERZAHLEN VON 1810 GEMÄSS AMTLICHER ANMELDUNGEN DER STADT HAVANNA OHNE VORORTE, GLIEDERUNG NACH HAUTFARBE, ALTER UND GESCHLECHT

HAUTFARBE	MÄNNER			FRAUEN			SUMME Männer und Frauen
	a) bis 15	b) 15 -60	c) 60-100	d) bis 15	e) 15-60	f) 60-100 g)	
Weiße.	3.146	6.057	348	2.860	5.478	476	18.365
Freie Mulatten (*Pardos*)...	804	1.103	116	725	1.515	141	4.403
Freie Schwarze................	833	1.149	133	819	2.308	284	5.886
Mulatten-Sklaven(*Pardos*	227	153	194	197	119	183	1.073
Schwarze Sklaven..........	1.781	4.699	78	1.561	5.224	94	13.437
Summe.........................	6.791	13.161	869	6.162	14.644	1.178	43.164

GESAMTAUFSTELLUNG DER BEVÖLKERUNG HAVANNAS VON 1810

Stadtkern mit Vororten *La Salud* oder *Guadalupe, Jesús María, Horcón, Cerro, San Lázaro, Jesús del Monte* und *Regla*

GESAMTÜBERSICHT

Weiße.............		41.227
Freie Mulatten.............	9.733	
Freie Schwarze.............	16.246	25.979
Mulatten-Sklaven.............	2.277	
Schwarze Sklaven.............	26.631	28.908

96.114

In diesen statistischen Aufstellungen hat man unter der Bezeichnung Mulatten (*pardos*) alle erfasst, die nicht dunkelbraun (*morenos*), d.h. keine reinrassigen Neger sind. Landtruppen, Matrosen und Soldaten der königlichen Marine, Mönche, Ordensleute und nicht fest ansässige Ausländer sind in der Volkszählung von 1810 nicht enthalten, deren Ergebnisse irrtümlicherweise in verschiedene andere, sonst sehr wertvolle und kürzlich erschienene Veröffentlichungen als zu dem Jahr 1817 gehörig übernommen wurden. Die Garnison von Havanna zählt ungefähr 6.000 Mann, die Anzahl der Ausländer beläuft sich auf 20.000; so ergibt sich für Havanna und die 7 Vororte eine Gesamtbevölkerung, die heute (1825) ohne Zweifel 130.000 übersteigt.

Übersicht über die Zunahme der Bevölkerung Havannas und seiner Vororte seit der von Generalkapitän Luis de las Casas angeordneten Volkszählung von 1791 bis zum Jahre 1810.

Zuwachs		
	der Weißen	73 %
	der freien Farbigen	171 %
	der Sklaven	165 %
	aller Gruppen	117 %

Wir ersehen hieraus, dass sich die Bevölkerung in 20 Jahren, von 1791 bis 1810, mehr als verdoppelt hat. In derselben Zeitspanne ist die Bevölkerung des Stadtkerns von New York, der Stadt mit höchster Einwohnerzahl der Vereinigten Staaten, von 33.200 auf 96.400 gestiegen. Heute beträgt sie 140.000 und übertrifft somit Havanna um Weniges und kommt Lyon gleich. Die Stadt Mexiko, die im Jahre 1820 170.000 Einwohner zählte, scheint mir weiterhin den ersten Platz unter den Städten des Neuen Kontinents einzunehmen. Es ist vielleicht ein glücklicher Umstand für die freien Staaten dieses Teils der Welt, dass Amerika bislang nur sechs Großstädte mit einer Bevölkerung von mindestens 100.000 Einwohnern hat: Mexiko, New York, Philadelphia, Havanna, Río de Janeiro und Bahía. In Río de Janeiro gibt es auf 135.000 Einwohner 105.000 Schwarze, in Havanna stellen die Weißen $\frac{2}{5}$ der Gesamtbevölkerung. Man trifft in Havanna auf den gleichen Überschuss an Frauen wie in den größten Städten der Vereinigten Staaten und Mexiko[1].

---

[1] Die Volkszählungen von Boston, New York, Philadelfia, Baltimore, Charleston und New Orleans ergeben zwischen Männern und Frauen ein Verhältnis von 109:100; in Mexiko gibt es 92.838 Frauen und 76.008 Männer, was ein noch unausgewogeneres Verhältnis ergibt: 122:100. Ich verweise hier auf *Essai politique sur la Nouvelle Espagne*, (II. Liv., Chap. VII, Tom. I, S. 141), wo ich zur gleichen Zeit vermerkt habe, dass in Mexiko und in den Vereinigten Staaten, wenn man die Bevölkerung der Dörfer und Städte unter demselben Gesichtspunkt zusammenfasst, die männliche Bevölkerung die weibliche übersteigt, während in ganz Europa genau das Gegenteil der Fall ist. Die Anzahl der Männer in den gesamten Vereinigten Staaten verhält sich gegenüber der der Frauen wie 100:97. Nach Berichtigung der offiziell veröffentlichten Erhebung von 1820, in der jedoch die Teilsummen wenig exakt sind, ergibt sich, dass im weiten Gebiet der Vereinigten Staaten unter der weißen Bevölkerung 3.993.206 Männer und 3.864.017 Frauen lebten, insgesamt also 7.857.223. Demgegenüber gab es in Großbritannien 1821 7.137.014 Männer und 7.254.613 Frauen, 1801 in Portugal 1.478.900 Männer und 1.512.030 Frauen, 1818 im Königreich Neapel 2.432.431

Die große Anzahl der nicht akklimatisierten Fremden in einer engen und dicht bevölkerten Stadt verstärkt zweifelsohne die Sterberate. Trotzdem hat das Gelbfieber weit weniger Auswirkungen auf die Gesamtbilanz von Geburten und Todesfällen als üblicherweise angenommen. Wenn die Zahl der importierten Neger nicht sehr ins Gewicht fällt und die Handelsaktivität nicht sehr viele nichtakklimatisierte Matrosen, sei es aus Europa oder sei es aus den Vereinigten Staaten anzieht, halten sich Geburten- und Sterberate die Waage.

Die Stadt Havanna und ihre außerhalb der Stadtmauern liegenden Vororte in fünf verschiedenen Jahren

JAHR	EHESCHLIESSUNGEN	GEBURTEN	TODESFÄLLE
1813	386	3.525	2.948
1814	390	3.470	3.622
1820	525	4.495	4.833
1821	549	4.326	4.466
1824	397	3.566	3.697

Diese Übersicht, die durch die stark schwankende Zahl der Fremden eine äußerst große Fluktuation zeigt, ergibt unter Berücksichtigung der Gesamteinwohnerzahl von 130.000, die Havanna mitsamt seiner Vororte aufweist, ein durchschnittliches Verhältnis von Geburten zur Gesamtbevölkerung von 1:33,5. Das Verhältnis von Todesfällen zur Gesamtbevölkerung ist 1:33,2. Gemäß der jüngsten, sehr exakten Erhebungen über die Bevölkerung von ganz Frankreich liegen diese Zahlen zwischen 31 2/3:1 und 39 2/3:1; was Paris in den Jahren von 1819 bis 1823 anbetrifft, liegt das Verhältnis bei 1:28 und 1:31,6. Die Gegebenheiten, die diese Zahlen in den großen Städten bestimmen, sind so kompliziert und so unterschiedlicher Natur, dass es kaum möglich ist, die Bevölkerung nach der Zahl der Geburten und Todesfälle zu bestimmen. 1806, als sich die Einwohnerzahl von Mexiko bei knapp über 150.000 befand, lag die Zahl der Geburten und Todesfälle bei 5.166 und 6.155, dagegen in Havanna bei 130.000 Einwohnern im Durchschnitt bei 3.900 und 3.880.

In Havanna gibt es zwei stark frequentierte Krankenhäuser: das allgemeine Krankenhaus (*Caridad* oder *San Felipe y Santiago*) und das Militärkrankenhaus (*San Ambrosio*).

Männer und 2.574.452 Frauen, 1805 in Schweden 1.599.487 Männer und 1.721.160 Frauen, 1815 in Java 2.268.180 Männer und 2.347.090 Frauen. In Schweden scheint das Verhältnis zwischen Männern und Frauen bei 100:94 zu liegen, im Königreich Neapel bei 100: 95, in Frankreich, Portugal und Java bei 100:97, in England und in Preußen bei 100: 99. Man sieht, wie sehr sich die verschiedenen Beschäftigungen und Sitten auf die Sterberate der Menschen auswirken!

Im Allgemeinen Krankenhaus sind im Jahresdurchschnitt über 24 Prozent der Patienten gestorben, im Militärkrankenhaus dagegen kaum 4 Prozent. Diesen enormen Unterschied den Heilmethoden der Leitung des Allgemeinen Krankenhauses, den Ordensbrüdern *San Juan de Dios* zuzuschreiben, wäre ungerecht. Zweifelsohne kommen mehr mit Gelbfieber befallene Kranke ins Krankenhaus *San Ambrosio*, wenngleich der Großteil der Patienten keine ernsthaften, sondern eher leichte Krankheiten hat. Ins Allgemeine Krankenhaus dagegen kommen alte, unheilbar Kranke und Neger, die nur noch eine Lebenserwartung von wenigen Monaten haben, und deren Plantagenbesitzer oder Herren sich ihrer entledigen wollen, um sie nicht mehr pflegen zu müssen. Im allgemeinen kann man zwar annehmen, dass durch die neue Gesetzgebung in der Verwaltung auch das Gesundheitswesen in Havanna verbessert wurde, aber die Ergebnisse dieser Veränderungen können nur für die Eingeborenen von Vorteil sein.

Ausländer aus Nordeuropa und Amerika, leiden allgemein unter dem Einfluss des Klimas. Sie würden aber auch dann darunter leiden, wenn die Straßen wunschgemäß gepflegt wären. Der Einfluss des Küstenklimas ist derart, dass auch Bewohner des weit von der Küste abgelegenen Inlandes der Insel, sobald sie nach Havanna kommen, vom Gelbfieber befallen werden.

Die Märkte der Stadt sind sehr gut versorgt. Man hat 1819 mit großer Sorgfalt den Preis der Waren und Nahrungsmittel, die 2.000 Lasttiere täglich auf die Märkte nach Havanna bringen, berechnet. Berechnet wurde auch, dass sich der Fleisch-, Mais-, Maniok-, Gemüse-, Branntwein-, Milch-, Eier-, Viehfutter- und Tabakverbrauch jährlich auf 4.480.000 Piaster beläuft.

1.3 Umgebung Havannas

Wir nutzten die Monate Dezember 1800, Januar und Februar 1801 für Beobachtungen in der Umgebung von Havanna und in den schönen Ebenen von *Güines*. Bei Familie Cuesta, die damals mit Herrn Santa María eines der größten Handelshäuser Amerikas leitete, und im Hause des Grafen O-Reilly fanden wir eine exquisite Gastfreundschaft. Bei ersterem wohnten wir und stellten im großzügigen Hause des Grafen O-Reilly unsere Sammlung und Instrumente unter. Die Terrassen dort waren besonders gut für astronomische Beobachtungen geeignet. Die geographische Länge Havannas war damals über $\frac{1}{5}$ Grad ungewiss. Der gelehrte Direktor des hydrographischen Instituts *Depósito hidrográfico* in Madrid, Espinosa war in einem Verzeichnis von Positionen, das er mir bei der Abreise in Madrid übergab, bei 5 Stunden 38 Minuten und 11 Sekunden stehen geblieben. De Churruca gab den *Morro* zu 5 Stunden 39 Minuten und 1 Sekunde an. Ich habe bei meinem Aufenthalt in Havanna das Vergnügen gehabt, einen der geschicktesten Offiziere der spanischen Marine kennen zu lernen, den Schiffskapitän Dionisio Galeano, der die Lage der Küsten der Magellan-Straße aufgenommen hatte. Zusammen beobachteten wir eine Reihe von Eklipsen der Jupiter -Trabanten, deren Durchschnittsergebnis 5 Stunden 38 Minuten und 50 Sekunden ergab. Oltmanns ermittelte im Jahr 1805 aus meinen Gesamtergebnissen für die Festung *Morro* 5 Std.38' 52,5''=84°43' 7,5'' westlich des Pariser Längengrad. Diese Länge wurde durch 15 Sternverdunkelungen beobachtet, in den Jahren 1809 bis 1811 ermittelt und von Herrn Ferrer berechnet: Dieser ausgezeichnete Beobachter gab als Endergebnis 5 Std. 38' 50,9'' an. Bezüglich der magnetischen Inklination stellte ich mit der Bussole von Borda im Dezember 1800 53°22' der alten Sexagesimal-Einteilung fest: Zweiundzwanzig Jahre später bestand diese Inklination, nur noch in 51° 55', gemäß sehr exakter Beobachtungen von Kapitän Sabine, die dieser in seiner denkwürdigen Reise an die Küsten Afrikas, Amerikas und nach Spitzbergen gemacht hat. Demnach hat sie sich um 1° 27' verringert. Weiter östlich, aber gleichfalls auf der nördlichen Halbkugel, in Paris, war die Verminderung innerhalb von 19 Jahren (von 1798 bis 1817) 1° 11'. Meine Inklinationsnadel hatte auf dem magnetischen Meridian von Paris (Oktober 1796) in 10 Zeit-Minuten 245 Schwingungen angezeigt; je näher ich mich dem magnetischen Äquator näherte, verminderten sich die Schwingungen. In *San Carlos del Río Negro* (nördl. Br. 1°53'42'') waren es 216. Damals schon hatte ich geahnt, dass die Intensität der magnetischen Kräfte vom Pol zum Äquator eine Verminderung erfährt. Mein Erstaunen war um so größer, als meine wiederholten Messungen für Havanna 246 Oszillationen ergaben, ein Beweis dafür, dass die Intensität der Kräfte auf der westlichen Halbkugel bei 23°8' Breite stärker war als in Paris bei 48°50'. Ich habe schon an anderem Orte darauf hingewiesen, dass die isodynamischen Linien auf keinen Fall mit den Linien gleicher magnetischer Inklination übereinstimmen können und dass schon Kapitän Sabine kürzlich auf Grund weitaus genauerer Untersuchungen als der meinigen die rapide Zunahme der Kräfte im äquatorialen Amerika bestätigt hat. Dieser fähige Physiker findet für Havanna und London das Zahlenverhältnis von 1,72:1,62 für Intensität der magnetischen Kräfte, wobei dieser Wert des magnetischen Äquators bei der Insel Sao Tomé im Golf von Guinea mit 1 belegt wird. Die Position des nördlichen magnetischen Pols (60° Br., 82° 20' westl. Länge) liegt so, dass die Polentfernung von Havanna kleiner ist als die von London und Paris. Ich habe (am 4. Januar 1801) die magnetische Missweisung in Havanna in der Größenordnung von 6°22'15'' östlich ausgemacht. Harris hat 1732 4°40' festgestellt. Wie sollte man annehmen, dass sie sich in Jamaika nicht verändert, wenn sie so viele Veränderungen auf der Insel Kuba erfahren hat?

2. Geographische Beschreibung Kubas

2.1 Ausdehnung und territoriale Abgrenzung

Da die Insel Kuba auf über zwei Drittel ihrer Länge von Untiefen und Klippen umgeben ist und die Schifffahrt diese Gefahren meidet, blieben ihre wirkliche Gestalt und Ausdehnung lange Zeit unbekannt. Besonders ihre Breite zwischen Havanna und dem Hafen *Batabanó* wurde überschätzt und erst seit das Madrider Institut *Depósito Hidrográfico*, die schönste Institution dieser Art in Europa, die Arbeiten des Fregatten-Kapitäns José del Río und des Schiffsleutnants Ventura de Barcaíztegui bekannt machte, wurde es möglich, mit gewisser Genauigkeit die Gesamtfläche der Insel Kuba zu berechnen. Die Insel *Pinos* und die Südküste zwischen dem Hafen *Casilda* und *Cabo Cruz* (hinter *Cayos de las doce leguas* gelegen) haben auf unseren Karten ganz andere Formen angenommen. Von Lindenau hatte die Fläche der Insel Kuba gemäß den Veröffentlichungen des *Depósito*- Instituts von 1807 ohne die umliegenden Inselchen auf 2.255 geographische Quadratmeilen festgelegt, mit den umliegenden Inseln auf 2.318 geographische Quadratmeilen (15 auf ein Grad). Letzteres Ergebnis entspricht 4.102 Quadratseemeilen (20 auf ein Grad). Ferrer kommt laut leicht abweichender Angaben auf 3.848 Quadratseemeilen.

Damit im vorliegenden Werk die genauesten Daten gemäß unserer astronomischen Kenntnisse dargestellt werden, habe ich Bauzá, der mich mit seiner Freundschaft ehrt und für großartiges, solides Arbeiten bekannt ist, damit beauftragt, die Fläche nach der 4 Seiten umfassenden Karte der Insel Kuba zu errechnen, eine Arbeit, die demnächst zum Abschluß kommt. Gerne ist dieser gelehrte Geograph auf meine Wünsche eingegangen. Er legte (im Juni 1825) die Fläche der Insel Kuba ohne die Insel *Pinos* auf 3.520 Quadratseemeilen fest, mit der Insel *Pinos* auf 3.615. Nach zweimaligem Berechnen ergibt sich, dass die Insel um $\frac{1}{7}$ kleiner ist als man ursprünglich gedacht hat, dass sie um 24 % größer ist als Haiti oder Santo Domingo, dass ihre Ausdehnung die Portugals erreicht und sich bis auf ein $\frac{1}{8}$ der Fläche Englands ohne Wales annähert; dass, wenn der Antillen-Archipel eine Fläche aufweist, die der Hälfte Spaniens gleichkommt, die Insel Kuba selbst fast so groß wie die anderen Großen und Kleinen Antillen ist. Die größte Längen-Ausdehnung verläuft von Kap *San Antonio* bis Kap *Punta Maisí* (in Richtung WSW—ONO und dann WNW—OSO) und beträgt 227 Meilen; die größte Breite in NS-Richtung, von *Punta Maternillo* bis zur Mündung des *Magdalena* in der Nähe des Berges *Turquino* sind 37 Meilen.

Die mittlere Breite der Insel beträgt auf $\frac{2}{5}$ ihrer Länge zwischen Havanna und *Puerto Príncipe* (*Camagüey*) 15 Meilen. Im besten Anbaugebiet zwischen Havanna (Stadtzentrum Breite 23° 8'35'') und *Batabanó* (Breite 22°43'24'') misst die Landenge nur 8 1/3 Seemeilen. Wir werden bald sehen, dass durch die Nähe der Nord- und Südküste der Hafen *Batabanó* wirtschaftlich und verteidigungsstrategisch sehr wichtig geworden ist. Unter allen großen Inseln der Welt ist Java durch Form und Ausdehnung (4.170 Quadratmeilen) der Insel Kuba am ähnlichsten. Kuba hat über 520 Meilen Küstenumfang, davon 280 an der Südküste zwischen *San Antonio* und *Punta Maisí*.

Vergleich der Fläche Kubas mit dem Rest des Antillen-Archipels

INSELN	FLÄCHE in Quadratseemeilen	Gesamt- BEVÖLKERUNG	EINWOHNER pro Quadratmeile
Kuba, gemäß Bauzá	3.615	715.000	197
Haiti	2.450	820.000	334
Jamaika	460	402.000	874
Puerto Rico	322	225.000	691
Große Antillen	6.847	2.147.000	313
Kleine Antillen	940	696.000	740
Antillenarchipel	7.787	2.843.000	365

2.2 Geophysikalische Verhältnisse

Kuba liegt zu $\frac{4}{5}$ seiner Ausdehnung sehr niedrig. Der Untergrund besteht aus Formationen des Erdmittelalters und des Tertiärs, aus dem einige Felsen aus Granit, Gneis, Syenit und Euphotiden hervorragen. Bis heute weiß man nur über relatives Alter und Bodenbeschaffenheit Genaueres. Bekannt ist lediglich, dass sich die höchste Bergkette am südöstlichen Zipfel der Insel befindet, und zwar zwischen den Kaps *Cabo Cruz, Punta Maisí* und der Stadt *Holguín*. Dieser bergige Teil der Insel, der *Kupferberge (Sierra* oder *Las Montañas del Cobre)* genannt wird und nordwestlich der Stadt *Santiago de Cuba* liegt, hat eine Höhe von 1.200 Toisen. Gemäß dieser Annahme wären die Gipfel der *Sierra* die höchsten Erhebungen, während die der Blauen Berge (Montañas Azules) die höchsten Punkte in Jamaika und die Bergspitzen der Selle und La Hotte die der Insel Santo Domingo wären. Das Gebirge *Sierra de Turquino*, 50 Meilen im Westen von der Stadt *Santiago de Cuba* gehört derselben Berggruppe an wie die *Montañas del Cobre*. Von OSO bis WNW wird die Insel von einer Hügelkette durchzogen, die sich zwischen den Längengraden der Städte *Puerto Príncipe* und *Villa Clara* der südlichen Küste nähert, während sie sich weiter im Westen, in der Nähe der

Städte *Álvarez* und *Matanzas* in den Bergen namens *Sierras de Gavilán* und *Camarioca* und *Maruques,* stärker den nördlichen Küstenstreifen nähert. Wenn man von der Mündung des *Guarabo* zur Stadt *Trinidad* kommt, sieht man im NO die Bergkette *Lomas de San Juan*, die eine Art Spitzen oder Hörner von 300 Toisen Höhe bilden, deren Abdachungen ziemlich gleichmäßig nach Süden hin verlaufen. Diese Kalkfelsengruppe präsentiert sich auf imponierende Weise, wenn man bei der Landzunge *Cayo de Piedras* vor Anker liegt. Die Küsten von *Jagua* und *Batabanó* sind sehr flach und ich glaube, dass im allgemeinen nur westlich der Länge von *Matanzas*, außer dem *Pan de Guajaibón,* kein Hügel existiert, der höher als 200 Toisen ist.

Im Inland ist die Landschaft sanft hügelig, wie in England, aber erreicht nur eine Höhe von 45 bis 60 Toisen über dem Meeresspiegel. Die von weitem sichtbarsten und bei den Seefahrern bekanntesten Erhebungen sind der sogenannte *Pan de Matanzas*, ein abgeschnittener Konus, der die Gestalt eines kleinen Monuments hat, die *Arcos de Cañasí*, die zwischen *Puerto Escondido* und *Jaruco* wie kleine Segmente eines Kreises liegen, die *Mesa de Mariel*, die *Tetas de Managua*, und der *Pan de Guajaibón.* Die abnehmende Höhe der Kalkformationen der Insel Kuba verweist gegen Norden und Westen auf die Unterwasserverbindungen dieser Felsen mit dem ebenfalls flachen Boden der Bahama-Inseln, Floridas und Yucatans.

Das intellektuelle Leben und das Bildungswesen waren in Havanna und seinen umliegenden Gebieten lange Zeit eingeschränkt, so dass es nicht erstaunt, vollkommenes Unwissen über die Geologie der Kupferberge (*Montañas del Cobre)* vorzufinden. Der Reisende Francisco Ramírez, Schüler von Proust, mit profunden Kenntnissen in Chemie und Mineralogie, teilte mir mit, dass der Westteil der Insel aus Granit bestehe und dass er dort Gneis und ursprüngliche Schiefer gefunden habe. Wahrscheinlich erzeugten diese Granitformationen die Anschwemmungen von goldhaltigem Sand, die man mit viel Energie[2] zu Beginn der Eroberung und zum

---

[2] In *Cubanacán*, d.h. im Landesinnern, in der Nähe von *Jagua* oder *Trinidad*, wo der goldhaltige Sand von Wasser in den Kalkboden geschwemmt wurde (Manuskript von Félix de Arrate, von 1750 und von Antonio López, 1802). Martyr Anglerius, der geistreichste unter den Autoren der Eroberung, schreibt (*Dec.* III, Lib. IX, S. 24 D und S. 63 D, hg. 1535): „Kuba hat mehr Goldvorkommen als Hispaniola (Haiti); und zu der Stunde, in der ich schreibe, hat man in Kuba 180.000 *Goldcastellanos* geborgen." Wenn diese Angabe nicht übertrieben war, wie ich es fast zu glauben geneigt bin, so würde dies ein Ausmaß an Ausbeutung bezeugen und einen an den Eingeborenen verübten Raub von 3.600 Mark Gold bedeuten. Herrera berechnet das der Krone zustehende Steuerfünftel auf Kuba mit 6.000 Pesos, was einen jährlichen Ertrag von 2.000 22 karätiger Mark Gold bedeuten würde, dementsprechend reiner als das Gold von Cibao in Santo Domingo. (Bezüglich des Wertes der *Castellanos de Oro* und des *peso ensayado* des 16. Jh. vgl. meinen *Essai politique sur la Nouvelle Espagne* Tom. II, S. 648). 1804 förderten alle Minen Mexikos 7.000 Mark Gold, die peruanischen 3.400. Es ist schwierig bei diesen Zahlen zwischen dem Gold zu unterscheiden, das

großen Unglück der Eingeborenen ausgebeutet hat: es finden sich davon gegenwärtig noch Spuren in den Flüssen der Umgebung der Städte *Holguín* und *Escambray*, sowie überhaupt in der Nähe von *Villa Clara, Sancti Spíritus, Puerto Príncipe (Camagüey), Bayamo* und der Bucht von *Nipe*. Vielleicht ist der Kupferreichtum, von dem die Eroberer des 16. Jahrhunderts gesprochen haben[3], als die Spanier sich mehr für die Naturerzeugnisse Amerikas interessierten als in den nachfolgenden Jahrhunderten, eher der Formation von Hornblende-Schiefer und Tonschiefer, mit Dioriten und

---

von den ersten Eroberern nach Spanien geschickt wurde und das aus der Goldwäscherei gefördert wurde und dem, das schon seit Jahrhunderten in den Händen der Eingeborenen war und das man ohne Scham an sich brachte. Wenn man auf den beiden Inseln Kuba und Haiti (in *Cubanacán* und in Cibao) ein Goldwäscher-Produkt von 3.000 Mark Gold annimmt, ergibt diese Summe einen dreimal so geringen Wert als das Gold, das jährlich (in den Jahren von 1790 bis 1805) in der kleinen Provinz *Choco* gefördert wurde. Die Vermutung eines vor Jahren bestehenden Reichtums hat nichts Unwahrscheinliches, und wenn man von der geringen Menge des heute zutagegebrachten Goldes in Kuba und Santo Domingo überrascht ist, wo man früher so beachtliche Mengen zutage gefördert hatte, muss man daran denken, dass auch die Menge des in Brasilien gewaschenen Goldes beträchtlich zurückgegangen ist. Von 1760 bis 1800 sank die Produktion von 6.600 Kilogramm Gold auf unter 595 (*Rel. hist.*, Tom. III, S. 267). Die Goldklumpen mit einem Gewicht von mehreren Pfunden, die man in unseren Tagen in Florida und in Nord- und Süd- Carolina gefunden hat, beweisen den ursprünglichen Reichtum des gesamten Beckens der Antillen, von Kuba zu den Appalachen. Es ist übrigens ganz natürlich, dass der Ertrag durch die Goldwäscherei schneller abnimmt als durch den Abbau unter Tage. Es ist sicher, dass sich die Metalle in unserer heutigen Zeit nicht schneller in den Spalten der Gänge (durch Sublimation) neu erzeugen als sie in den Ablagerungsgebieten des Flusses angehäuft werden, dort, wo die Plateaus höher als der umliegende Wasserspiegel liegen. Aber in den metalldurchsetzten Felsen erkennt der Bergmann nicht sofort den ganzen Umfang des abzubauenden Lagers. Er hat die Möglichkeit, die Arbeiten zu verlängern und sie zu vertiefen oder zu anderen Gängen hinüberzugraben. In den angeschwemmten Schichten ist die goldhaltige Schicht normalerweise nur dünn. Meist ruht sie auf Fels oder Felsuntergrund, der im übrigen vollkommen steril ist. Ihre Lage an der Oberfläche und die einheitliche Beschaffenheit lassen Grenzen leicht erkennen. Wenn man viele Arbeiter zusammen an einem Ort, wo das Wasser in reichlicher Menge vorhanden ist, arbeiten lässt, beschleunigt dies das vollkommene Ausschöpfen des Goldvorkommens. Ich denke, dass diese Beobachtungen, die aus der Geschichte der Eroberung Amerikas und aus der Bergmannskunst stammen, einiges Licht auf das heutzutage aktuelle Problem der Metallvorkommen in Haiti werfen können. Auf dieser Insel, sowie auch in Brasilien, hätte man mehr Erfolg, wenn man die unterirdischen (in Gängen vorzufindenden) Vorkommen versuchen würde abzubauen, und zwar in Urgebirgen und Zwischenformationen, als die während der Barbarei, des Raubens und Mordens verlassenen Goldwaschanlagen wiederaufzunehmen

[3] *Hai buen cobre in Cuba* (im damals besuchten östlichen Teil). Gómara: *Historia de Indias, fol. XXVII.*

Euphoditen versetzt, zu verdanken. Dazu fand ich Analogien in den Bergen von *Guanabacoa*. Der mittlere und westliche Teil der Insel bestehen aus zwei kompakten Kalksteinformationen, aus tonhaltigem Sandstein und aus Gips. Die erste dieser Formationen bietet (ich würde nicht behaupten auf Grund ihrer Lagerung oder Schichtung, die mir unbekannt sind, sondern auf Grund ihres Aussehens und ihrer Zusammensetzung) Ähnlichkeit mit der Formation des Jura. Sie ist weiß bis hellgelbocker, mit stumpfem, sowohl muschelförmigem oder auch glattem Bruch. Diese Formation ist in feine Schichten unterteilt und zeigt nierenartige, oft hohle Bildungen aus Feuerstein-Silex (Fluss *Río Canimar*, zwei Meilen östlich von *Matanzas*) und Versteinerungen aus Pectiniten, Carditen, Terebratulen und Madreporen[4], weniger verstreut innerhalb der Masse, eher gehäuft innerhalb einzelner Bänder. Ich habe keine Rogensteinschichten angetroffen, aber sehr wohl poröse, beinahe blasenartige Schichten zwischen dem Hof des Grafen von Mopox namens *El Potrero del Conde de Mopox* und dem Hafen von *Batabanó*, vergleichbar den Schichten mit Schwammstruktur, die die Jura-Kalke in Franken bei Donndorf, Pegnitz und Tumbach aufweisen. Gelbliche Schichten mit Aushöhlungen von 3-4 Zoll Durchmesser wechseln mit vollkommen kompakten Schichten, die weniger Versteinerungen aufweisen. Die Gebirgskette, die die Ebene von *Güines* gegen Norden säumt und sich mit den Bergen *Lomas de Camoa* und den *Tetas de Managua* verbindet, gehört zu dieser letzten Ausprägung, die weiß-rötlich und fast lithographieähnlich erscheint, so wie der Jura-Kalkstein von Pappenheim. Die kompakten und die ausgehöhlten Schichten enthalten Einschlüsse aus Eisen in Braunocker. Vielleicht ist diese rote Erde, die von den Kaffeepflanzern so sehr gesucht wurde, nur das Verwitterungsprodukt einiger Oberflächenschichten aus Eisenoxid, vermischt mit Silizium und Ton, oder eines über dem Kalkstein gelegenen rötlichen Mergelsandsteins. Diese gesamte Formation würde ich als *Güines-Kalk* bezeichnen, um sie von einer viel jüngeren Formation zu unterscheiden, die man bei *Trinidad*, in den *Lomas de San Juan* findet, den steilen Gipfeln, die an die Berge des Caripe-Kalksteins in der Umgebung von Cumaná erinnern. Sie umfasst auch große Höhlen in der Nähe von *Matanzas* und *Jaruco*. Ich habe nie davon gehört, dass man dort jemals fossile Knochen gefunden hätte. Die Vielzahl von Höhlen, in denen sich das Regenwasser ansammelt und kleine Bäche versickern, ruft mitunter kleine Erdfälle hervor[5]. Ich glaube, dass der Gips in Kuba nicht aus dem Tertiär stammt, sondern aus dem Erdmittelalter: Man baut ihn an verschiedenen Stellen im Osten von *Matanzas* ab, in *San Antonio de los Baños*, wo er auch Schwefel enthält, und auf den Landzungen gegenüber *San Juan de los Remedios*. Man darf diesen (Jura-) Kalk von *Güines*, der teils porös und teils kompakt ist, nicht mit anderen Bildungen solch neuen Datums verwechseln, von denen man annehmen könnte, dass sie in der heutigen Zeit noch andauern. Ich möchte hier von den Kalkagglomeraten sprechen, die ich auf den Landzungen oder Inseln gesehen habe, der Küste zwischen *Batabanó* und der Bucht

---

[4] Ich habe dort weder Gryphiten und Ammoniten des jurassischen Kalksteins noch die Nummuliten und Ceriten des grobkörnigen Kalksteins gefunden.

[5] Was zum Beispiel die Zerstörung der Tabakmühlen des ehemaligen königlichen Gutshofes bewirkte.

von *Jagua* vorgelagert, vor allem im Süden des Moors namens *Ciénaga de Zapata,* auf den Inseln *Cayo Bonito, Cayo Flamenco* und *Cayo de Piedras.* Mit einer Sonde kann man feststellen, dass die Felsen sich von einem ebenen Niveau aus unvermittelt 20 bis 30 Klafter hoch erheben. Einige erreichen gerade die Wasseroberfläche, andere ragen ¼ oder 1/5 Toisen heraus. Eckige Fragmente aus Madreporen und Cellularien in der Größe von 2-5 Kubikzoll sind dort mit Quarzsand verbacken. Alle Unebenheiten dieser Felsen sind mit aufgeschüttetem Boden bedeckt, in dem man mit der Lupe nur Detritusmuschel- und Korallenreste findet. Diese tertiäre Formation gehört zweifellos zu denen der Küsten von Cumaná, von Cartagena de Indias und der Großen Erde von Guadalupe, die ich in meiner geologischen Karte von Südamerika dargestellt habe. Es handelt sich hier um die Bildung der Koralleninseln der Südsee, über die Chamisso und Guaimard kürzlich berichtet haben. Wenn man in der Nähe von Havanna am Fuße der Festung *La Punta* auf den ausgehöhlten mit grünen Ulven bewachsenen und von lebenden Polypen überzogenen Felsen[6] sitzt, findet man in der Textur dieser Bänke riesige Massen Madreporen und andere korallische Pflanzenversteinerungen. Man fühlt sich zunächst geneigt, zuzugeben, dass dieser Kalksteinfelsen, der den umfassendsten Teil der Insel Kuba ausmacht, seine Existenz einer ununterbrochenen Aktivität der Natur verdankt, der Aktivität der organischen produktiven Kräfte und teilweiser Zerstörung, einer Aktivität, die noch heutzutage im Innersten des Ozeans fortwirkt. Jedoch wird dieser Anschein von Neubildung der Kalksteinformationen bald ausgelöscht, wenn man die Küste verlässt oder sich an die Abfolge von Korallenfelsen erinnert, die in den verschieden alten Formationen des Muschelkalks, des Jura-Kalks und des grobkörnigen Kalks enthalten sind. Korallenfelsen wie die der Festung *La Punta,* befinden sich in hohen Bergen im Inland, zusammen mit zweischaligen Muschelversteinerungen, die sich wesentlich von den gegenwärtigen an den Antillenküsten unterscheiden. Ohne dem *Güines*-Kalk mit Bestimmtheit einen Platz in den Formationen zuordnen zu wollen, der dem der Festung *La Punta* entspricht, gibt es für mich keinen Zweifel an der zeitlichen Einordnung dieser Felsart im Vergleich zu dem Kalksteinagglomerat der Landzungen, die sich südlich von *Batabanó* und im Osten der Insel *Pinos* befinden. Der Erdball hat große Veränderungen innerhalb der Epochen erfahren, in denen sich diese beiden Erdschichten gebildet haben: eine mit den großen Höhlen von *Matanzas*, die andere mit dem täglichen Zuwachs durch die Verkittung von Korallenfragmenten und Quarzsand. Letztere Erdschicht scheint im Süden der Insel Kuba teils auf *Güines*-Jura-Kalkstein, wie in den *Jardinillos,* teils auch (wie am Kap *Cruz)* direkt auf Urgebirge zu ruhen. In den Kleinen Antillen haben Korallen sogar vulkanische

---

[6] Die Oberfläche dieser von den Wellen geschwärzten und ausgehöhlten Bänke weist blumenkohlartige Verästelungen auf, wie man sie auch auf Lavaströmen beobachten kann. Sollte der vom Wasser erzeugte Farbwechsel vom Magan herrühren, dessen Existenz aus einigen Dendriten erkenntlich wird? Das Meer, das in die Felsspalten und in eine am Fuß der Festung *Morro* befindlichen Höhle eindringt, komprimiert darin die Luft und stößt sie mit einem außerordentlichen Getöse aus. Dieser Lärm erklärt das Phänomen der Schnarcher-Felsen, die bei den von Jamaika zur Mündung des Río San Juan in Nicaragua oder zur San Andrés-Insel fahrenden Seeleuten bekannt sind.

Auswürfe überwachsen. Mehrere Landzungen der Insel schließen Süßwasser ein. Die Insel *Cayo de Piedras* schließt auf mittlerer Höhe vorzügliches Süßwasser ein, wie ich selbst feststellen konnte. Wenn man sich über die extreme Winzigkeit dieser Inselchen Gedanken macht, kommt es einem unwahrscheinlich vor, dass diese Süßwassertümpel von unverdunstetem Regenwasser herrühren. Das würde bedeuten, dass eine unterirdische Verbindung zwischen dem Kalkstein der Küste und dem Kalkstein besteht, der die Basis der Polypengebäude bildet. Das Süßwasser auf Kuba könnte durch hydrostatischen Druck durch den Korallenfelsen der Landzungen gepresst werden, so wie in der *Jagua*-Bucht, wo inmitten des Meeres Quellen auftreten, die häufig von Seekühen besucht werden.

Im Osten Havannas sind die Sekundärformationen besonders auffällig von in Gruppen angeordneten Syenit- und Euphoditfelsen unterbrochen. Sowohl die südliche als auch die nördliche Begrenzung der Bucht, die Hügel von den Festungen *El Morro* und *La Cabaña* bestehen aus Jura-Kalk. Dagegen gibt es an der östlichen Begrenzung der Buchten von *Regla* und *Guanabacoa* nur Übergangsgestein. Auf dem Weg von Norden nach Süden sieht man bei Tag zunächst in der Nähe von *Marimelena* Syenit, der zum Teil aus Hornstein, Quarz und aus einem seltsam kristallisierten weiß-rötlichen Feldspath zusammengesetzt und zum Teil zersetzt ist. Die nordwestlich geneigten Schichten dieses schönen Syenit wechseln zweimal mit Serpentinschichten ab, die drei Toisen Durchmesser haben. Weiter im Süden bei *Regla* und *Guanabacoa* verschwindet Syenit und der Boden ist vollständig mit Serpentingestein bedeckt, das in Hügeln von 30 bis 40 Toisen Höhe mit einer Ausrichtung von Osten nach Westen auftritt. Dieser Felsen ist sehr zerklüftet, außen grau-bläulich, mit Mangan-Dendriten überzogen, im Inneren lauch- und spargelgrün und von kleinen Asbestadern durchzogen. Er enthält weder Granaten noch Hornblende, jedoch in der Masse zerstreuten metallisch glänzenden Smaragdit. Der Serpentin hat einen teils splittrigen, teils muscheligen Bruch. Zum ersten Mal in den Tropen fand ich hier den metallisch glänzenden Smaragdit. Mehrere Serpentinblöcke haben magnetische Pole, andere besitzen eine so gleichförmige Textur und einen so fetten Glanz, dass man von ferne versucht ist, sie für Pechstein zu halten. Diese schönen Steinmassen sollten bei der Herstellung von Kunstobjekten verwertet werden, wie es in einigen Gegenden in Deutschland geschieht. Wenn man sich *Guanabacoa* nähert, findet man den Serpentin mit 12 - 14 Zoll starken Adern durchzogen, die mit faserigem Quarz, mit Amethyst und zierlichen warzen- und stalaktitenförmigen Calcedonen gefüllt sind. Vielleicht trifft man hier auch eines Tages Chrysoprase an. Mitten in diesen Adern kommen einzelne Kupfer-Pyrite zum Vorschein, die silberhaltiges graues Kupfer enthalten sollen. Ich habe von diesem grauen Kupfer keine Spur gefunden: Es ist möglich, dass der metallisch glänzende Schillerspat den Bergen von *Guanabacoa* den seit Jahrhunderten bestehenden Ruf von Gold- und Silberreichtum eingebracht hat. Aus den Spalten des Serpentins tritt ab und an Erdpech[7] hervor. Es gibt viele Wasserquellen, die leicht geschwefeltes

---

[7] Gibt es in der Bucht von Havanna außer derjenigen von *Guanabacoa* noch eine andere Petroleumquelle oder muss man annehmen, dass die Quelle flüssigen Erdpechs versiegt ist, die Sebastián de Ocampo 1508 zum Kalfatern (Abdichten) seiner Schiffe

Hydrogen enthalten: Sie schlagen Eisenoxid nieder. Die Quellen des Heilbades *Barreto* sind sehr angenehm, aber ihre Temperatur unterscheidet sich nur gering von der der Luft. Die geologische Beschaffenheit dieser Serpentin-Felsgruppen verdient schon auf Grund ihrer Einzigartigkeit und ihrer Adern, durch ihre Verbindungen mit dem Syenit und ihr Aufsteigen zwischen den Muschelformationen besondere Aufmerksamkeit. Der Feldspath mit Soda-Grundlage (dichter Feldspath) bildet mit Schillerspat Euphodit und Serpentin, mit Hypersthen Hypersthenit, mit Hornblende Diorit, mit Augit Dolerit und Basalt, mit Granat Eclogit[8]. Diese fünf über die ganze Erde verstreuten und mit Oxidul-und Titaneisen versetzten Felsarten sind wahrscheinlich gemeinsamer Herkunft. In den Euphoditen kann man leicht zwei Formationen erkennen, eine ohne Hornblende, selbst dort wo sie mit Hornblende-Felsen wechselt (Joria in Piemont, *Regla* auf der Insel Kuba), sehr reich an reinem Serpentin, an Schillerspat und bisweilen an Jaspis (Toscana, Sachsen). Die andere Formation ist dagegen reich an Hornblende, öfters in Diorit, enthält keinen Jaspis, jedoch zuweilen reichhaltige Kupferadern (Schlesien, Mussinet in Piemont, Pyrenäen, Parapara in Venezuela, Copper-Mountain in Nordamerika). Letztere Euphodit-Formation verbindet sich durch ihre Mischung mit Diorit mit dem Hypersthenit, worin sich zuweilen in Schottland und Norwegen wirkliche Serpentinlager entwickeln. Bis jetzt hat man in Kuba keine vulkanischen Gesteine neueren Ursprungs entdeckt, z.B. Trachyt, Dolerit und Basalt. Mir ist sogar unbekannt, ob man diese Gesteine in den übrigen großen Antillen findet, deren geognostische Beschaffenheit sich wesentlich von der der verschiedenen Kalkstein- und Vulkangesteininseln zwischen Trinidad und den Jungferninseln unterscheidet. Erdbeben, auf Kuba normalerweise weniger verheerend als in Puerto Rico und Haiti, sind im Ostteil der Insel, zwischen Kap *Maisí, Santiago de Cuba* und der Stadt *Puerto Príncipe* spürbarer. Vielleicht wirkt auf diese Regionen seitlich eine Spalte, von der man

---

gebraucht hat? Immerhin war es diese Quelle, die Ocampo für den Hafen von Havanna so wichtig fand, dass er ihm den Namen *Puerto de Carenas* (Trockendockhafen) gab. Es wird auch behauptet, dass man ebenso reichhaltige Petroleumquellen im Osten der Insel vorfindet, und zwar zwischen *Holguín* und *Mayarí* und an der Küste von *Santiago de Cuba*. Kürzlich wurde in der Nähe von *Punta Icacos* eine kleine Insel (*Siguapa*) entdeckt, von der nur ein mit Erde vermischtes festes Erdharz zutage tritt. Diese Masse erinnert an den Asphalt von Vallorbe im Kalkstein des Jura. Findet sich die Serpentin-Formation von *Guanabacoa* bei *Bahía Honda* auf dem *Rubí*-Berg wieder? Den Botanikern bieten die Hügel von *Regla* und *Guanabacoa* am Fuße einiger zerstreuter Palmen folgende Pflanzen: Jatropha panduraefolia, J. integerrima Jacq., J. fragrans, Petiveria alliacae, Pisonia loranthoides, Lantana involucrata, Russelia sarmentosa, Ehretia havanensis, Cordia globosa, Convulvulus pinnatifidus, C. calycinus, Bignonia lepidota, Lagascea mollis Cav., Malpighia cubensis, Triopteris lucida, Zanthoxylum Pterota, Myrtus tuberculata, Mariscus havanensis, Andropogon avenaceus Schrad., Olyra latifolia, Chloris cruciata und eine große Anzahl von Benisterien, die mit ihren goldenen Blüten die Landschaft verschönern. (Vgl. Humboldt, Alexander von und Bonpland, Aimé de: "Flora Cubae Insulae" in: *Nov. Genera et Spec.*, Bd. VII, S. 467).
[8]Reuthberg bei Dolau (Bayreuth); Saualpe (Steiermark).

glaubt, sie durchziehe die Granit-Felsenzunge zwischen *Puerto Príncipe* und dem Kap *Tiburón*, über der 1770 ganze Berge eingestürzt sind.

2.3 Hydrographische Skizze

Als Hauptursache für den Mangel an Flüssen und Trockenheit, unter der besonders der Westteil von Kuba leidet, können die oben beschriebene kavernöse Textur der Kalksteinformationen, die ansehnliche Neigung ihrer Schichten, die geringe Breite der Insel, die vielen holzarmen Ebenen und die Nähe der Berge gelten, die an der südlichen Küste eine hohe Kette bilden. In dieser Hinsicht sind Haiti, Jamaika und mehrere der Kleinen Antillen mit ihren vulkanisch mit Wäldern bedeckten Gipfeln von der Natur begünstigter. Die für ihre Fruchtbarkeit bekanntesten Gebiete liegen um *Jagua, Trinidad, Matanzas* und *Mariel*. Das Tal von *Güines* verdankt seinen Ruf allein der künstlichen Bewässerung. Obwohl Kuba keine großen Flüsse besitzt und ungleichmäßig fruchtbare Böden aufweist, bietet es doch auf Grund der hügeligen Landschaft, seiner immergrünen Gewächse und der Verteilung der Pflanzenarten bei jedem Schritt eine äußerst abwechslungsreiche und angenehme Landschaft. Zwei Bäume mit großen lederzähen, glänzenden Blättern, der Mummea und der Calophyllum Calaba, fünf Palmenarten (Palma Real oder Oreodoxa regia, die gemeine Kokospalme, die Cocos crispa, die Corypha Miraguama und die C. maritima) sowie die kleinen ständig blühenden Sträucher schmücken Hügel und Savannen. Die Cecropia peltata bezeichnet feuchte Stellen. Man ist versucht zu glauben, die ganze Insel sei ursprünglich ein Palmen-, Zitronen- und wilder Orangenhain gewesen. Mit sehr kleinen Früchten liegen die wilden Orangen in ihrem Ursprung wahrscheinlich vor der Ankunft der Europäer, welche die Gartenagrumi (Zitrusfrüchte) hierherbrachten; sie sind kaum 10-15 Fuß hoch. Meistens sind Zitronen- und Orangenbäume nicht gemischt und wenn die neuen Kolonisten den Boden durch Feuer urbar machen, bestimmen sie die Bodeneigenschaften je nachdem, ob sie mit der einen oder der anderen dieser 'sozialen Planzen' bewachsen waren. Sie ziehen den Boden des Orangenhains dem der kleinen Zitronenbäume vor. In einem Land, wo die Zuckersiedereien noch nicht gut genug funktionieren, und wo man nur das trockene Zuckerrohr als Brennstoff benutzt, ist diese fortschreitende Zerstörung des Gebüschs eine wahre Kalamität. Die Dürre des Bodens nimmt in dem Maße zu, in dem man die Bäume abholzt, die dem Boden Schatten gegen Sonneneinstrahlung gewähren und deren Wärme ausstrahlende Blätter bei immerwährend klarem Himmel in der erkalteten Luft Niederschlag von Wasserdunst bewirken.

Unter den wenigen bemerkenswerten Flüssen ist der *Güines* zu nennen. Ihn wollte man 1798 mit dem kleinen Schifffahrtskanal verbinden und auf dem Breitengrad von *Batabanó* die Insel durchziehen lassen. Weitere Flüsse sind der *Almendaris* oder *Chorrera*, dessen Wasser durch den Bewässerungsgraben *Antoneli* nach Havanna geleitet wird, der *Cauto* im Norden der Stadt *Bayamo*, der *Máximo*, der im Osten von *Puerto Príncipe (Camagüey)* entspringt, der *Sagua Grande* bei *Villa Clara*, der *Río las Palmas*, der gegenüber der Insel *Cayo Galindo* ins Meer mündet, die kleinen Flüsse *Jaruco* und *Santa Cruz*, zwischen *Guanabó* und *Matanzas*, die einige Meilen vor ihrer Mündung landeinwärts schiffbar sind und das Verschiffen von Zuckerkisten ermöglichen; der *Río San Antonio*, der wie viele andere in die Schluchten des Kalkgesteins hinunterstürzt; der *Guarabo* westlich vom Hafen *Trinidad* und der *Galafre* im fruchtbaren Gebiet von *Filipinas*, der am See *Laguna de Cortés* zum Wasserfall wird. Die wasserreichsten Quellen entspringen an der Südküste, die zwischen *Jagua* bis Kap *Punta de Sabina* auf einer Strecke von 46 Meilen sehr sumpfig ist. Da enorm viel Wasser durch die Felsspalten versickert, sprudelt durch hydrostatischen Druck weitab von der Küste inmitten des Salzwassers Süßwasser hervor. Der Stadtbezirk von Havanna ist nicht sehr fruchtbar und die wenigen Zuckerrohrplantagen der Umgebung haben Höfen mit Viehzucht, Maisfeldern und Weiden Platz gemacht, die auf Grund des Konsums in der Hauptstadt sehr einträglich sind. Die kubanischen Landwirte unterscheiden zwei Arten von Böden, die sich ähnlich wie die Felder eines Damespiels abwechseln: die tonhaltige schwarze Erde, die viel Humus enthält, und die eher kieselartige rote, mit Eisenoxyd vermischte Erde. Obwohl man im allgemeinen die schwarze Erde, die die Feuchtigkeit besser hält, für den Zuckerrohranbau vorzieht, während die rote Erde für den Kaffeeanbau vorgezogen wird, befinden sich doch viele Zuckerrohrplantagen auf roter Erde.

2.4 Das Klima Havannas

Das Klima Havannas entspricht dem der heißen Randzonen: Es handelt sich um tropisches Klima. Die ungleiche Verteilung der Wärme auf die verschiedenen Jahreszeiten kündigt schon den Übergang zum Klima der gemäßigten Zonen an. Kalkutta (22 Grad 34'nördl. Breite), Kanton (23 Grad 8'nördl. Breite), Macao (22 Grad 12' nördl. Breite), Havanna (23 Grad 9'nördl. Breite) und Río de Janeiro (22 Grad 54'südl. Breite) sind Städte, die wegen ihrer Lage zum Ozean und der Nähe zum Wendekreis des Krebses und des Steinbocks und demnach durch dieselbe Äquatorentfernung eine große Rolle für meteorologische Studien spielen. Diese Untersuchung kann aber nur auf der Grundlage von gewissen numerischen Elementen prosperieren, die unumgängliche Basis für zu entdeckende Gesetze sind. Da die Vegetation an den Rändern der heißen Zonen und unter dem Äquator gleich aussieht, verwechselt man die Klimate beider Zonen zwischen dem 0.

und 10. und zwischen dem 15. und 23. Breitengrad zu leicht. Die Gebiete mit Palmen, Bananen und baumartigen Gräsern erstrecken sich sogar weit über die Wendekreise hinaus: aber es wäre gefährlich (wie kürzlich geschehen aus Anlass des Todes von Doktor Oudney bei der Diskussion über die Frage, ab welcher Erhebung sich im Königreich Bornu Eis bilden könnte), Beobachtungen in tropischen Randzonen auf Beobachtungen der äquatornahen Ebenen zu übertragen. Um diese Fehler auszumerzen, ist es wichtig, die durchschnittlichen Jahres- und Monatstemperaturen sowie die Temperaturschwankungen in den verschiedenen Jahreszeiten auf dem Parallelkreis von Havanna bekannt zu machen, und bei einem exakten Vergleich mit anderen gleich weit vom Äquator entfernten Punkten z.B. mit Río de Janeiro und Macao zu beweisen, dass die tiefen, auf der Insel Kuba beobachteten Temperaturabfälle eine Folge von Einbruch und Übertragung kalter Luftschichten sind, die aus den gemäßigten Zonen zu den Wendekreisen des Krebses und des Steinbocks gelangen. Dank vierjähriger zuverlässiger Beobachtung ist die Durchschnittstemperatur von Havanna 25,7° (20,6°R.), nur 2 Centesimalgrade höher als die der äquatornahen Gebiete Amerikas. Die Meeresnähe hebt an den Küsten die Jahresdurchschnittstemperatur. Aber im Inneren der Insel, dort wo der Nordwind dieselbe Stärke hat, und wo die Bodenerhebungen bis zu 40 Toisen[9] ansteigen, erreicht die Durchschnittstemperatur nur 23° (18,4° R.) und übersteigt die von Kairo und dem gesamten Niederägypten nicht. Der Unterschied zwischen der Durchschnittstemperatur des heißesten und des kältesten Monats liegt im Innern der Insel bei 12°, in Havanna an der Küste bei 8°, in Cumaná bei 3°. In den heißesten Monaten, Juli und August, erreicht die Insel Kuba eine Durchschnittstemperatur von 28,8°, vielleicht sogar 29,5°, wie am Äquator. Die kältesten Monate sind Dezember und Januar: ihre Durchschnittstemperaturen liegen im Innern der Insel bei 17°, in Havanna bei 21°, d.h. 5 bis 8° unter den Temperaturen derselben Monate am Äquator, aber immer noch 3° wärmer als der heißeste Monat in Paris. Was die Grenzwerte betrifft, die das Centesimal-Thermometer im Schatten erreicht, wird gegen die heißen Randzone wahrgenommen, was auch die am Äquator gelegenen Regionen (zwischen 0° und 10° nördlicher und südlicher Breite) charakterisiert. Das Thermometer, das in Paris 38,4° erreichte, stieg in Cumaná nur auf 33°, in Veracruz in 13 Jahren nur ein einziges Mal auf 32° (25,6°). In Havanna hat Ferrer die Temperaturen in den Jahren 1810-1812 nur zwischen 16 und 30° schwanken sehen. Robredo, dessen Manuskript ich besitze, erwähnt eine außergewöhnliche Tatsache, und zwar

---

[9]Kaum 6 Toisen höher als die Lage von Paris (erstes Stockwerk des königlichen Observatoriums) über dem Meeresspiegel.

soll die Temperatur im Jahre 1801 auf 34,4° (27,5° R) angestiegen sein, während Paris gemäß den kuriosen Untersuchungen von Arago extreme Temperaturen zwischen 36,7 und 38° (29,4 und 30,7°R.) viermal in zehn Jahren (zwischen 1793 und 1803) erreichte. Die große Annäherung der zwei Epochen, in denen die Sonne den Zenit der Orte in der heißen Randzone überschreitet, verursacht oft ausgeprägte Hitze-Perioden in der Küstengegend von Kuba und aller Orte, die auf den Parallelkreisen von 20° und 23 ½° liegen und zwar nicht den ganzen Monat hindurch, sondern nur ein paar Tage. Gewöhnlich steigt das Thermometer im August nicht über 28° bis 30°: Ich habe es erlebt, dass man bei über 31° (24,8° R) über übermäßige Hitze klagte. Das Absinken der Wintertemperatur auf 10° bis 12° ist schon ziemlich selten; aber wenn der Nordwind mehrere Wochen lang bläst und kalte Luft von Kanada herüberbringt, kann es vorkommen, dass sich im Inselinnern, in der Ebene und in unmittelbarer Nähe von Havanna nachts Eis bildet[10]. Nach den Beobachtungen von Wells und Wilson kann man annehmen, dass die Strahlung des Wärmestoffs diesen Effekt erzeugt, während das Thermometer noch bei Temperaturen von 5° oder sogar 9° über dem Gefrierpunkt steht. Aber Robredo hat mir versichert, dass er sogar 0 Grad auf dem Thermometer abgelesen hat. Diese dicke Eisschicht an einem Ort in einer heißen Gegend fast auf Höhe des Meeresspiegels, muss dem Naturforscher um so mehr auffallen, als in Caracas (10°31' Breite) und auf 477 Toisen Höhe, die Lufttemperatur nicht unter 11° sinkt. Und noch näher am Äquator muss man bis auf eine Höhe von 1400 Toisen hinauf, um Eisbildung[11] beobachten zu können. Weiterhin muss man bedenken, dass zwischen Havanna und Santo Domingo, zwischen *Batabanó* und Jamaika nur ein Breitenunterschied von 4° oder 5° besteht; und in Santo Domingo, Jamaika, Martinique und Guadalupe liegen die Tiefsttemperaturen in den Ebenen zwischen 18,5 und 20,5°.

Es könnte interessant sein, das Klima von Havanna mit dem von Macao und von Río de Janeiro zu vergleichen, weil es jeweils zwei Orte sind, von denen der eine sowohl dicht an der Grenze der nördlichen heißen Zone als auch an der Ostküste von Asien und der andere an der Ostküste Amerikas an der äußersten südlichen heißen Zone liegt. Die Durchschnittstemperaturen von Río de Janeiro sind das Ergebnis aus 3.500 Beobachtungen von Benito

---

[10]Diese unerwartete Kälte hatte schon die ersten Reisenden überrascht. "En Cuba", sagt Gómara (1553: *Historia de las Indias,* fol. XXVII), "algo se siente el frío (In Kuba wird es ab und zu spürbar kalt)".

[11]Man sieht noch nicht einmal etwas davon in Quito (1.490 Toisen), das in einem schmalen Tal gelegen ist, wo ein oft dunstiger Himmel die Kraft der Strahlung mindert.

Sánchez Dorta; von Macao stammen 1.200 Beobachtungen, die mir Abt
Richenet vermittelte.

	Havanna	Macao	Río de Janeiro
Jahresdurchschnitts-	Breite 23°9'N.	Breite 22°12' N.	Breite 22°54' S.
temperatur	25,7°	23,3°	23,5°
heißester Monat	28,8°	28,4°	27,2°
kältester Monat	21,1°	16,6°	20,0°

Havanna ist trotz häufiger Nord- und Nordwestwinde wärmer als
Macao und Río de Janeiro. Der erste dieser beiden Orte ist durch den
häufigen Westwind, den man auf der Ostseite jedes großen Kontinents erlebt,
der Kälte ausgesetzt. Die Nähe überaus breiter Landstriche mit Bergen und
Hochplateaus macht die Hitzeverteilung über das ganze Jahr in Macao und
Kanton ungleichmäßiger als auf einer Insel, die westlich und östlich vom
warmen Wasser des Golfstroms umgeben ist. Darum sind auch die Winter in
Kanton und Macao viel kälter als in Havanna. Die Durchschnittstemperaturen
im Dezember, Januar, Februar und März lagen im Jahre 1801 in Kanton
zwischen 15 und 17,3°, in Macao zwischen 16,6 und 20°, während sie in
Havanna gewöhnlich zwischen 21 und 24,3° schwanken: Dennoch ist der
Breitengrad von Macao um 1° südlicher als der von Havanna, und Havanna
und Kanton liegen mit einer Minute Unterschied auf demselben Parallelkreis.
Obgleich nun die Isothermen oder die Linien gleicher Wärme im System der
Klimate des östlichen Asien wie im System der Klimate des östlichen
Amerika einen konkaven Gipfel gegen den Pol hin bilden, sinkt die
Temperatur auf demselben geographischen Parallelkreis an der asiatischen
Küste erheblicher ab[12]. Abt Richenet, der über das ausgezeichnete Maxima-
und Minimalthermometer von Six verfügte, hat dieses Instrument in den
Jahren (1806-1814) auf 3,3° und 5° (38° und 41° Fahrenheit) absinken
sehen. In Kanton erreicht das Thermometer zuweilen den Nullpunkt und
durch Ausstrahlung bildet sich dort auch Eis auf den Terrassen der Häuser.
Obwohl diese Kälte nie länger als einen Tag dauert, machen die englischen
Geschäftsleute gerne von November bis Januar ihre Kamine an, während man
in Havanna nicht einmal das Bedürfnis verspürt, sich an offener mobiler
Feuerstelle *(brasero)* zu wärmen.

Im asiatischen Klima von Kanton und Macao hagelt es häufig und
zwar mit außergewöhnlich großen Hagelkörnern, während man dies in

---

[12]Der Klimaunterschied der Ost- und Westküste des Alten Kontinents ist so groß, dass
in Kanton (Br. 23°8') die mittlere Temperatur des Jahres 22,9° ist, während sie in
Santa Cruz auf Teneriffa (Br. 28°28') gemäß den Angaben von von Buch und Escolar
23,8° beträgt. Kanton, an der Ostküste gelegen, hat ein Kontinental-Klima; Teneriffa
ist eine der Westküste Afrikas vorgelagerte Insel.

Havanna kaum alle fünfzehn Jahre erleben kann. An diesen drei Orten hält sich das Thermometer manchmal mehrere Stunden zwischen 0° und 4° und trotzdem (und das scheint mir äußerst bemerkenswert) hat man dort niemals Schnee fallen sehen; und obwohl die Temperatur so tief sinkt, tragen Bananenstauden und Palmen in der Nähe von Kanton, Macao und Havanna zu einer ebenso schönen Vegetation bei wie in den Ebenen unmittelbar am Äquator.

Glücklicherweise kann man beim heutigen Zivilisationsstand für ein gründliches Studium der Meteorologie schon viele numerische Elemente über das Klima der Orte zusammentragen, die fast unmittelbar unterhalb der Wendekreise liegen. Fünf der größten Handelsstädte der Welt, nämlich Kanton, Macao, Kalkutta, Havanna und Río de Janeiro befinden sich in dieser geographischen Lage. Die von Europäern häufig besuchten Orte auf der nördlichen Halbkugel sind außerdem Maskat, Syene (Assuan), Nuevo Santander, Durango und die nördlichsten unter den Sandwich-Inseln (Hawaii), auf der südlichen Halbkugel Bourbon (Réunion), Ile de France (Mauritius) und der Hafen von Cobija, zwischen Copiapó und Arica. Sie bieten den Naturforschern auf Grund ihrer Lage dieselben Vorteile wie Rio de Janeiro und Havanna. Die Klimatologie entwickelt sich nur langsam, da man an den Orten, wo sich die Zivilisation zu entwickeln beginnt, nur zufällig Daten zusammenträgt. Diese Punkte bilden kleine voneinander durch immense, für die Meteorologen unbekannte Landstriche abgetrennte Gruppen. Um die Naturgesetze der Wärmeverteilung auf dem Globus zu erforschen, muss man den Beobachtungen eine Richtung geben, die den Bedürfnissen einer im Entstehen begriffenen Wissenschaft entsprechen und wissen, welche numerischen Gegebenheiten am wichtigsten sind. Die Durchschnittstemperatur von Nuevo Santander an der Ostküste des Golf von Mexiko liegt vermutlich unter der von Kuba. Die Temperatur hat hier offensichtlich Einfluss auf die Kälte des Winters eines großen Kontinentes, der sich nach Nordwesten ausdehnt. Wenn wir jedoch das Klimasystem Ostamerikas verlassen, wenn wir das Becken oder besser gesagt das unter Wasser gelegene Tal des Atlantiks überqueren, um unseren Blick auf die Küsten Afrikas zu werfen, treffen wir im cisatlantischen Klimasystem der Westküste des Alten Kontinents auf nach dem Pol konvex erhabene Isothermen-Linien. Der Wendekreis des Krebses verläuft dort zwischen Kap Bojador und Kap Blanco, in der Nähe des Flusses Río de Oro entlang den unwirtlichen Ausläufern der Sahara. Die Durchschnittstemperatur muss hier weit höher als in Havanna liegen, und dies aus einem zweifachen von der Lage herrührenden Grund: an einer Ostküste und in der Nähe zur Hitze ausstrahlenden Wüste, die Sandkörner in die Atmosphäre abgibt.

Wir haben gesehen, dass der große Temperaturabfall auf Kuba von so kurzer Dauer ist, dass weder Bananenstauden und Zuckerrohr noch andere Produkte dieses warmen Gebietes gewöhnlich darunter leiden. Man weiß, wie sehr die Pflanzen, die sich einer außerordentlichen Anpassungsfähigkeit erfreuen, einen vorübergehenden Kälteeinbruch leicht ertragen und dass Orangenbäume und Warzenpomeranzen an der italienischen Riviera Schnee und Kälte bis zu 6 oder 7 Grad unter dem Gefrierpunkt überstehen. Da die Vegetation auf Kuba alle Charaktermerkmale der Vegetation der Äquatorgebiete vorweist, erstaunt es, in den Ebenen sogar Pflanzen vorzufinden, die einem gemäßigten Klima und den Berggegenden des äquatorialen Mexikos entsprechen. Ich habe des öfteren in anderen Werken versucht, das Augenmerk der Botaniker auf dieses außerordentliche Phänomen der Pflanzengeographie zu richten. Kiefern (Pinus occidentalis) gehören nicht zu den Kleinen Antillen; gemäß Robert Brown, nicht einmal zu Jamaika (zwischen 17 ¾° und 18 ½ ° Breite), trotz der Höhenzüge dieser Insel, den Blauen Bergen. Man trifft sie erst weiter im Norden an, in den Bergen von Santo Domingo und überall auf der Insel Kuba[13], zwischen den

---

[13]Barataro, der gelehrte Schüler von Prof. Balbis, den ich über die Stationen des Pinus occidentalis auf Santo Domingo konsultiert habe, versicherte mir, er habe diesen Baum in der Nähe von Kap Samana (Br. 19° 18') in der Ebene mitten unter anderen Gewächsen der heißen Zone angetroffen, und im allgemeinen befinde sich dieser Baum auf Santo Domingo und in Puerto Rico nur auf Bergen mittlerer Höhe, keineswegs aber auf den höchsten Erhebungen. Die kubanischen Kiefern und die der Insel *Pinos* im Süden von *Batabanó* sind gemäß den Berichten Reisender wirkliche Kiefern mit dachziegelförmigen Zapfen, dem Pinus occidentalis Swartz ähnlich und keine Podocarpus (wie ich eine Zeit lang vermutet hatte). Übrigens haben die ersten Spanier, die die Antillen besuchten, manchmal die Kiefer mit dem Podocarpus verwechselt, und eine Stelle bei Herrera (*Décad.* I, S. 52) beweist eindeutig, dass die "Pinos del Cibao", von denen Christoph Kolumbus nach seiner zweiten Reise schrieb, einfrüchtige Koniferen, wahre Podocarpus, waren: "Estos pinos mui altos", schrieb der Admiral, "que no llevan piñas (Kiefernzapfen), son por tal orden compuestos por naturaleza que parecían aceitunas del Aljarafe de Sevilla." Ich habe schon bei der ersten Beschreibung der Bertholletia nach Laet (Bd. II, S. 558) darauf hingewiesen, wie naiv und charakteristisch die Beschreibungen früherer Reisender waren, die nicht die Manie hatten, technische Termini zu gebrauchen, deren Wert sie ignorierten. Sind die Kiefern der Inseln Guanaja (Bonaca) und Rattan (Roatan) (unter 16 ½ ° Breite), die zur Anfertigung von Masten gebraucht werden Podocarpus oder Fichten? (Herrera, *Déc.* I, S. 131; Laet, *Orb. Nov.*, S. 341; Juarros, *Historia de Guatemala*, Bd. II, S. 169; Tuckey: *Maritime Geography*, Tom. IV, S. 294). Wir wissen nicht, ob der Name der Insel *de Pinos,* die auf 8° 57' Breite im Osten von Portobelo liegt, auf einem Fehler der ersten Seefahrer beruht. Im äquatorialen Amerika zwischen dem 0. und dem 10. Parallelkreis habe ich noch nicht einmal Podocarpus unter 1.100 Toisen Höhe gesehen.

Parallelen 20° und 23°. Sie werden dort 60 bis 70 Fuß hoch, und, was besonders bemerkenswert ist, Mahagoni-Baum[14] und Kiefer wachsen auf der Insel *Pinos* gemeinsam in derselben Ebene. Im Südosten der Insel Kuba wachsen Fichten auch auf den Hängen der Kupferberge, dort, wo der Boden trocken und sandig ist. Das Plateau im Inneren Mexikos ist ebenfalls von dieser Koniferenart bewaldet; zumindest scheint die Art, die Bonpland und ich von Acahuizotla, von Nevada de Toluca und vom Cofre de Perote mitgenommen haben, sich nicht wesentlich von dem von Swartz beschriebenen Pinus occidentalis der Antillen zu unterscheiden. Die Kiefern jedoch, die wir auf der Höhe des Meeresspiegels auf 20° und 22° Breite an der Südseite der Insel Kuba antreffen, stehen auf dem mexikanischen Festland zwischen den Parallelkreisen 17 ½° und 19° nicht unter 500 Toisen. Ich habe sogar auf dem Weg von Perote nach Jalapa beobachtet, dass in den östlichen, Kuba gegenüberliegenden Gebirgen, die Kieferngrenze bei 935 Toisen liegt, während sie sich in den westlichen Gebirgszügen zwischen Chilpanzingo und Acapulco, in der Nähe von Cuasiniquilapa, zwei Grad südlicher, bei 580 Toisen und vielleicht in anderen Punkten sogar bei 450 Toisen befindet. Diese Anomalien der Standorte von Kiefern sind in der heißen Zone sehr ungewöhnlich und werden anscheinend weniger durch die Temperatur[15] als durch die Beschaffenheit des Bodens verursacht. Im Pflanzenmigrationssystem muss angenommen werden, dass der kubanische Pinus occidentalis vor der Eröffnung des Kanals zwischen Kap Catoche (Yucatán) und Kap *San Antonio* im Westen Kubas von Yucatán her gekommen ist und nicht von den Vereinigten Staaten, das übrigens sehr reich an Koniferen ist. Denn in Florida wurde diese Art, deren botanisch-geographische Entwicklung hier aufgezeigt wurde, nicht nachgewiesen.

---

[14]Swietenia mahagoni L.

[15]Vergl. eine Übersicht der Standorte der Koniferen und Amentaceen mit Angaben der für sie erforderlichen Temperaturen in Humboldt, Alexander von: *Nov. Genera et Spec.*, Tom. II, S. 26. Man trifft kaum noch Kiefern in der Nähe von Jalapa am östlichen Hang des mexikanischen Plateaus auf 700 Toisen Höhe an, obwohl das Thermometer dort Temperaturen bis unter 12° anzeigt.

Ergebnisse der Temperaturmessungen auf der Insel Kuba

Temperaturmessungen in *Wajay*

Monat	1796 F.	1797 F.	1798 F.	1799 F.	Durchschnitts temp. in Grad
Januar	65°	64°	68°	61°	18°
Februar	71°	66°	69°	63°	19,5°
März	71°	64°	68,5°	64°	19,3°
April	74°	68°	70°	68°	21,1°
Mai	78,5°	77°	75°	76°	24,7°
Juni	80°	81°	83°	85°	27,8°
Juli	82,5°	80°	85°	87°	28,6°
August	83°	84°	82°	84°	28,4°
September	81°	81,5°	80°	76°	26,4°
Oktober	78°	75,5°	79,5°	73°	24,5°
November	75°	70°	71°	61°	20,6°
Dezember	63°	67,5°	60°	59°	16,7°
Jahresdurch- schnittstemperatur	75,2°	73,2°	74,2°	71,4°	23°

Das Dorf *Wajay* liegt, wie schon oben erwähnt, fünf Seemeilen von Havanna auf einem Plateau 38 Toisen über dem Meeresspiegel. Das partielle Mittel der Temperatur vom Dezember 1795 betrug 18,8°, die Temperaturen von Januar und Februar stiegen 1800 von 13,8° bis 18,9° (gemäß dem Nairne-Thermometer).

Temperaturmessungen in Havanna

Monat	1800 Th. Cent.	Durchschnittstemperatur 1810-1812
Januar	...	21,1°
Februar	...	22,2°
März	21,1°	24,3°
April	22,7°	26,1°
Mai	25,5°	28,1°
Juni	30°	28,4°
Juli	30,3 °	28,5°
August	28,3°	28,8°
September	26,1°	27,8°
Oktober	26,6°	26,4°
November	22,2°	24,2°
Dezember	23,8°	22,1°
Jahresdurch- schnittstemperatur	25,7°	25,7°

	Wajay im Innern der Insel Kuba	Havanna, Küsten	Cumaná (Br. 10°27')
Dezember - Februar	18,0°	21,8°	26,9°
März - Mai..................	21,7°	26,2°	28,7°
Juni - August...............	28,2°	28,5°	27,8°
September - November.........	23,8°	26,1°	26,8°
Durchschnittstemperatur....	22,9°	25,7°	27,6°
Kältester Monat...................	16,7°	21,1°	26,2°
Wärmster Monat..................	28,6°	28,8°	29,1°

Rom, Br. 41°53', Durchschnittstemperatur 15,8°, wärmster Monat 25,0°, kältester Monat 5,7°.

Das sind wirkliche Durchschnittswerte, die aus den täglichen Höchst- und Tiefstwerten errechnet wurden. Dagegen liegen vielleicht die Ergebnisse über Wajay und Havanna (1800) von Antonio Robredo einige Dezimalstellen zu hoch, da gleichzeitig drei tägliche Messungen (um 7 Uhr morgens, mittags und um 10 Uhr abends) durchgeführt wurden. Die Durchschnittswerte von Ferrer, dem wir die Messungen der Jahre 1810, 1811 und 1812 verdanken, sind die präzisesten, die es über das Klima in Havanna gibt, da die Instrumente dieses geschickten Seefahrers besser ausgerichtet waren als die Instrumente von Robredo in den zehn Monaten im Jahre 1800. Dieser Wissenschaftler berichtete selbst, "dass sein Zimmer in Havanna nicht allzu gut durchlüftet war", während dasjenige in *Wajay* eine ausgezeichnete Lage hatte, "ein Ort, der den Winden ausgesetzt war, jedoch geschützt vor Sonne und Regen". In der letzten Hälfte des Monats Dezember im Jahre 1800 habe ich ständig auf dem Thermometer Temperaturen zwischen 10° und 15° abgelesen. Im Januar sank die Temperatur auf der *Hacienda del Río Blanco* bis auf 7,5°. Das Wasser war manchmal in der Nähe von Havanna auf dem Land in einer Höhe von 50 Toisen über dem Meeresspiegel bis zu einiger Dicke gefroren. Diese Beobachtung wurde mir im Jahre 1801 von Herrn Robredo, einem ausgezeichneten Beobachter, mitgeteilt. Dieselbe Beobachtung wurde im Dezember des Jahres 1812 wieder gemacht, nachdem heftige Nordwinde fast den ganzen Monat über gewütet hatten. Da es in Europa schneit, wenn die Temperatur in Ebenen einige Grade über dem Gefrierpunkt liegt, muss man besonders erstaunt sein, wenn nirgends auf der Insel, nicht einmal im Gebirge *Lomas de San Juan* oder in den hohen Gebirgen von *Trinidad* Schnee fällt. Man trifft hier nur auf den Gipfeln dieser Berge und denen der Kupferberge (*Montañas del Cobre*) Reif an. Man könnte meinen, dass es andere Bedingungen, etwa einen starken Temperaturabfall in den höchsten Luftregionen, geben müsste, um Schneefall oder Hagel zur Folge zu haben. In Cumaná gibt es weder Schnee noch Hagel. Diese Naturphänomene sind auch in Havanna äußerst selten zu beobachten, und zwar nur alle 15 bis 20 Jahre bei elektrischen Explosionen und Windstößen von SSW. An der Küste von Jamaika in Kingston erzählt man von dem außergewöhnlichen Phänomen, dass die Temperatur bei

Sonnenaufgang auf dem Tiefstand von 20,5° liegt. Auf dieser Insel muss man bis zu 1.150 Toisen auf die Blauen Berge steigen, um im August eine Temperatur von 8,5° vorzufinden. Auch in Cumaná auf 10° Breite habe ich es nie kälter als 20,8° erlebt. In Havanna sind die Temperaturschwankungen ziemlich abrupt: Im April 1804 lagen die Temperaturschwankungen innerhalb von drei Stunden im Schatten zwischen 32,2° und 23,4°, d.h. der Temperaturunterschied betrug 9°, was für eine heiße Zone recht beträchtlich ist. Diese Temperaturschwankungen sind doppelt so stark wie in dem weiter südlich gelegenen Kolumbien. In Havanna (22,8° Br.) beschwert man sich über Kälte, wenn die Temperatur plötzlich auf 21° abfällt; in Cumaná (10°28'Br) wenn sie auf 23° sinkt. Das Wasser, das einer starken Verdunstung ausgesetzt war und als sehr kühl empfunden wurde, hatte im April 1804 eine Temperatur von 24,4°, die Tagesdurchschnittstemperatur lag bei 29,3°. Während der Beobachtungszeit von Ferrer (1810-1812) sank die Temperatur nie unter 16,4° (20. Februar 1812) und stieg nie über 30° (am 4. August desselben Jahres). Ich habe im April 1801 schon 32,2° gemessen, aber viele Jahre können vergehen, ohne dass die Lufttemperatur 34° erreicht, eine extreme Temperatur, die in der gemäßigten Zone noch um 4° überschritten wird. Es wäre sehr interessant, gute Beobachtungen über die Wärme des Erdinneren am Rande der tropischen Zone zu erhalten. Ich habe solche Messungen in den Kalksteinhöhlen durchgeführt, und zwar in der Nähe von *San Antonio de Beitia* und bei den Quellen des Flusses *Río de la Chorrera*. Die Messungen ergaben zwischen 22° und 23°; Ferrer hat die Temperatur von 24,4° im Innern eines 100 Fuß tiefen Brunnens gemessen. Diese Beobachtungen, die vielleicht nicht unter den günstigsten Gegebenheiten durchgeführt wurden, zeigten eine Erdtemperatur unter der mittleren Lufttemperatur, die für Havanna an der Küste bei 25,7° zu liegen scheint, im Inneren der Insel hingegen bei 40 Toisen Erhebung bei 23°. Dieses Ergebnis weicht erheblich von Beobachtungen in gemäßigten und kalten Zonen ab. Vermindern etwa die Strömungen, die in den tiefen Gewässern Wasser von den Polen zu den Äquatorialregionen führen, die Temperatur im Erdinnern der schmalen Inseln? Diese heikle Frage haben wir schon beim Bericht über die Beobachtungen in der Guacharo-Höhle bei Capri erörtert. Jedoch wird versichert, dass in den Brunnen von Kingston und Basse-Terre von Guadalupe das Thermometer auf 27,7°, 28,6° und 27,2° steigt, d.h. auf eine Temperatur, die zumindest der mittleren Lufttemperatur in denselben Orten gleichkommt.

Die starken Temperaturabfälle, denen die Länder am Rande der heißen Zone ausgesetzt sind, hängen mit den Quecksilberschwankungen des

Barometers zusammen, wie sie in Gebieten näher am Äquator nicht auftreten. . In Havanna wie auch in Veracruz wird die Regelmäßigkeit der Luftdruckschwankungen während der starken Nordwinde unterbrochen. Als Norm habe ich festgestellt, dass, wenn das Barometer auf der Insel Kuba während der Brise auf 0,765 m steht, es bei Südwind auf 0,756 oder sogar noch tiefer fällt. Wir haben schon anderweitig darauf hingewiesen, dass die mittleren Barometerwerte der Monate, in denen das Barometer am höchsten steht (Dezember und Januar) von den mittleren Werten der Monate, in denen das Barometer am niedrigsten steht (August und September), um 7 bis 8 Millimeter abweicht, d.h. fast so viel wie in Paris und 5 bis 6 mal mehr als zwischen Äquator und 10° nördlicher und südlicher Breite.

Durchschnittswerte im Dezember	766,56 m bei 22,1°
Durchschnittswerte im Januar	768,09 m bei 21,2°
Durchschnittswerte im Juli	764,53 m bei 28,5°
Durchschnittswerte im August	61,23 m bei 28,8°

Während der drei Jahre (1810-1812), in denen Ferrer diese Durchschnittswerte feststellte, haben die extremen Unterschiede der Tage, an denen das Quecksilber am höchsten gestiegen oder am tiefsten gefallen war, 30 mm überschritten.

Orkane sind auf der Insel Kuba wesentlich seltener als auf Santo Domingo, Jamaika und den östlich und südöstlich vom Kap *Cabo Cruz* gelagerten Kleinen Antillen, denn man darf die sehr starken Nordwinde nicht mit den meist aus SSO und SSW wehenden Orkanen verwechseln. In der Zeit, in der ich auf Kuba verweilte, hatte es seit 1794 keinen eigentlichen Orkan gegeben, denn der von 1796 war recht schwach. Die Jahreszeit, zu der diese plötzlichen und erschreckenden Luftbewegungen auf Kuba auftreten, meist von Blitzen und Hagelstürmen begleitet, ist Ende August, September und vor allem Oktober. Auf Santo Domingo und auf den Inseln der Karibik werden die Monate Juli, August, September und erste Hälfte Oktober von den Seefahrern gefürchtet. Die meisten Orkane treten dort im August auf, d.h. dass sich das Phänomen zeitlich hinauszögert je weiter man nach Westen vorstößt. Im März gibt es auch in Havanna manchmal sehr starke Windböen aus südöstlicher Richtung. Man glaubt auf den Antillen nicht mehr an das regelmäßige Auftreten der Orkane; von 1770 bis 1795 gab es auf den Inseln der Karibik 17, zwischen 1788 und 1804 nur einen einzigen auf der Insel Martinique, wo während des Jahres 1642 drei verschiedene Orkane getobt hatten. Bemerkenswert ist, dass Orkane an beiden Enden der langen Antillenkette (dem südöstlichen und dem nordwestlichen Ende) seltener auftreten. Die Inseln Tobago und Trinidad sind insofern bevorzugt, als sie die

Auswirkungen der Orkane nie zu spüren bekommen. Auf Kuba sind heftige Störungen des atmosphärischen Gleichgewichts selten. Wenn sie eintreten, richten sie mehr Zerstörungen auf dem Meer als Verwüstungen in den Wohnungen an, und eher auf der Süd-Ostseite als im Norden oder Nordwesten[16]. Schon 1527 wurde die berühmte Expedition von Pánfilo de Narváez teilweise im Hafen von *Trinidad* auf Kuba zerstört.

Barometerstand während des Hurrakans in der Bucht von Havanna vom 27. und 28. August 1794,
der den Untergang zahlreicher Schiffe in der Bucht von Havanna verursachte
(nach handschriftlichen Aufzeichnungen vom Schiffskapitän Tomás de Ugarte)

25. August	16 h	30,04	28. August 13 ½ h	29,57
	20 h	30,03	14	29,56
	Mittag	30,02	14 ½	29,54
(Durchschnittstemp.	4	30,02	15	29,52
85,8°Fahr.)	8	30,01	15 ½	29,50
	Mittern	30,01	16	29,51
26. August	16 h	30,00	18	29,52
	20	30,00	(Durchschnittstemp.83°)18 ½	29,54
(Durchschnittstemp. 88°F.)	Mittag	30,00	19	29,59
	4	29,99	19 ½	29,63
	Mittern.	29,98	20	29,67
27. August	16 h	29,95	20 ½	29,70
	18	29,94	21	29,71
	20	29,00	21 ½	29,74
(Durchschnittstemp. 81°F.)	22	29,89	22	29,75
	Mittag	29,86	22 ½	29,76
	2	29,84	Mittag	29,78
	4	29,82	2	29,79
	6	29,80	2 ½	29,82
	7	29,80	3 ½	29,83
	8	29,79	6	29,84
	10	29,77	7	29,87
	10 ½	29,76	8	29,89
	11	29,73	9	29,90
	11 ½	29,69	10	29,93
	Mittern.	29,63	11	29,96
28. August	12 ½	29,59	Mittern.	30,01
	13	29,58		

Der Hurrakan begann am 27. morgens und wurde mit Sinken des Barometers stärker. Er verebbte am 28. abends. Wir haben weiter oben darauf hingewiesen, dass Ferrer am 25. Oktober 1810 bei sehr starkem SSW-Wind ein Sinken seines Barometers (das bei 26° als Jahresdurchschnittswert für die Höhe 763,71 mm ergab) bis zu 744,72 mm bei 24° beobachtet hat.

---

[16]Diesen Unterschied zwischen den beiden Seiten kann man auch auf Jamaika beobachten.

Ich hätte als einen der Gründe für das Absinken der Temperaturen in den Wintermonaten die vielen Untiefen angeben können, die die Insel Kuba umgeben, und über denen die Temperatur um einige Grade niedriger ist, sei es infolge der örtlich erkalteten zu Boden sinkenden Wasserteilchen, infolge der Polar-Strömungen, die in die Tiefe des tropischen Ozeans hinabziehen, oder der Vermischung tiefer oder flacher Gewässer an den steil abfallenden Küstenbänken. Aber diese niedrigeren Temperaturen werden zum Teil durch den Golfstrom kompensiert, der an der Nord-Ost-Küste vorbeizieht und dessen Geschwindigkeit häufig durch Nord- und Nordostwinde gemindert wird. Die Untiefen, die die Insel rings umgeben und auf unseren Karten wie ein Halbschatten erscheinen, werden glücklicherweise an einigen Stellen unterbrochen, wo die Handelsschiffe freien Zugang zur Küste haben. Im allgemeinen liegen die Teile der Insel, die frei von Gefahren wie Felsenriffe, Sandbänke und Klippen sind, im Südosten zwischen *Cabo Cruz* und *Punta Maisí* (72 Seemeilen) und im Nordwesten zwischen *Matanzas* und *Cabañas* (28 M.). Im südöstlichen Teil wird die Küste durch die Nähe der hohen Urgebirge steiler. Dort befinden sich die Häfen *Santiago de Cuba, Guantánamo, Baitiqueri* und nach dem Umschiffen von Kap *Maisí, Baracoa.* Dieser letzte Hafen wurde am frühesten von Europäern bevölkert. Die Einfahrt in den alten Kanal von *Punta de Mulas* aus West-Nord-West von *Baracoa* bis zu dem neuen Hafen namens *Puerto de las Nuevitas del Príncipe* ist ebenfalls frei von Sandbänken und Felsriffen. Seefahrer finden hier vorzügliche Ankerplätze: leicht östlich von *Punta de Mulas* in den Buchten von *Tánamo, Cabonico* und *Nipe,* im Westen von *Punta de Mulas* in den Häfen von *Sama, Naranjo, Padre* und *Nuevas Grandes.* Hier ist zu bemerken, dass in der Nähe dieses letzten Hafens fast auf demselben Meridian, wo die bis zur Insel *Pinos* hinziehenden Untiefen von *Buena Esperanza* und *Las doce leguas* anfangen, die ununterbrochene Reihe von Sandbänken des Alten Kanals beginnt: Diese Reihe reicht über eine Länge von 94 Meilen, von *Nuevitas* bis *Punta Icacos.* Gegenüber von den Inseln *Cayo Cruz* und *Cayo Romano* ist der alte Kanal am schmälsten, seine Breite beträgt hier kaum fünf bis sechs Meilen. An dieser Stelle hat auch die Große Bahama-Bank ihre größte Ausdehnung. Die der Insel Kuba am nächsten gelegenen Sandbänke und die Teile der Sandbank, die nicht mit Wasser bedeckt sind (Long Island, Eleuthera*),* haben, wie auch Kuba selbst, eine betont langgestreckte Gestalt. Wenn die Wasseroberfläche des Ozeans nur um 20 bis 30 Fuß sinken würde, käme eine Insel zum Vorschein, die größer als Haiti wäre. Die Reihe von Felsriffen und Sandbänken, die gegen Süden den beschiffbaren Teil des Alten Kanals umfasst, ergibt zwischen diesen Gefahren und der Küste von Kuba kleine Becken ohne Felsriffe, die zu verschiedenen Häfen mit guten Ankerplätzen gehören, z.B. die von *Guanaja, Morón* und *Remedios.*

Nach dem Auslaufen durch den Alten Kanal oder vielmehr durch den Kanal *San Nicolás* zwischen *Cruz del Padre* und der Bank der Salzklippen (*Cayos de Sal*), deren tiefste Süßwasserquellen enthalten, fährt man wiederum von *Punta de Icacos* bis *Cabañas* an ungefährlichen Küsten entlang. Auf diesem Abschnitt befinden sich die Ankerplätze *Matanzas, Puerto Escondido,* Havanna und *Mariel.* Weiter im Westen von *Bahía Honda,* dessen Besitz für eine Spanien feindlich gesinnte Seemacht interessant sein könnte, gibt es wieder zahlreiche Untiefen (*Bajos de Santa Isabel* und *Bajos de los Colorados*), die sich ohne Unterbrechung bis zum Kap *San Antonio* fortsetzen. Von diesem Kap bis nach *Punta de Piedras* und der Bucht *Bahía de Cortés* ist die Küste überaus steil, das Senkblei erreicht den Grund nicht. Aber zwischen den Kaps *Punta de Piedras* und *Cabo Cruz* ist fast der ganze Süden Kubas von Untiefen umgeben, von denen die Insel *Pinos* lediglich einen nicht von Wasser überfluteten Teil darstellt, und die im Westen unter dem Namen Königliche Gärten (*Jardines* und *Jardinillos*) bekannt sind, im Osten dagegen unter *Cayo Bretón, Cayos de las doce leguas* und *Bancos de Buena Esperanza.* Auf dieser südlichen Seite ist die Küste nur zwischen Schweinebucht und Mündung des Flusses *Guarabo* ungefährlich. Die Schifffahrt gestaltet sich in diesen Gewässern ziemlich schwierig: Ich habe die Gelegenheit gehabt, bei der Überfahrt von *Batabanó* nach *Trinidad de Cuba* und nach Cartagena de Indias dort die Längen- und Breitengrade mehrerer Punkte zu bestimmen. Man könnte behaupten, dass der Widerstand, den das Hochland der Insel *Pinos* und die außergewöhnliche Verlängerung des Kap *Cruz* den Strömungen entgegensetzt, gleichzeitig die Anhäufung von Sand und Wuchs der Korallen begünstigt, die in seichten und ruhigen Gewässern am besten gedeihen. An diesen 145 Meilen der Südküste ist zwischen *Cayo de Piedras* und *Cayo Blanco,* etwas östlich von *Puerto Casilda,* nur 1/7 frei zugänglich. Hier befinden sich die oft von kleinen Schiffen besuchten Ankerplätze, wie *El Surgidero de Batabanó, La Bahía de Jagua* und *Puerto Casilda* oder *Trinidad de Cuba.* Jenseits dieses letzten Hafens ist die Küste an der Mündung des *Cauto* und Kap *Cruz* (hinter den *Cayos de doce leguas*) voller Lagunen, schwer zugänglich und fast ganz öde.

2.5 Häfen

Im Nachhinein gebe ich die Häfen der Insel Kuba an: Im Osten von *Cabo Cruz: Santiago de Cuba, Bahía de Guantánamo, Puerto Escondido, Baitiqueri.* Im Nordwesten von Kap *Maisí: Puerto de Mata, Baracoa, Maraví, Puerto de Navas, Cayaguaneque, Taco, Jaraguá, Puerto de Cayo Moa, Yaguaneque, Casanova,*

Cebollas, Tánamo, Puertos de Cabonico y Livisa, Nipe, Banes. Im Nordwesten von *Punta de Mulas: Sama.* Am alten *Bahama*-Kanal: *Naranjo, Vita, Bariai, Jururu, Gibara, Puerto del Padre, Puerto del Malagueta, Puerto del Manatí, Puerto de Nuevas Grandes, Puerto de las Nuevitas del Príncipe, Guanaja, Embarcadero del Príncipe,* zwischen dem Fluss *Jigüey* und *Punta Curiana* im NNO des Landgutes *Guanamacar; Morón, Puerto de Remedios, Puerto de Sierra Morena.* Im Westen und Südwesten von *Punta Icacos: Matanzas, Puerto Escondido; Embocadura del Río Santa Cruz, Jaruco,* Havanna, *Mariel, Puerto de Cabañas, Bahia Honda,* (der südlichste Rand der Bucht in der Nähe von *Potrero de Madrazo*). Im Osten von Kap *San Antonio: Surgidero de Batabanó, Bahía de Jagua*; die beiden Häfen von *Trinidad de Cuba: Puerto Casilda* und *Embocadura del Río Guarabo.* Es gibt zwischen *Trinidad* und *Cabo Cruz* viele Seen (*Vertientes, Santa María, Yaguabo, Junco, etc.*), aber keine eigentlichen Häfen.

Die Positionen von 50 Häfen und Ankerplätzen in Kuba sind das Ergebnis einer Arbeit, nach der ich (1826) die Landkarte der Insel korrigiert habe, die 1820 veröffentlicht worden war. Die Breitengrade sind zum großen Teil die des *Portulano de la América septentr. constr. en el Dep. hidrográfico de Madrid* (1818), aber die Längengrade weichen erheblich davon ab. Der *Portulano* gibt für den *Morro* 84°37'45" oder 5' zu weit östlich an. Ich ziehe die Angaben von Ferrer für die Kaps *Cruz, Maisí* und *Punta de Mulas* vor. Und auf eben diese Kaps habe ich verschiedene durch José del Río und Ventura Barcaíztegui bestimmte Punkte reduziert. Ich baue auf meinen eigenen Messungen auf und entferne mich von dem ersteren dieser tüchtigen Seefahrer in der Position, die er *Puerto Casilda* zuweist. Bauzá, der die Positionen meiner Karte für *Batabanó* und *Punta Matahambre* übernimmt, gibt jedoch für *Punta Maisí* die Länge 76°26'28" an, denn er gibt für Puerto Rico mit José Sánchez Cerquero 68°26'30" an, während Zach 68°31' 0" als annehmbarer erscheinen lässt. Oltmanns hatte nach Erörterung aller Daten den Durchschnittswert von 68°32'30" angenommen.

2.6 Gerichtsbarkeiten und Einteilung des Landes

Auf der Insel Kuba, wie ehemals in allen spanischen Besitzungen Amerikas, muss man zwischen kirchlichen, politisch-militärischen und ökonomisch bedingten Bezirken unterscheiden. Außer Acht lassen wollen wir hier die juristische Hierarchie, die unter den modernen Geographen so viel Verwirrung angerichtet hat, da die Insel nur über ein einziges Landgericht verfügt, das seit 1797 seinen Sitz in *Puerto Príncipe (Camagüey)* hat und dessen Gerichtsbarkeit sich von *Baracoa* bis Kap *San Antonio* erstreckt. Die Unterteilung in zwei Bistümer geht auf das Jahr 1788 zurück, in dem Papst Pius VI. den ersten Bischof von Havanna ernannte. Die Insel Kuba, die früher zusammen mit Louisiana und Florida zum Erzbistum von Santo Domingo gehörte, hatte nur seit ihrer Entdeckung ein einziges, im Jahre 1518 in *Baracoa* durch Papst Leo X. gegründetes im westlichsten Teil gelegenes Bistum. Die Verlegung dieses Bistums nach *Santiago de Cuba* fand vier Jahre später statt, obwohl der erste Bischof, Fray Juan de Ubite, erst 1528 eintraf. Zu Beginn des 19. Jahrhunderts (1804) wurde *Santiago de Cuba* Erzbistum. Die von der Kirche festgesetzte Grenze zwischen den Diözesen Havannas und Kubas verläuft durch den Längengrad von der Insel *Cayo Romano*, ungefähr auf 80¾° westlicher Länge von Paris, zwischen *Villa de Sancti Spíritus* und der Stadt *Puerto Príncipe (Camagüey)*. Politisch und militärisch ist die Insel in zwei Verwaltungsbezirke unterteilt, die demselben Generalkapitän unterstehen. Der Verwaltungsbezirk von Havanna umfasst außer der Hauptstadt den Bezirk der vier Orte (*Cuatro Villas*) *Trinidad,* das heute Stadt ist, *Sancti Spíritus, Villa Clara* und *San Juan de los Remedios* und das Gebiet von *Puerto Príncipe* einschließt. Der Generalkapitän oder Gouverneur von Havanna ernennt in diesem letzten Ort einen Leutnant (Stellvertretenden Verwalter), ebenso in *Trinidad* und in *Nueva Filipina.* Die territoriale Gerichtsbarkeit des Generalkapitäns betrifft als kommissarische Gerichtsbarkeit acht Orte mit eigener Verwaltung (die Städte *Matanzas, Jaruco, San Felipe und Santiago, Santa María del Rosario;* die Siedlungen von *Guanabacoa, Santiago de las Vegas, Güines* und *San Antonio de los Baños).* Die Verwaltung von Kuba umfasst *Santiago de Cuba, Baracoa, Holguin* und *Bayamo.* Die derzeitigen Grenzen der Verwaltungsbezirke sind somit nicht mit denen der Bistümer gleichzusetzen. Der Bezirk von *Puerto Príncipe (Camagüey)* mit seinen sieben Kirchspielen unterstand z.B. bis 1814 gleichzeitig der Verwaltung von Havanna und dem Erzbistum von *Cuba.* Bei den Volkszählungen von 1817 und 1820 wurde *Puerto Príncipe (Camagüey)* mit *Baracoa* und *Bayamo* unter die Gerichtsbarkeit von Kuba genommen. Es muss hier noch eine dritte, durchweg durch die Finanzverwaltung bedingte Einteilung erwähnt werden. Durch Beschluss vom 23. März 1812 war die Insel in drei Verwaltungsdistrikte oder Provinzen unterteilt: Havanna, *Puerto Príncipe* und *Santiago de Cuba,* deren Ausdehnung jeweils ungefähr 90, 70 und 65 Seemeilen beträgt. Der Verwalter von Havanna hat die Rechte eines Allgemeinen Verwaltungspräsidenten, eines Unterabgeordneten der Königlichen Finanzverwaltung der Insel Kuba inne. Laut dieser Unterteilung besteht die Provinz *Cuba* aus *Santiago de Cuba, Baracoa, Holguin, Bayamo, Gibara, Manzanillo, Jiguaní, Cobre y Tinguaros;* die Provinz *Puerto Príncipe* dagegen aus *Puerto Príncipe, Nuevitas, Jagua, Sancti Spíriti, San Juan de los Remedios, Villa de Santa Clara* und *Trinidad.* Das westlichste Verwaltungsgebiet oder die Provinz Havanna umfasst alles, was westlich von den vier Städten (*Cuatro Villas*) liegt, deren Finanzoberhoheit der Verwalter der Hauptstadt verloren hat. Wenn eines Tages der Anbau auf dem Land gleichmäßigere Fortschritte gemacht haben sollte, wird vielleicht eine Einteilung der Insel in fünf Departements, und zwar in den westlichen Teil (*Vuelta de Abajo*) (vom Kap *San Antonio* bis zur schönen Ortschaft

Guanajay und *Mariel*), in Havanna (von *Mariel* bis *Álvarez*), in die vier Städte (*Cuatro Villas*) (von *Álvarez* bis *Morón*), in *Puerto Príncipe* (von *Morón* bis *Río Cauto*) und in Kuba (von *Río Cauto* bis *Punta Maisí*) am angemessensten erscheinen und diejenige sein, die der historischen der ersten Zeit der Eroberung am ehesten entspricht.

Meine Karte der Insel Kuba, wie unvollkommen sie auch in Bezug auf den inneren Teil der Insel sein mag, ist immer noch die einzige, auf der man die 13 Städte und 7 Kleinstädte eingezeichnet findet, die den oben aufgezeigten Einteilungen entsprechen. Die Grenze zwischen den beiden Bistümern Havanna und *Santiago de Cuba* verläuft von der Mündung des kleinen Flusses *Santa María* (Länge 80°46') an der Südküste durch das Kirchspiel *San Eugenio de la Palma*, durch die Haziendas *Santa Ana, Dos Hermanos, Copey* und *Ciénaga* zu *Punta de Judas* (Länge 80°46') an der Nordküste gegenüber von *Cayo Romano*. Während der Regierung des spanischen Hofes war man übereingekommen, dass die von der Kirche vorgezeichnete Grenze auch die der zwei Provinzverwaltungen von Havanna und *Santiago de Cuba* sein sollten. Die Diözese von Havanna umfasst 40, die von *Santiago* 22 Kirchspiele. Sie wurden zu einer Zeit gegründet, als der größte Teil der Insel aus Viehfarmen bestand. Die Kirchspiele hatten jedoch eine zu große Ausdehnung und waren den Notwendigkeiten der heutigen Zivilisation wenig angepasst. Das Bistum *Cuba* umschließt die fünf Städte *Baracoa, Cuba, Holguin, Guisa, Puerto Príncipe* und *Villa de Bayamo*. Im Bistum von *San Cristóbal de la Habana* gibt es acht Städte: Havanna, *Santa María del Rosario, San Antonio Abad o de los Baños, San Felipe y Santiago del Bejucal, Matanzas, Jaruco, La Paz* und *Trinidad*, und die sechs kleineren Ortschaften *Guanabacoa, Santiago de las Vegas* oder *de Compostela, Santa Clara, San Juan de los Remedios, Sancti Spíritus* und *San Julian de los Güines*. Die meist benutzte und unter den Einwohnern von Havanna üblichste territoriale Einteilung ist die in den östlichen Teil (*Vuelta de Arriba*) und den westlichen Teil (*Vuelta de Abajo*) im Osten und Westen des Meridian von Havanna. Der erste Gouverneur der Insel, der den Titel Generalkapitän innehatte (1601), war Pedro Valdés. Vor ihm zählte man 16 andere Gouverneure, deren erster der berühmte Siedler und Eroberer Diego Velázquez, aus Cuellar gebürtig und von Admiral Kolumbus 1511 ernannt, war.

3. Bevölkerung

Wir haben bislang Ausdehnung, Klima und geologische Beschaffenheit eines Landes erörtert, das der menschlichen Zivilisation ein weites Feld öffnet. Um dem Gewicht gerecht zu werden, das das reichste der Antillenländer unter dem Einfluss so kraftvoller Naturgegebenheiten eines Tages in die politische Waagschale des Inselreichs Amerikas legen wird, wollen wir seine derzeitige Bevölkerung mit derjenigen vergleichen, die ein größtenteils noch unberührter und dank der tropischen Niederschläge sehr fruchtbarer Boden von 3.600 Quadratmeilen ernähren kann.

3.1 Bevölkerung Kubas

Drei Volkszählungen unterschiedlicher Genauigkeit

1775	170.862
1791	272.140
1817	630.980 = 290.021 Weiße, 115.691 freie Farbige, 225.268 Sklaven

Diese Ergebnisse stimmen etwa mit denen einer interessanten Arbeit überein, die die Stadt Havanna 1811 dem Spanischen Hof vorlegte und ca. 600.000 Einwohner angab: 274.000 Weiße, 114.000 Freigelassene und 212.000 Sklaven. Unter Berücksichtigung verschiedener Lücken der letzten Zählung von 1817, der Sklaveneinfuhr (der Zoll von Havanna hat allein in den Jahren 1818, 1819 und 1820 über 41.000 neue Sklaven registriert) und des Zuwachses freier Farbigen und Weißen, den der Vergleich der Zählungen von 1810 und 1817 im östlichen Teil der Insel ergibt, erhält man Ende 1825 für Kuba folgende Annäherungswerte:

Annähernder Stand der Bevölkerungszahl auf Kuba Ende 1825

Freie			455.000
	Weiße	325.000	
	Farbige	130.000	
Sklaven			260.000
	Summe		715.000

Die kubanische Bevölkerung unterscheidet sich somit heutzutage nur wenig von der aller britischen Antillen und ist fast doppelt so stark wie die Jamaikas. Das Verhältnis der verschiedenen Bevölkerungsgruppen nach Herkunft und Freiheitsstatus eröffnet größte Unterschiede in den Ländern mit stark verwurzelter Sklaverei. Die tabellarische Übersicht dieses Verhältnisses kann schwerwiegende Fragen aufwerfen.

3.2 Bevölkerung im Vergleich innerhalb der Antillen und mit den amerikanischen Festlandstaaten

STAATEN	GESAMT-BEVÖLKE-RUNG	WEISSE	FREIE Farbige, Mulatten und Schwarze	SKLAVEN	PROZENTSATZ DER EINZELNEN GRUPPEN	
Kuba	715.000	325.000	130.000	260.000	Weiße	46%
					FreieFarb.	18%
					Sklaven	36%
						100%
Jamaika	402.000	25.000	35.000	342.000	Weiße	6%
					FreieFarb.	9%
					Sklaven	85%
						100%
Gesamtbevölke-rung der britischen Antillen	776.000	71.350	78.350	626.800	Weiße	9%
					FreieFarb.	10%
					Sklaven	81%
						100%
Gesamtes Antillen-Archipel	2.843.000	482.600	1.212.900	1.147.500	Weiße	17%
					FreieFarb.	43%
					Sklaven	40%
						100%
Vereinigte Staaten von Nordamerika	10.525.000	8.575.000	285.000	1.665.000	Weiße	81%
					FreieFarb.	3%
					Sklaven	16%
						100%
Brasilien	4.000.000	920.000	1.020.000	2.060.000	Weiße	23%
					FreieFarb.	26%
					Sklaven	51%
						100%

Aus dieser Aufstellung[17] ist ersichtlich, dass die Freien in Kuba 64% der Gesamtbevölkerung[18] ausmachten, auf den britischen Antillen kaum 19%. Im gesamten Antillenarchipel lebten 2.360.000 Farbige (Neger und Mulatten, Freie und Sklaven), 83% der Gesamtbevölkerung. Wenn sich Gesetzgebung der Antillen und Rechtsstand der Farbigen nicht bald verbessern und man weiterhin Diskussionen führt ohne wirklich zu handeln, wird das politische Schwergewicht denen zufallen, die Kraft zur Arbeit besitzen, Willen sich zu befreien und Mut, anhaltende Entbehrungen zu erdulden. Diese blutige Katastrophe wird wie eine Folge zwingender Umstände eintreten ohne dass sich die freien Schwarzen von Haiti auch nur

---

[17]Diese Aufstellung geht auf Ende des Jahres 1823 zurück. Nur die Daten der Bevölkerung Kubas stammen von 1825. Nimmt man für Haiti 936.000 Einwohner anstatt 820.000 an, so erhält man für den gesamten Antillenarchipel 2.959.000, von denen 1.329.000 oder 45 % anstatt 43 % freie Farbige sind.

[18]1788 gab es im französischen Teil von Santo Domingo 13 % Freie (und zwar 8 % Weiße, 5 % farbige Freie) und 87 % Sklaven.

im geringsten einmischen oder dem bisher verfolgten Absonderungssystem entsagen. Wer würde es wagen, den Einfluss der "Afrikanischen Konföderation der Freien Antillenstaaten" zwischen Kolumbien, Nordamerika und Guatemala auf die Politik der Neuen Welt vorherzusagen? Die Furcht vor einem derartigen Ereignis hat ohne Zweifel stärkeren Einfluss auf die Gemüter als menschenrechtliche Prinzipien. Aber auf jeder Insel halten die Weißen ihre Macht für unantastbar. Jedes koordinierte Handeln der Schwarzen scheint ihnen unmöglich, jede Veränderung, jedes Zugeständnis, das man der dienstbaren Bevölkerung machen könnte, als Zeichen von Schwäche. Nichts ist eilig: Die schreckliche Katastrophe von Santo Domingo war nur eine Folge unfähiger Machthaber. So denken die meisten auf den Antillen regierenden Kolonisten, die sich auch gegen Verbesserungen der Situation der Schwarzen in Georgia und den beiden Carolinas stellen. Die Insel Kuba hat größere Möglichkeiten als jede andere Insel der Antillen, dem allgemeinen Untergang zu entgehen. Auf dieser Insel leben 455.000 Freie und 260.000 Sklaven. Durch gleichzeitig menschliche und vorsichtige Maßnahmen könnte man hier die schrittweise Abschaffung der Sklavenhalterei einleiten. Man darf nicht außer Acht lassen, dass seit der Befreiung Haitis auf dem gesamten Antillenarchipel mehr freie Neger und Mulatten als Sklaven leben. Die Weißen und vor allem die Freigelassenen, die mit den Weißen leicht gemeinsame Sache machen könnten, nehmen auf der Insel Kuba zahlenmäßig sehr schnell zu. Die Zahl der Sklaven hätte seit 1820 ohne die Fortsetzung des verbotenen Sklavenhandels sehr schnell abgenommen. Wenn auf Grund des Fortschritts der Zivilisation und des festen Willens der neuen amerikanischen Freistaaten dieser schändliche Handel vollkommen aufhörte, würde die dienstbare Bevölkerung einige Zeit stärker abnehmen, und zwar auf Grund des ungleichen Verhältnisses zwischen beiden Geschlechtern und anhaltender Befreiung. Diese Verminderung wird erst ihr Ende finden, wenn das Verhältnis zwischen Sterbefällen und Geburten der Sklaven die Auswirkungen der Befreiung kompensiert. Weiße und Freigelassene machen schon zwei Drittel der Inselbevölkerung aus und die Zunahme gleicht heutzutage in dieser Gesamtbevölkerung wenigstens zum Teil den Rückgang der Sklaven aus. Unter den Sklaven ist das Verhältnis von Frauen zu Männern in den Zuckerrohrplantagen, (sieht man von den Mulattensklaven ab), kaum 1 : 4, auf der gesamten Insel 1 : 1,7, in den Städten und den Bauernhöfen, wo die Negersklaven als Hausdiener oder als Tagelöhner für sich und gleichzeitig für die Herren arbeiten 1 : 1,4, sogar z.B. in Havanna[19] 1 : 1,2. Die

---

[19]Es scheint mir ziemlich wahrscheinlich, dass Ende 1825 ungefähr 160.000 der farbigen Gesamtbevölkerung (Mulatten, Neger, Freie und Sklaven) in den Städten und 230.000 auf dem Land lebten. 1811 teilte das Konsulat in einem Schreiben an den

nachstehenden Entwicklungen zeigen, dass diese Verhältnisse auf numerischen Angaben beruhen, die als Grenzwerte des Maximums zu betrachten sind.

Prognosen, denen man sich wegen eines Rückgangs der Gesamtbevölkerung der Insel allzu leicht hingibt, in einer Zeit, wo der Sklavenhandel wirklich und nicht wie seit 1820 der Fall bloß gesetzlich abgeschafft sein wird, wegen der Unmöglichkeit, den Zuckeranbau verstärkt fortzusetzen, wegen des nahen Zeitpunkts, wo die Landwirtschaft Kubas auf Kaffee, Tabak und Viehzucht beschränkt sein wird, - diese Prognosen beruhen auf Argumenten, deren Richtigkeit mir keineswegs bewiesen scheint. Man vergisst nämlich dabei, dass die Zuckersiedereien, denen es an Arbeitern fehlt und die die Neger durch häufige Nachtschichten schwächen, nur $\frac{1}{5}$ der Gesamtzahl der Sklaven ausmachen und dass das Problem der gesamten Zuwachsquote der Inselbewohner in einer Zeit, wo die Einfuhr von Afrikaschwarzen vollständig aufhören wird, auf so komplexen Faktoren beruht, wie auf mannigfachen Ausgleichsfaktoren unter den Weißen, Freigelassenen und Sklavenarbeitern in den Zucker-, Kaffee- oder Tabakpflanzungen, unter den Sklaven der Pachthöfe für Viehzucht und unter den Sklaven, die als Hausknechte, Handwerker und Tagelöhner in den Städten Dienste verrichten. Man sollte sich also nicht so traurigen Prognosen hingeben, sondern vielmehr abwarten bis die Regierung zuverlässige statistische Angaben eingeholt hat. Die Art, wie selbst die frühesten Volkszählungen durchgeführt wurden, z.B. die von 1775, mit Unterscheidung von Alter, Geschlecht, Rasse und zivilem Freiheitsstatus, verdient höchstes Lob. Es hat nur an Mitteln zur Durchführung gefehlt. Man hat vorausgesehen, dass es für das friedliche Leben der Einwohner wichtig ist, über die Beschäftigung der Neger, ihre zahlenmäßige Verteilung in den Zuckerpflanzungen, Pachthöfen und Städten zu erfahren. Um dem Übel vorzubeugen, um öffentliche Gefahren zu bannen, um das Unglück einer Rasse zu lindern, die leidet und die man mehr fürchtet als man zugibt, muss die Wunde untersucht werden. Denn in einem mit Einsicht geleiteten Gesellschaftskörper gibt es, wie in organischen Körpern, rettende Kräfte, die man sogar bei fest verankerten Missständen einsetzen kann.

Für das Jahr 1811 (das Jahr, in dem Stadtverwaltung und Handelsgericht von Havanna für die Gesamtbevölkerung der Insel Kuba 600.000 annahm sowie 326.000 freie Farbige oder Sklaven, Mulatten oder

---

Spanischen Hof seine Vermutung mit, dass in den Städten 141.000 und auf dem Land 185.000 Farbige wohnten. Diese große Anzahl von Mulatten und freien und als Sklaven in den Städten gehaltenen Negern ist charakteristisch für Kuba.

Schwarze) ergab die Verteilung auf die verschiedenen Teile der Insel, Städte und Land folgende Ergebnisse. Dabei begnügte man sich nicht mit absoluten Angaben, sondern nahm die Verhältnisse jeder partiellen Zahl zur Gesamtzahl aller farbigen Menschen als Einheit an.

3.3 Prozentuale Verteilung freier Farbiger und Sklaven auf verschiedene Gebiete Kubas von 1811

TERRITORIALE UNTERTEILUNG DER INSEL KUBA	FREIE Farbige	SKLAVEN	FREIE Farbige und farbige Sklaven
I. WESTLICHER TEIL (Jurisdiktion von Havanna)			
in den Städten	11%	11,5%	22,5%
auf dem Land	1,5%	34%	35,5%
II. ÖSTLICHER TEIL (*Cuatro Villas, Puerto Principe, Santiago de Cuba*)			
in den Städten	11%	9,5%	20,5%
auf dem Land	11%	10,5%	21,5%
Summe	34,5%	65,5%	100%

Aus dieser Tabelle, die mittels künftiger Forschungen leicht vervollständigt werden könnte, ergibt sich, dass im Jahr 1811 fast ⅔ der Farbigen im Bezirk der Gerichtsbarkeit Havanna, zwischen Kap *San Antonio* und *Álvarez* wohnten, und dass in diesem Bezirk die Städte ebenso viele freie als auch Sklaven-Mulattenneger beherbergten. Aber das Verhältnis der farbigen Bevölkerung der Stadt zu der des Landes war 2 : 3. Im Gegensatz dazu lebten in den Städten im östlichen Teil der Insel zwischen *Álvarez, Santiago de Cuba* und Kap *Maisí* fast ebensoviele Farbige wie auf dem Lande. Im Folgenden wird klar, dass in der Zeit zwischen 1811 und Ende 1825 die Insel Kuba an der gesamten Küste auf gesetzlich zulässige und unzulässige Weise 185.000 afrikanische Neger aufgenommen hat. Von ihnen hat die einzige Zollstation in Havanna zwischen 1811 und 1825 ungefähr 116.000 registriert. Diese Anzahl musste ohne Zweifel einen Anstieg der Land- und nicht der Stadtbevölkerung zur Folge haben. Dadurch muss das Verhältnis, das die besten Kenner der Örtlichkeiten 1811 zwischen dem östlichen und westlichen Teil, zwischen den Städten und dem Land annehmen zu können glaubten, gestört worden sein. Die Anzahl der Negersklaven hat auf den Pflanzungen im Osten stark zugenommen. Jedoch zeigt die furchtbare Gewissheit, dass die Anzahl der freien Farbigen und

Sklaven, Mulatten oder Neger trotz der Einfuhr von 185.000 neuen Negern zwischen 1811 und 1825 nicht mehr als 64.000 oder $\frac{1}{5}$ zugenommen hat, und dass diese partiellen Veränderungen innerhalb engerer Grenzen gehalten sind, als man anfänglich glaubte.

Wir haben oben gesehen: Wenn man 715.000 als Mindesteinwohnerzahl annimmt, beträgt die Bevölkerungsdichte von Kuba gegen Ende des Jahres 1825 197 Einwohner pro Quadratseemeile. Folglich ist sie zweimal geringer als die Bevölkerungsdichte von Santo Domingo und viermal kleiner als die von Jamaika. Wenn Kuba über eine ebenso große landwirtschaftlich genutzte Fläche wie Jamaika verfügte, oder, besser gesagt, wenn die Bevölkerungsdichte dieselbe wäre, hätte Kuba 3.615 x 874 oder 3.159.000 Einwohner[20], d.h. mehr als heutzutage die Republik Kolumbien oder das gesamte Antillenarchipel. Man muss jedoch bedenken, dass Jamaika noch 1.914.000 *acres* unbebautes Land hat.

Die ersten offiziellen Volkszählungen, in die ich bei meinem Aufenthalt in Havanna Einsicht hatte, wurden auf Anordnung des Marquis de la Torre 1774 und 1775 und von Luis de las Casas[21] 1791 durchgeführt. Es ist bekannt, dass man sowohl bei der einen Zählung als auch bei der anderen mit extremer Nachlässigkeit gearbeitet hat und eine große Anzahl der Bevölkerung der Zählung entgangen ist. Die Zählung von 1775 war Abt Raynal schon bekannt.

---

[20]Wenn man für Haiti eine Einwohnerzahl von 820.000 annimmt, ergibt sich eine Bevölkerungsdichte von 334 Einwohnern pro Quadratseemeile. Nimmt man 936.000 an, ist die Bevölkerungsdichte 382. Aus Kalkulationen in Schriften, die auf Kuba herausgegeben wurden, ergibt sich, dass Kuba 7 ½ Millionen Einwohner ernähren kann. Selbst auf Grund dieser Hypothese käme die Bevölkerungsdichte noch längst nicht der von Irland gleich. Einige englische Geographen nehmen für Jamaika 4.090.000 *acres* oder 534 Quadratseemeilen an.

[21]Dieser Gouverneur hat die "Sociedad Patriótica" (Patriotische Gesellschaft), die "Junta de Agricultura y comercio" (Kommité für Landwirtschaft und Handel), eine öffentliche Bibliothek, das "Consulado" (Konsulat), "La Casa de beneficiencia de niñas indigentes" (Heim für bedürftige Mädchen), den "Jardín Botánico" (Botanischer Garten), einen Lehrstuhl für Mathematik und "Escuelas de Primeras Letras" (Grundschulen) gegründet. Er versuchte, die barbarischen Methoden der Strafjustiz zu mildern und setzte einen "Defensor de Pobres" (Armensprecher) ein. Verschönerung Havannas, Eröffnung der Straße nach *Güines*, Bau von Häfen und Deichen und was noch wichtiger ist, Unterstützung der Veröffentlichung von Zeitschriften zur Belebung der Solidarität stammen aus derselben Zeit. Luis de las Casas y Aragorri, von 1790 - 1796 Generalkapitän der Insel, wurde im Dorf Sopuerta in Biscaya geboren. Er kämpfte mit der höchsten Auszeichnung in Pensacola in Portugal, auf der Krim, vor Algier, in Mahón und Gibraltar. Er starb im Juli 1800 im Alter von 55 Jahren im Hafen Santa María. Vgl. die Lebensbeschreibung von Fray Juan González vom Orden der Gebetsbrüder und Tomás Romay.

3.4 Volkszählung von 1775

Männer:	Weiße	54.555	Frauen:	Weiße	40.864
	Freie Mulatten	10.021		Freie Mulattinnen	9.006
	Freie Neger	5.959		Freie Negerinnen	5.629
	Mulatten-Sklaven	3.518		Mulatten-Sklavinnen	2.206
	Neger-Sklaven	25.256		Neger-Sklavinnen	13.356
	Summe	99.309		Summe	71.061

Gesamtsumme: 170.370, davon allein in der Gerichtsbarkeit Havanna 75.617.

Ich hatte noch nicht die Gelegenheit, diese Zahlen mittels offizieller Urkunden zu überprüfen. Die Erhebung von 1791 ergab gemäß Anmeldung in den Registern 272.141 Einwohner, von denen 137.800 auf die Gerichtsbarkeit Havanna entfallen, davon 44.337 auf die Hauptstadt, 27.715 auf die anderen Städte der Gerichtsbarkeit sowie 65.748 auf die ländlichen Amtsbezirke. Einfachste Überlegungen lassen auf die Widersprüchlichkeit der Ergebnisse dieser Arbeit schließen. Die Gesamtzahl der 137.800 Einwohner der Gerichtsbarkeit Havanna scheinen sich hier aus 73.000 Weißen, 27.600 freien Farbigen und 37.200 Sklaven zusammenzusetzen; d.h. die Weißen stehen zu den Sklaven in einem Verhältnis von 1 : 0,5, statt im Verhältnis 1 : 0,83, das man seit langem in der Stadt und auf dem Land beobachtet. 1804 habe ich mit Personen, die sehr große Ortskenntnis besaßen, über die Volkszählung von Luis de las Casas gesprochen. Beim Nachforschen mittels Teilvergleichen des Wertes der übergangenen Zahlen sind wir zu dem Schluss gekommen, dass die Inselbevölkerung 1791 nicht unter 362.700 gelegen haben kann. Von 1791 bis 1804 stieg diese Zahl durch die Einfuhr von Schwarzen gemäß Zollregister auf 60.393, durch europäische und aus Santo Domingo kommende Auswanderer (5.000), und schließlich auch durch den Geburtenüberschuss, der ziemlich gering ist, da in diesem Land $\frac{1}{4}$ oder $\frac{1}{5}$ der Gesamtbevölkerung dazu gezwungen ist, im Zölibat zu leben. Die Auswirkungen dieses dreifachen Zuwachses wurden mit 60.000 veranschlagt, wobei der jährliche Verlust von importierten Negern nur mit 7 % berechnet wurde. Die daraus für 1804 resultierende Mindestzahl[22] liegt

---

[22]Die Anzahl von 432.000 habe ich 1804 folgendermaßen aufgegliedert: 234.000 Weiße, 90.000 freie Farbige, 108.000 Sklaven. (Die Volkszählung von 1817 ergab 290.000 Weiße, 115.000 freie Farbige und 225.000 Sklaven.) Ich hatte die schwarze Sklavenbevölkerung berechnet, indem ich eine Produktion von 80 bis 100 *arrobas* Zucker pro Neger in den Zuckersiedereien und 82 Sklaven als durchschnittliche Anzahl für eine Zuckersiederei annahm. Es gab damals mehr als 350 Zuckersiedereien und in den 7 Kirchspielen *Guanajay, Managua, Batabanó, Güines, Cano, Bejucal* und *Guanabacoa* hatte man auf Grund einer exakten Zählung in 183 Zuckersiedereien 15.130 Sklaven ermittelt. Das Verhältnis der Zuckerproduktion zur Zahl der Negerarbeiter in den Zuckersiedereien ist sehr schwierig festzulegen. Es gibt solche, wo 300 Neger kaum 30.000 *arrobas* Zucker herstellen. In anderen produzieren 150 Neger jährlich fast 27.000 *arrobas* Zucker. Die Anzahl der Weißen kann durch die Soldaten festgestellt werden, von denen es 1804 2.680 sogenannte "Disciplinados"

bei 432.080. Die Volkszählung von 1817 ergab 572.363 Einwohner, was auch nur als unterer Grenzwert angesehen werden kann. Dieser Wert rechtfertigt das Ergebnis, zu dem ich 1804 kam und das seitdem in vielen statistischen Werken veröffentlicht wurde. Laut Zollregister wurden zwischen 1804 und 1816 über 78.500 Neger eingeführt.

Die wichtigsten Urkunden, die wir bis heutigen Tages über die Bevölkerung der Insel besitzen, wurden aus Anlass eines berühmten Antrags der Versammlung des Spanischen Hofes am 26. März 1811 von Alcocer und Argüelles gegen den Sklavenhandel im Allgemeinen und gegen das Übertragen des Sklavenverhältnisses auf die in den Kolonien geborenen Schwarzen veröffentlicht. Diese wertvollen Urkunden begleiten die Anträge als Rechtfertigung, die Francisco de Arango, einer der aufgeklärtesten und über die Situation seines Landes am besten unterrichteten Staatsmänner im Namen der Stadtverwaltung, dem Konsulat und der Patriotischen Gesellschaft von Havanna dem Spanischen Hof vorgelegt hat. Dort wird daran erinnert, dass keine andere allgemeine Volkszählung (als die 1791 unter der weisen Verwaltung von Luis de las Casas durchgeführte) existiere und "dass man seit dieser Zeit sich darauf beschränkt hat, in einigen der bevölkertsten Vierteln durchzuführen". Die 1811 veröffentlichten Ergebnisse basieren also nur auf diesen unvollständigen Gegebenheiten und auf annähernden Berechnungen des Zuwachses zwischen 1791 und 1811. In der folgenden Aufstellung wurde die Insel in 4 Distrikte unterteilt, von denen die letzten 3 den Osten der Insel umfassen:

1.) Die Gerichtsbarkeit Havanna oder der östliche Teil zwischen Kap *San Antonio* und *Álvarez*.

2.) Die Gerichtsbarkeit der *Cuatro Villas* mit 8 Kirchspielen im Osten von *Álvarez*.

3.) Die Gerichtsbarkeit *Puerto Príncipe (Camagüey)* mit 7 Kirchspielen.

4.) Die Gerichtsbarkeit *Santiago de Cuba* mit 15 Kirchspielen.

(Disziplinierte) und 21.831 "Rurales" (Landbewohner) gab, obwohl es sehr leicht war, sich diesem Dienst zu entziehen oder eine der zahlreichen Ausnahmegenehmigungen als Rechtsanwalt, Gerichtsschreiber, Arzt, Apotheker, Notar, Küster oder Kirchendiener, Schulbeamter, Majoratsherr, Kaufmann oder Adliger zu erhalten. 1817 gab es waffenfähige Männer zwischen 15 und 60 Jahren in folgenden Gruppen:

Freie und Sklaven zwischen 15 und 60 Jahren

71.047 freie Weiße + 17.862 freie Mulatten + 17.246 freie Neger = 106.155 Freie
10.506 Mulatten + 75.393 Schwarze = 85.899 Sklaven
Summe 192.054

Nimmt man als Grundlage die Militärerhebungen in Frankreich, so würde die Zahl 192.054 auf eine Bevölkerung verweisen, die unter 600.000 liegt. Die Kontingente der drei Gruppen, Weiße, Freie und Sklaven, stehen im Verhältnis 0,37 : 0,18 : 0,45 zueinander, während das Verhältnis der Bevölkerungen dieser Gruppen wahrscheinlich 0,46 : 0,18 : 0,36 ist.

3.5 Bevölkerung im Jahr 1811

DISTRIKTE	WEISSE	FREIE FARBIGE	SKLAVEN	SUMME
I: OSTTEIL	**113.000**	**72.000**	**65.000**	**250.000**
Ger. *Sant. de Cuba*	40.000	38.000	32.000	110.000
Ger. *Puerto Príncipe*	38.000	14.000	18.000	70.000
Ger. *Cuatro Villas*	35.000	20.000	15.000	70.000
II.WESTTEIL	**161.000**	**42.000**	**147.000**	**350.000**
Havanna und Vororte	43.000	27.000	28.000	98.000
Inland	118.000	15.000	119.000	252.000
Kuba	**274.000**	**114.000**	**212.000**	**600.000**

Das Verhältnis der einzelnen Bevölkerungsgruppen zueinander wird ein politisches Problem von hoher Wichtigkeit bis zu der Zeit bleiben, wo es einer einsichtigen Verwaltung gelingen mag, den tief verwurzelten Hass in den unterdrückten Klassen durch Gleichberechtigung zu mildern. 1811 überstieg die Zahl der Weißen auf Kuba die der Sklaven um 62.000, während die Weißen bis auf $\frac{1}{5}$ der freien Farbigen und Sklaven gleichkam. Die Weißen, die zur selben Zeit auf den englischen und französischen Antillen lebten (9 % der Gesamtbevölkerung), stellten auf Kuba 45 % der Gesamtbevölkerung. Die freien Farbigen machten 19 % aus, d.h. doppelt soviel wie auf Jamaika und Martinique. Da die Volkszählung von 1817, die durch die Provinzregierung geändert wurde, zunächst erst 115.700 Freigelassene und 225.300 Sklaven ergab, können wir aus diesem Vergleich folgendes schließen:

1.- Dass die Freigelassenen nur sehr ungenau erfasst wurden, sowohl 1811 als auch 1817 und
2.- dass die Sterberate der Neger derart groß ist, dass es trotz der Einfuhr von 67.700 am Zoll registrierten afrikanischen Negern 1817 nur noch 13.300 mehr als 1811 gab.

Die Dekrete des Spanischen Hofes vom 3. März und 26. Juli 1813 und die Notwendigkeit, die Bevölkerungszahl zu kennen, um die Wahlbezirke der Provinzen, Gemeinden und Kirchspiele zu bilden, bewogen die Verwaltung 1817 dazu, die Hochrechnungen, die im Jahre 1811 versuchsweise unternommen worden waren, durch eine erneute Volkszählung zu ersetzen. Dies werde ich im Folgenden gemäß einer handschriftlichen offiziellen Mitteilung der amerikanischen Abgeordneten des Spanischen Hofes wiedergeben. Bisher hat man davon nur Auszüge abgedruckt, sei es in den *Guias de Forasteros de la Isla de Cuba* (1822: 48, 1825: 104), sei es in *Reclamación hecha contra la ley de Aranceles* (1821: 7).

3.6 Bevölkerung Kubas gemäß Volkszählung von 1817
(Unberücksichtigt blieben 58.517 Durchreisende und im Jahr 1817 importierte Neger)

Man mag sich darüber wundern, dass die annähernde, dem spanischen Hof 1811 vorgelegte Berechnung die endgültige Volkszählung von 1817 um 28.000 übersteigt. Aber dies ist nur ein scheinbarer Widerspruch. Die letzte Zählung war ohne Zweifel genauer als die von 1791. Man ist jedoch unterhalb der wirklich existierenden Bevölkerung geblieben aus Furcht, die das Volk vor einer Maßnahme hat, die man als den unliebsamen Vorläufer neuer Steuern pflegt. Im Übrigen hat es die Provinzregierung bei Übermittlung der Daten der Volkszählung von 1817 nach Madrid für nötig befunden, zwei Änderungen vorzunehmen. Man hat Folgendes hinzugefügt:

1.) 32.541 Weiße (Handelsreisende und sich vorübergehend durch einfahrende Schiffe Aufhaltende), die zu Handelsgeschäften auf die Insel Kuba gekommen sind und gemäß der Eintragungen der Hafenkapitäne zur Schiffsmannschaft gehören.

2.) 25.976 Neger, die allein im Jahr 1817 importiert wurden. Aus diesen Berechnungen ergäbe sich für 1817 laut der Provinzregierung eine Gesamtsumme von 630.980, wovon 290.021 Weiße, 115.691 freie Farbige und 225.261 Sklaven waren. Ich vermute, dass ein Fehler vorliegt, wenn man in Havanna veröffentlichten Almanachen und verschiedenen handschriftlichen kürzlich zugesandten Tabellen diese Gesamtzahl von 630.980 nicht für Ende des Jahres 1817 angibt, sondern für Beginn des Jahres 1820. Einerseits fügen die Almanachen z.B. den 199.292 Sklaven der Volkszählung von 1817 die 25.976 "als Zuwachs von 1817 bis 1819" bei. Anderseits ergibt sich[23] aber aus den Zollregistern, dass in diesen 3 Jahren 62.947

---

[23]*Notes on Mexico*, S. 217. In diesem Werk umfasst die Zählung von 1817 617.079 anstatt 630.980 Menschen. Diese Differenz hat seinen Ursprung in einer fehlerhaften Anzahl der freien Farbigen. Die Tabelle von Poinsett enthält folgende Daten:

  28.373 freie männliche Schwarze
  26.002 freie weibliche Schwarze
  70.512 freie männliche Mulatten
  <u>29.170</u> freie männliche Mulatten
154.057 freie Farbige

Demgemäß ergibt die Zählung, gemäß den Almanachen und meiner handschriftlichen Tabelle nur 115.699 mit einer Differenz von 38.358. Wenn man die Anzahl der Freien, 32.154, durch 70.512 ersetzt, ergibt es eine Anzahl, die das Verhältnis der beiden Geschlechter zueinander weniger krass erscheinen lässt und diese Anzahl stellt das Gleichgewicht bezüglich des Verhältnisses wieder her, das man unter den freien Schwarzen feststellt. Wie kommt es außerdem, dass man bei 70.000 freien Mulatten und 28.000 freien Schwarzen auf Kuba bei Poinsett selbst eine fast gleiche Anzahl von waffenfähigen freien Mulatten und Schwarzen (17.862 und 17.246) feststellt? Wie kommt man nach der Zählung von 1810 zu der geringeren Anzahl von 9.700 freien Mulatten beider Geschlechter und 16.600 Negern und Negerinnen? Die *Notes*

Neger importiert wurden, d.h. im Jahre 1817 25.871, 1818 19.902, 1819 17.194. Der erfahrene Verfasser der *Lettres sur la Havanne* vermutet in seinem Schreiben an Croker, dem ersten Sekretär der Admiralität, dass es 1820 370.000 freie Farbige und Sklaven gab. Er hält den von der Übergangskommission vorgeschlagenen Gesamtnachtrag von 32.641 für zu hoch. Er vermutet, dass die weiße Gesamtbevölkerung 1820 250.000 betrug und nimmt als Resultat der Volkszählung von 1817 nur 238.796 Weiße an, darunter 129.656 Männer und 109.140 Frauen. Die eigentliche mehrere Jahre in den Almanachen veröffentlichte Zahl lautet 257.380.

Die punktuellen Widersprüche über die amerikanische Bevölkerung in den Tabellen geben weniger Anlass zum Erstaunen, wenn wir bedenken, welche Schwierigkeiten man sogar in der europäischen Zivilisation, in England und Frankreich, jedesmal überwinden musste, um eine allgemeine Volkszählung in Angriff zu nehmen. Man weiß z.B., dass Paris 1820 714.000 Einwohner hatte, man glaubt, dass die Einwohnerzahl zu Beginn des 18. Jahrhunderts gemäß Sterbefällen und Verhältnis der Geburten zur Gesamtbevölkerung 530.000 betrug, aber dieselbe Bevölkerungszahl ist zur Zeit von Minister Necker auf 1/6 unbekannt. Man weiß, dass in England und in der Grafschaft Wales die Bevölkerung von 1801 bis 1821 um 3.104.683 zunahm. Trotzdem geben Geburten- und Sterberegister einen Zuwachs von nur 2.173.416 an und es ist unmöglich, 931.267 ausschließlich den Auswanderungen von Irland nach England zuzuschreiben. Diese Beispiele wollen nicht sagen, dass man diesen ökonomisch-politischen Berechnungen nicht trauen kann, sie beweisen vielmehr, dass man diese Zahlen erst verwenden darf, nachdem man sie erörtert und ihre Fehlergrenze festgestellt hat. Man wäre versucht, die verschiedenen Wahrscheinlichkeitsgrade, die die Statistiken im Ottomanischen Reich, im spanischen oder portugiesischen Amerika, in Frankreich oder in Preußen mit jenen geographischen Positionen zu vergleichen, die entweder als Entfernungen zwischen Sonne und Mond oder Verfinsterungen von Gestirnen berechnet wurden.

Wir haben weiter oben gesehen, dass in Havanna und den Vororten der Zuwachs der Weißen in 20 Jahren 73 % und der der Farbigen 171 % betrug. Im Ostteil hat sich die Zahl der Weißen und Freigelassenen in demselben Zeitraum beinahe überall verdoppelt. Wir erinnern hier daran, dass die Zahl der freien Farbigen zum Teil durch die Übernahme von einer Gruppe in eine andere steigt und dass die

---

on Mexico, deren große Genauigkeit im Großen und Ganzen hervorgehoben werden muss, geben für die Gesamtbevölkerung der Insel folgende Zahlen an:
a) 32.500 Mulatten-Sklaven
166.843 Neger-Sklaven, im Verhältnis 1 : 5
b) 74.821 weibliche Sklaven aller Farben
124.324 männliche Sklaven aller Farben, im Verhältnis 1 : 1,7
In Havanna jedoch, wo die Mulatten-Sklaven weitaus zahlreicher sind als auf dem Land, ist das Verhältnis von Mulatten-Sklaven zu schwarzen Sklaven 1 : 11. In der Gerichtsbarkeit *Filipinas (*1819*: Memorias de la Sociedad económica de la Habana*, No. 31, S. 232) kamen 1819 auf 3.654 Sklaven 1.049 Frauen (52 weibliche Mulatten, 437 Kreolen-Negerinnen und 560 importierte, auch kürzlich importierte Negerinnen) und 2.585 Männer (91 Mulatten, 548 Kreolenneger und 1.946 importierte Neger).

Zunahme der Sklaven durch den Sklavenhandel äußerst stark ist. Die Weißen erhalten gegenwärtig nur sehr wenig Zuwachs durch die Auswanderungen[24] aus Europa, den Kanarischen Inseln, den Antillen und des Festlandes: Sie vermehren sich selbst, denn die Fälle von amtlicher Weißmacherei durch Urkunden, die durch die *Audiencia* den blassgelben Familien verliehen wird, sind selten.

1775 ergab eine öffentliche Zählung in der Gerichtsbarkeit Havanna mit sechs Städten (die Hauptstadt mit den Vororten, *Trinidad, San Felipe y Santiago, Santa María del Rosario, Jaruco* und *Matanzas*) und sechs Kleinstädten (*Guanabacoa, Sancti Spiritus, Villa Clara, San Antonio, San Juan de los Remedios* und *Santiago de Cuba*) und 31 Dörfern eine Einwohnerzahl von 171.626, 1806 mit größerer Genauigkeit 277.364. Der Zuwachs wäre demnach in 31 Jahren noch 61 % gewesen. Er würde sich ungleich schneller darstellen, wenn man die Hälfte dieses Zeitraums vergleichen könnte. Tatsächlich ergibt die Volkszählung von 1817 für dasselbe Gebiet, das dabei unter dem Namen Provinz Havanna fungiert und die Verwaltungsbezirke der Hauptstadt, *Matanzas, Trinidad* und der *Cuatro Villas* umfasst, eine Einwohnerzahl von 392.377, was für den Zeitraum von 11 Jahren einen Zuwachs von 41% bedeutet. Man darf nicht vergessen, dass man, wenn man die Einwohnerzahlen der Hauptstadt und der Provinz *Santiago de Cuba* in den Jahren 1791 und 1810 vergleicht, Zuwachsraten erhält, die ein wenig zu hoch liegen, da die erste Zählung größeren Auslassungen unterlag als die zweite. Ich glaube, dass man mit dem Vergleich der jüngeren Zählung von 1810 und 1817 in der Provinz *Santiago de Cuba* der Wahrheit näher kommt.

Volkszählung in der Provinz *Santiago de Cuba*

1810	und	1817	
35.513		33.733	Weiße
32.884		50.230	Freie Farbige
38.834		46.500	Sklaven
107.231		130.463	Summe

Der Zuwachs beträgt innerhalb von 6 Jahren 23.200 oder 21%, denn es gibt vermutlich einen Fehler in der zweiten Zählung der Weißen. Die Anzahl der letzteren und der Freien überhaupt ist im Gebiet der *Cuatro Villas* derart hoch, dass in den 6 Bezirken von *San Juan de Remedios, San Agustín, San Anastasio del Cupey, San Felipe, Santa Fé* und *Sagua la Chica* 1819 auf einer Fläche von 24.651 *caballerías* 13.722 Menschen lebten, davon 9.572 Weiße, 2.010 freie Farbige, 2.140 Sklaven. Im Gegensatz dazu waren es in den 10 Bezirken der Gerichtsbarkeit *Filipinas* im selben Jahr 13.026, fast 9.400 Freie, d.h. 5.871 Weiße, 3.521 freie Farbige (203 freie importierte Neger inbegriffen), 3.634 Sklaven. Die Freien standen somit hier im Verhältnis zu den Weißen wie 1 : 1,7.

Nirgendwo auf der Welt, wo Sklaverei herrscht, werden soviele Sklaven freigelassen wie auf Kuba. Die spanische Gesetzgebung verhindert oder erschwert diese Freilassung keineswegs, befürwortet sogar die Freiheit, im Gegensatz zur

---

[24]1819 trafen z.B. nur 1.702 Personen ein: 416 aus Spanien, 384 aus Frankreich, 201 aus Irland und England. An Krankheiten starben $\frac{1}{6}$ bis $\frac{1}{7}$ der nicht akklimatisierten Weißen.

englischen und französischen Gesetzgebung. Das Recht jedes Sklaven, seinen Herren zu wechseln oder sich zu befreien, indem er den Kaufpreis zurückerstattet, das religiöse Gefühl, das vielen wohlsituierten Herren die Eingebung gibt, testamentarisch eine gewisse Anzahl von Sklaven die Freiheit zu verleihen, die Gewohnheit, eine große Anzahl von Schwarzen als Dienstboten im Haus anzustellen, die affektiven Bindungen, die aus diesen engen Beziehungen zu den Weißen entstehen und die Zugewinnmöglichkeiten der Sklavenarbeiter, die ihrem Herren nur eine gewisse Summe pro Tag bezahlen, um frei für sich selbst zu arbeiten, sind die Hauptgründe, die so vielen Sklaven in den Städten den Übergang aus dem Dienstverhältnis zum Stand der freien Farbigen ermöglichen. Ich könnte die Gewinne in Lotterie und anderen Glücksspielen hinzufügen, wenn das Vertrauen in solche Mittel, die allein dem Glück überlassen sind, nicht oft die negativsten Folgen hätte. Die Lage der freien Farbigen in Havanna ist glücklicher als die in anderen sich seit Jahrhunderten eine hochentwickelten Kultur rühmenden Staaten. Man kennt in Havanna nicht die barbarischen noch heutigentages gültigen Gesetze wonach Freigelassene keine Schenkungen von Weißen erhalten dürfen, sie ihrer Freiheit beraubt werden und mit Steuervorteil verkauft werden können, wenn sie gestehen, entlaufenen, flüchtigen Negern Zuflucht gewährt zu haben!

3.7 Urbevölkerung

Da die ursprüngliche Bevölkerung der Antillen vollkommen verschwunden ist (die *Zambocariben,* eine Mischung von Eingeborenen und Negern, wurden 1796 von der Insel Sankt Vincent zur Insel Rattan gebracht), muss man die derzeitigen Antillenbewohner (2.850.000) als Menschen mit europäischem und afrikanischem Blut betrachten. Reinrassige Neger machen fast 2/3 dieser Bevölkerung aus, Weiße 1/6 und Mischbevölkerung 1/7. In den spanischen Kolonien des Festlandes findet man Nachkommen der Eingeborenen, die unter den *Mestizen* und *Zambos* als Mischung zwischen Ureinwohnern mit Weißen und Schwarzen verschwinden. Diese beruhigende Erfahrung trifft nicht auf die Antillen zu. Die Gesellschaft war zu Beginn des 16. Jh. dergestalt, dass die neuen Kolonisten sich, von seltenen Ausnahmen abgesehen, mit den Eingeborenen genausowenig vermischten, wie es heute die Engländer in Kanada tun. Die Ureinwohner Kubas sind ebenso verschwunden wie die *Guanches* auf den Kanarischen Inseln, obwohl vor 40 Jahren sowohl in *Guanabacoa* als auch auf Teneriffa noch lügnerische Ansprüche von Seiten mehrerer Familien geltend gemacht wurden, durch die sie von der Regierung kleine Pensionen unter dem Vorwand erwirken wollten, in ihren Adern fließe noch das Blut der Eingeborenen oder *Guanches.* Es ist heute unmöglich, genaue Angaben über die Bevölkerung Kubas und Haitis zur Zeit von Christoph Kolumbus zu machen. Was sonst sehr einsichtige Historiker behaupten, nämlich, dass die Insel Kuba zur Zeit ihrer Eroberung im Jahre 1511 1.000.000 Einwohner gehabt habe und dass von dieser Million 1517 nur noch 14.000 übrig gewesen seien, scheint mir unwahrscheinlich! Alle statistischen Angaben in den Schriften des Bischofs von Chiapa sind voller Widersprüche. Und wenn es wahr ist, was der gute dominikanische Geistliche Luis Bertrán, der von den Beauftragten verfolgt wurde, wie heutzutage die Methodisten durch die britischen Pflanzer, bei seiner Rückkehr prophezeit hatte, "die 200.000 Eingeborenen von Kuba würden als Schlachtopfer europäischer Grausamkeit fallen", so könnte man wenigstens daraus schließen, dass die Eingeborenen zwischen 1555 und 1569 noch längst nicht ausgestorben waren. Jedoch (und hier zeigt sich, welche Verwirrung die Historiker geschaffen haben) gab es laut Gómara auf Kuba schon seit 1553 keine Eingeborenen mehr. Um sich eine Vorstellung davon zu machen, wie ungenau die Berechnungen der ersten spanischen Reisenden waren, braucht man sich nur ins Gedächtnis zu rufen, dass die Zahl der Einwohner, die Kapitän Cook und andere Seefahrer der Insel Tahiti und den Sandwich-Inseln[25] (Hawaii) in einer Zeit mit schon exakteren statistischen Vergleichen zuschrieben, bei 1 : 5 unter sich abwichen. Man begreift zwar, dass die Insel Kuba mit ihren ungemein fischreichen Küsten und äußerst fruchtbaren Böden jene mehrere Millionen genügsamer Einwohner habe ernähren können, die, ohne Tierfleisch zu verzehren, von Mais, Maniok und vielen anderen nahrhaften Wurzeln lebten. Hätte jedoch eine so starke Bevölkerung nicht in einer fortgeschritteneren Zivilisation ihren Ausdruck finden müssen als die, von der Kolumbus berichtet? Sollten die Bevölkerungsgruppen von Kuba hinter der Kultur[26] der Bewohner der Lucaye-Inseln zurückgeblieben sein? Welchen Einfluss man auch immer den verschiedenen zerstörenden Faktoren, der Tyrannei der Eroberer, dem Unverstand der Gouverneure, den äußerst harten Arbeitsbedingungen in der Goldwäscherei, den Windpocken und den häufigen Selbstmorden[27] zuschreiben

---

[25]Vgl. Farquhar Mathison, Gilbert (1825): *Narration of a visit to Brazil, Peru and the Sandwich Islands,* S. 439 über die schnelle Abnahme der Bevölkerung im Archipel der Sandwich-Inseln (Hawaii) seit der Reise von Kapitän Cook. Mit einiger Gewissheit erfahren wir aus Berichten von Missionaren, die in die Geschehnisse von Tahiti eingriffen und sie auf Grund der inneren Streitigkeiten verändert haben, dass der ganze Archipel der Gesellschaftsinseln 1818 nur noch 13.900 Einwohner zählte, davon 8.000 in Tahiti. Soll man der Zahl 100.000 Glauben schenken, die man in Tahiti allein zur Zeit von Cook vermutete? Der Bischof von Chiapa ist in seinen Berechnungen der Urbevölkerung der Antillen nicht ungenauer als die modernen Schriftsteller bezüglich der Bevölkerung der Sandwich-Inseln (Hawaii) gewesen, die dort mal 740.000 (Hassel: *Historisches statistisches Almanach für 1824,* S. 384), mal 400.000 (Id.1824: *Statistischer Umriss, Heft 3,* S. 90) vermuten. Nach Aussagen von De Freycinet betrug die Zahl nur 264.000.

[26]Gómara: *De menor policía,* S. XXI. Über die recht allgemeine Abneigung der Eingeborenen des äquatorialen Amerika gegen Tierfleisch und Milch wird schon in der berühmten Bulle von Papst Alexander VI. im Jahre 1493 berichtet: "Certas insulas remotissimas et etiam terras firmas invenerunt, in quibus quamplurimae gentes pacifice viventes, nudae incedentes, nec carnibus vescentes, inhabitant, et, ut nuntii nostri possunt opinari, gentes ipsae credunt unum Deum creatorem in coelis esse" (*Car.Coquel. Bull.amp.Coll., Tom. III,* S. III, S. 234). Auf den Antillen, wo das Volk sich vor dem Einfluss der Zemes, kleiner Baumwollfetische (Petrus Martyr: *Epist.,* Fol. XLVI), fürchtete, war der Monotheismus (der Glaube an einen großen Geist, der die Zemes beherrscht), weit verbreitet.

[27]Diese Tendenz, sich im Familienverbund in Hütten und Höhlen zu erhängen, von der Garcilaso spricht, war zweifelsohne in der Verzweiflung begründet. Man hat jedoch versucht, die Eroberer zu entschuldigen, indem man das Verschwinden der

möge, würde es doch sehr schwer zu glauben sein, dass in 30 oder 40 Jahren, ich will nicht sagen eine Million, aber doch 3 bis 400.000 Ureinwohner vollkommen verschwinden könnten. Der Krieg gegen den Kaziken Hatuey war sehr kurz und nur auf den äußersten Ostteil der Insel beschränkt. Nur wenige Klagen sind gegen die Verwaltung der ersten spanischen Gouverneure Diego Velázquez und Pedro de Barba bekannt. Die Unterdrückung der Ureinwohner begann erst mit der Ankunft des grausamen Hernando de Soto um 1539. Wenn man mit Gómara annimmt, dass es schon 15 Jahre später unter der Regierung von Diego de Majariegos (1554-1564) keine Ureinwohner mehr gab, muss man notwendigerweise zugeben, dass sich bedeutende Restgruppen dieser Bevölkerung in Pirogen nach Florida gerettet haben, da sie nach alter Tradition glaubten, in das Land ihrer Urväter zurückzukehren.

Die Sterbeziffer der Negersklaven, die heutzutage auf den Antillen beobachtet werden kann, gibt nur wenig Aufschluss über diese zahlreichen Widersprüche. Die Insel Kuba muss Christoph Kolumbus und Velázquez dicht bevölkert[28] erschienen sein, wenn sie in dem Maße bevölkert war, wie sie die

---

Eingeborenen ihrer Neigung zum Selbstmord zuschrieb, anstatt die Barbarei des 16. Jh. anzuklagen (Vgl. *Patriota, Tom. II*, S. 50). Alle Sophismen dieser Art befinden sich bei Nuix in seinen Reflektionen "über die von den Spaniern bei der Eroberung Amerikas bewiesene Humanität" (1782: *Reflexiones imparciales sobre la humanidad de los Españoles contra los pretendidos filósofos y políticos, para ilustrar las historias de Raynal y Robertson, escrito en Italiano por el Abate Don Juan Nuix, y traducido al castellano por Don Pedro Varela y Ulloa, del Consejo de S.M.*). Der Autor, der auf S. 186 die Vertreibung der Mauren unter Philipp III. eine "religiöse und verdienstvolle Handlung" nennt, beendet sein Werk, indem er die amerikanischen Ureinwohner dazu beglückwünscht, "in die Hände der Spanier gefallen zu sein, deren Haltung jederzeit am menschlichsten und deren Regierung am weisesten" gewesen sei. Mehrere Seiten dieses Buches erinnern an "die heilsame Strenge der Dragonaden" und an jenen anstößigen Spruch, womit ein sonst durch Talent und Tugend geschätzter Mann, der Graf de Maistre (*Soirées de Saint-Pétersbourg, Tom.II*, S. 121) die Inquisition in Portugal rechtfertigt, "denn durch sie sind nur einige Tropfen sündigen Blutes vergossen worden." Zu welchem Sophismus wird nicht Zuflucht genommen, wenn man die Religion, die nationale Ehre oder Stabilität der Regierungen verteidigen will, indem man auch all das entschuldigt, was sich Klerus, Völker und Könige haben zuschulden kommen lassen. Es wäre vergeblich, wenn man die beständigste Macht auf Erden, das Zeugnis der Geschichte, zu zerstören versuchte!

[28]Kolumbus berichtet, dass die Insel Haiti einige Male von Schwarzen angegriffen wurde, die weiter südlich oder südwestlich wohnten. Er wollte sie auf seiner dritten Reise besuchen, da diese Schwarzen eine Art Metall besaßen, von dem sich der Admiral auf seiner 2. Reise einige Stücke besorgt hatte. Diese Stücke waren in Spanien untersucht worden und zeigten eine Zusammensetzung von 63% Gold, 14% Silber und 19% Kupfer (Herrera: *Década. I, libro.* 3, cap. 9, S. 79). Tatsächlich entdeckte Balboa diese schwarze Bevölkerung im Isthmus von Darien. "Dieser Eroberer", schreibt Gómara (*Historia de Indias, fol. XXXIV*), "kam in die Provinz Quareca. Er fand dort zwar kein Gold, aber einige Negersklaven des Ortsherren." Er

Engländer 1762 vorfanden. Die ersten Reisenden lassen sich leicht durch die Menschenansammlungen täuschen, die europäische Schiffe an einigen Punkten der Küste hervorrufen. Jedoch hatte die Insel Kuba mit denselben Städten und Kleinstädten wie heute 1762 nicht mehr als 200.000 Bewohner. Und in einem Volk, das wie Sklaven behandelt wurde, das dem Unverstand und der Brutalität der Herren, dem Übermaß an Arbeit, dem Nahrungsmangel und der Pockenseuche ausgesetzt ist, reichen 42 Jahre nicht aus, um allein die Erinnerung an ihr Unglück aufrecht zu erhalten. Auf mehreren Inseln der Kleinen Antillen vermindert sich die Bevölkerung unter der englischen Herrschaft um jährlich 5 bis 6%, auf Kuba um mehr als 8%. Aber die Ausrottung von 200.000 Menschen in 42 Jahren bedeutet einen jährlichen Verlust von 26%. Dies erscheint unwahrscheinlich, obwohl man annehmen kann, dass die Sterberate der Eingeborenen Kubas wesentlich höher lag als die der zu Höchstpreisen gekauften Neger.

Wenn man die Geschichte der Insel studiert, kommt man zu der Feststellung, dass die Kolonisierung von Osten nach Westen stattfand und dass die Orte, die von den Spaniern zuerst kolonisiert wurden, heute meist ausgestorben sind. Die ersten Weißen ließen sich 1511 nieder, als auf Befehl von Diego Colón, der Eroberer und Siedler Velázquez im Hafen von *Palmas* in der Nähe von Kap *Maisí*, damals *Alfa y Omega* genannt, anlegte und den aus Haiti geflüchteten Kaziken Hatuey unterwarf. Er hatte sich in den Ostteil der Insel zurückgezogen und war dort das Oberhaupt einer Vereinigung von kleinen Häuptlingen der Ureinwohner geworden. 1512 begann man die Stadt *Baracoa* zu bauen, später *Puerto Príncipe (Camagüey)*, *Trinidad, Sancti Spíritus, Santiago de Cuba* (1514), *San Salvador de Bayamo* und *San Cristóbal de La Habana*. Diese letzte Stadt wurde zunächst 1515 an der Südküste der Insel im Bezirk *Güines* gegründet und vier Jahre später dem Bezirk *Puerto de*

fragte diesen Herrn, woher er sie habe. Man antwortete ihm, dass diese Farbigen ganz in der Nähe wohnten und man ständig im Krieg mit ihnen stünde. "Diese Schwarzen", führte Gómara fort, "waren denen Guineas sehr ähnlich und man hat keine andere Bevölkerungsgruppe dieser Art in Amerika angetroffen." Dieser Abschnitt ist sehr bezeichnend. Man stellte im 16. Jh. genau wie heute Hypothesen auf. Petrus Martyr (*Ocean.* Dec. III, lib. 1, S. 43) vermutete, diese von Balboa gesehenen Menschen, die Quarecas, wären schwarze Äthiopier, die die Meere unsicher machten und an den Küsten Amerikas Schiffbruch erlitten hatten. Dagegen spricht, dass die Sudanneger keine Piraten sind, und man hält es für wahrscheinlicher, dass Eskimos in ihren Kajaks nach Europa gelangen könnten, als Afrikaner nach Darien. Wissenschaftler, die an eine Mischung der Polynesier mit den Amerikanern glauben, verglichen die Quarecas mit der Rasse der Papuas, ähnlich den Schwarzen der Philippinen. Diese Wanderungen in der tropischen Zone von West nach Ost, von den westlichsten Gebieten von Polynesien bis zum Isthmus von Darien sind schwierig, obgleich der Wind oft wochenlang von Westen weht. Vor allem müßte man zunächst feststellen, ob die Quarecas wirklich den Sudannegern ähnelten so wie es Gómara behauptet, oder ob sie eine sehr dunkle Indianerrasse mit glatten Haaren waren, die von Zeit zu Zeit und vor 1492 die Insel Haiti heimsuchten, heute Domäne der Äthiopier. Hinsichtlich des Überwechselns von den Karibischen Inseln, von den Lucaye-Inseln zu den Kleinen Antillen, ohne die Großen Antillen zu berühren, vgl. oben *RH Tom.III,* S. 15.

Carenas einverleibt, dessen Lage am Anfang der zwei Kanäle von *Bahama,* dem neuen und dem alten, für den Handel ungleich günstiger erschien als die südwestliche Küste von *Batabanó.* Seit dem 16. Jh. nahm der Fortschritt der Zivilisation starken Einfluss auf die Beziehungen der einzelnen Bevölkerungsgruppen untereinander. Diese Beziehungen sind verschieden intensiv in Bezirken, wo nur Höfe mit Viehzucht liegen und in denjenigen, wo der Boden seit langem urbar ist, in den Meereshäfen und in den Städten des Inlands, in den Orten, wo Kolonialprodukte angebaut werden und in solchen, die Mais, Gemüse und Viehfutter erzeugen.

3.8 Gerichtsbarkeiten

I. Die Gerichtsbarkeit Havanna erlebt einen Rückgang der relativen Bevölkerung der Weißen in der Hauptstadt und in der Umgebung, jedoch nicht in den Städten des Inlandes und im westlichen Teil (*Vuelta de Abajo*), wo angebaut wird und freie Arbeiter beschäftigt werden. 1791 ergab die Zählung von Luis de las Casas in der Gerichtsbarkeit Havanna 137.800 Einwohner, unter denen das Verhältnis der Weißen, freien Farbigen und Sklaven 53 : 20 : 27 war. Nach der Einfuhr vieler Sklaven vermutete man dieses Verhältnis 1811 in der Größenordnung von 46 : 12 : 42. In den Bezirken mit großen Zucker- und Kaffeeplantagen machen die Weißen kaum 1/3 der Bevölkerung aus und das Verhältnis der einzelnen Bevölkerungsgruppen (im Verhältnis zur Gesamtbevölkerung) schwankte bei den Weißen zwischen 30% und 36%, bei den freien Farbigen zwischen 0,3% und 0,6% und bei den Sklaven zwischen 58% und 67%. Indes fand man in den Bezirken mit Tabakanbau im westlichen Teil das Verhältnis von 62 : 24 : 14 und in den Bezirken mit Viehzucht sogar ein Verhältnis von 66 : 20 : 14 vor. Aus diesen Ergebnissen wird ersichtlich, dass die Freiheit in den Sklavenstaaten in dem Maße abnimmt, wie Kultur und Zivilisation zunehmen.

II. In der Gerichtsbarkeit *Cuatro Villas* und in den Gerichtsbarkeiten *Puerto Príncipe (Camagüey)* und *Santiago de Cuba* kennt man die Fortschritte der Bevölkerung besser als im Westteil. Die Gerichtsbarkeit *Cuatro Villas* hat dieselben Ergebnisse aufgewiesen, die sich aus der unterschiedlichen Beschäftigung der Bevölkerung ergeben. Im Bezirk *Sancti Spíritus*, wo Höfe mit Viehzucht entstanden sind, in *San Juan de los Remedios,* wo Schmuggel mit den Bahamas sehr verbreitet ist, hat die weiße Bevölkerung zwischen 1791 und 1811 zugenommen. Im Gegensatz dazu nahm sie im außergewöhnlich fruchtbaren Bezirk von *Trinidad,* wo die Zuckerrohr-plantagen sich ungewöhnlich gut entwickelt haben, ab. In *Villa Clara* sind die freien Farbigen in der Überzahl.

III. In der Gerichtsbarkeit *Puerto Príncipe (Camagüey)* hat sich die Gesamtbevölkerung in 20 Jahren fast verdoppelt. Sie stieg wie in den schönsten Gebieten Amerikas um 89%. Währenddessen besteht die Umgebung von *Puerto Príncipe* aus weiten Ebenen, wo halbwilde Herden weiden. Ein Reisender, der kürzlich dieses Gebiet besuchte, behauptete, dass die Besitzer dort nichts anderes zu tun hätten, als das Geld, das ihnen der Gutsverwalter zahlt, in ihren Geldtruhen zu verstauen und sie für Spiel und endlose, über Generationen dauernde gegenseitige Prozesse wieder auszugeben.

IV. In der Gerichtsbarkeit *Santiago de Cuba*, als Ganzes betrachtet, haben sich die Verhältnisse der drei Bevölkerungsgruppen zueinander in den letzten 20 Jahren wenig verändert. Der Bezirk *Bayamo* unterschied sich schon immer durch den großen von Jahr zu Jahr stärker werdenden Anteil freier Farbigen (44%), wie in *Holguín* und *Baracoa*. In der Umgebung von *Santiago de Cuba* gedeiht der Kaffee und es gibt dort immer mehr Sklaven.

3.9 Die vier Bezirke der Provinz *Santiago de Cuba*

BEZIRKE		WEISSE	FREIE FARBIGE	SKLAVEN	SUMME	VERHÄLTNIS ZUR GESAMTBEVÖLKE RUNG
Santiago de Cuba	1791	7.926	6.698	5.213	19.837	40 : 33 : 27
	1810	9.421	6.170	8.836	24.427	38 : 25 : 37
Baracoa	1791	850	1.381	169	2.400	35 : 57 : 08
	1810	2.060	1.319	664	4.043	51 : 33 : 16
Holguín	1791	4.116	1.001	5.862	10.979	37 : 09 : 54
	1810	8.534	4.542	16.850	29.926	28 : 13 : 59
Bayamo	1791	6.584	9.132	7.287	23.003	29 : 40 : 31
	1810	14.498	20.853	12.633	47.984	30 : 44 : 26
Summe	1791	19.476	18.212	18.531	56.219	34 : 33 : 33
	1810	34.513	32.984	38.834	106.331	32 : 31 : 37

3.10 Verhältnis Neger zu Negerinnen

Bis Ende des 18. Jh. gab es sehr wenige weibliche Sklaven in den Zuckerrohrplantagen, und es ist erstaunlich, dass diese Tatsache auf Vorurteile wegen "religiöser Skrupel" zurückgeht, die die Einfuhr von Frauen, deren Preis in Havanna allgemein um ein Drittel höher lag, als der der Männer, ablehnen. Unter dem Vorwand, die guten Sitten zu wahren, zwang man die Sklaven zum Zölibat. Nur Jesuiten und Bethlemiten-Mönche hatten dieses schreckliche Vorurteil aufgegeben. Nur sie duldeten Negerinnen in ihren Plantagen. Wenn die sicherlich recht unvollständige Zählung von 1775 schon 15.562 Sklavinnen und 29.366 Sklaven ergab, darf man nicht vergessen, dass diese Zählung die gesamte Insel erfasste und dass die Zuckerrohrplantagen selbst heute nur noch ein Viertel der dienstbaren Bevölkerung aufweisen. Ab 1795 begann das Konsulat in Havanna sich ernsthaft damit zu befassen, die Zunahme dienstbarer Bevölkerung von den Veränderungen im eigentlichen Sklavenhandel unabhängiger zu gestalten. Francisco Arango schlug in weiser Voraussicht eine Steuer für diejenigen Plantagen vor, die unter einem Drittel Sklavinnen bezüglich des Gesamtsklavenanteils blieben. Er wollte außerdem eine Gebühr von 6 Piastern für jeden auf der Insel importierten Neger einführen, importierte Negerfrauen ausgenommen. Obgleich seine Vorschläge nicht angenommen wurden, da die Kolonialräte Zwangsmaßnahmen durchweg von der Hand wiesen, wurde doch von dieser Zeit an der Wunsch zur Unterstützung der Eheschließungen unter sorgsamerer Behandlung der Sklavenkinder immer lauter. Eine königliche Urkunde vom 22. April 1804 empfahl diese Angelegenheiten "dem Gewissen und der Menschlichkeit der Kolonisten". Die Zählung von 1817 ergab nach

Poinsett 60.322 Negersklavinnen und 106.521 Negersklaven. Das Verhältnis der schwarzen Sklavinnen zu den Männern war 1777 1 : 1,9 und 40 Jahre später kaum merklich anders[29]: 1 : 1,7. Der geringe Unterschied kann den enormen Zugängen importierter Neger im Jahr 1791 zugeschrieben werden, wobei Negerinnen erst in bedeutendem Maße 1817-1820 eingeführt wurden, d.h., dass die Negersklaven, die in den Städten Dienst leisteten, ein kleiner Teil der Gesamtzahl geworden sind.

Verhältnis Negersklaven zu Negersklavinnen:
a) auf Kuba: 1,7 : 1 b) in den Zuckersiedereien: 4,0 : 1

Auf der Ostseite der Insel wurden 1521 erstmals 300 Neger eingeführt. Damals waren die Spanier wesentlich weniger an Sklaven interessiert als die Portugiesen, denn 1539 wurden in Lissabon 12.000 Neger verkauft, so wie heutigen Tages zur ewigen Schande des christlichen Europas Griechen in Konstantinopel und Smyrna verkauft wurden. In Spanien gab es im 16. Jahrhundert keinen freien Sklavenhandel. Der Hof erteilte das Privileg für ganz Amerika 1586 Gaspar Peralta, 1595 Gómez Reynal, 1615 Antonio Rodríguez de Elvas. Die Gesamteinfuhr belief sich damals auf 3.500 Neger pro Jahr und die Kubaner, die sich hauptsächlich der Viehzucht widmeten, erhielten davon kaum welche. Während des Spanischen Erbfolgekrieges landeten die Franzosen in Havanna, um Sklaven gegen Tabak einzutauschen. Der Vertrag mit den Engländern belebte die Einfuhr der Neger ein wenig. Jedoch lag 1763 die Anzahl der Sklaven in der Gerichtsbarkeit von Havanna noch unter 25.000, obwohl die Einwohner Havannas und der Aufenthalt der Fremden in der Stadt neue Bedürfnisse geweckt hatten. Auf der ganzen Insel lag er unter 32.000. Die Gesamtzahl der importierten afrikanischen Neger lag vermutlich zwischen 1521 und 1763 bei 60.000. Ihre Nachkommen finden sich unter den freien Mulatten, der größte Teil im Osten der Insel.

3.11 Negereinfuhr nach Havanna zwischen 1763 und 1790 nach Freigabe des Negerhandels

Zeitraum	Gesellschaft	Anzahl
1763 - 1766	Compañía de Tabacos	4.957
1773 - 1779	Vertrag mit Marquis de Casa Enrile	14.132
1786 - 1789	Vertrag mit Baker und Dawson	5.786
	Summe	24.875

---

[29]**Englische Antillen 1823: Verhältnis von Sklaven zu Sklavinnen**
308.476 Männer : 319.310 Frauen = 627.777 Gesamtsumme --> Überschuss an Frauen: 3 1/5 %
Nur auf Trinidad, Antigua und Demerary (Britisch Guayana) gab es mehr Neger als Negerinnen. Vgl. (1825) *Statistical Illustrations on the British Empire*, S. 54

Wenn man die Sklaveneinfuhr im Osten der Insel während der 27 Jahre zwischen 1763 bis 1790 mit 6.000 festlegt, ergibt das vom Zeitpunkt der Entdeckung der Insel, d.h. von 1521 bis 1790 eine Gesamtzahl von 90.875. Im Folgenden wird deutlich werden, dass der immer intensiver werdende Sklavenhandel bewirkte, dass in den auf 1790 folgenden 15 Jahren mehr Sklaven auf die Insel gebracht wurden als in den 2 ½ Jahrhunderten vor der Zeit des freien Sklavenhandels. Diese Aktivität wurde hauptsächlich dann verdoppelt, als zwischen England und Spanien vertraglich vereinbart war, dass im Norden des Äquators ab 22. November 1817 der Sklavenhandel verboten und ab 30. Mai 1820 vollkommen abgeschafft werde. Der spanische König nahm von England (Die Nachwelt wird dieser Tatsache kaum Glauben schenken können!) den Betrag von 400.000 Pfund Sterling als Entschädigung für eventuelle Nachteile an, die aus dem Einstellen dieses barbarischen Handels entstehen könnten.

Aus Afrika in Havanna importierte beim Zoll registrierte Neger

Jahr	Anzahl	Jahr	Anzahl
1790	2.534	1806	4.395
1791	8.498	1807	2.565
1792	8.528	1808	1.607
1793	3.777	1809	1.162
1794	4.164	1810	6.672
1795	5.832	1811	6.349
1796	5.711	1812	6.081
1797	4.552	1813	4.770
1798	2.001	1814	4.321
1799	4.919	1815	9.111
1800	4.145	1816	17.737
1801	1.659	1817	25.841
1802	13.832	1818	19.902
1803	9.671	1819	17.194
1804	8.923	1820	4.122
1805	4.999	**Summe in 31 Jahren**	**225.574**

Jahresdurchschnitt für diesen Zeitraum: 7.470   Jahresdurchschnitt in den letzten zehn Jahren 11.542

Diese Anzahl kann um mindestens ¼ erhöht werden, sowohl wegen illegalen Handels und Zollunterschlagungen als auch durch den gesetzmäßig geregelten Handel über *Trinidad* und *Santiago de Cuba*. Hieraus ergibt sich folgendes Bild:

Einfuhr von Negern

Gesamte Insel	1521 - 1763	60.000
	1764 - 1790	33.409
Havanna	1791 - 1805	91.211
	1806 – 1820	131.829
		316.449

Zuwachs, teils durch illegalen Handel als auch den Handel über den Ostteil der Insel   1791 - 1820   56.000

372.449

Weiter oben wurde erläutert, dass auf Jamaika in denselben 300 Jahren 850.000 schwarze Afrikaner[30] eingeführt wurden, oder, um uns auf eine sicherere Berechnung über 108 Jahre von 1700 bis 1808 zu stützen: 380.000 Schwarze, freie Mulatten und Mulattensklaven. Die Insel Kuba bietet positive Statistiken. Dort gibt es 130.000 freie Farbige, während auf Jamaika mit der Hälfte der Gesamtbevölkerung nur 35.000 leben.

Afrikaschwarze auf Kuba

Vor	1791	93.500
	1791-1825 wenigstens	320.000
		413.500 Schwarze

1825

Freie Schwarze und Negersklaven	320.000
Mulatten	70.000
Farbige	390.000

Diese niedrige Zahl ist Folge der geringen Einfuhr von Negerinnen.

Eine ähnliche, auf nur gering abweichenden Zahlen beruhende Berechnung wurde dem Spanischen Hof am 20. Juli 1811 überreicht. Mit dieser Berechnung versuchte man zu beweisen, dass auf Kuba bis 1810 weniger als 229.000 afrikanische Neger[31] eingeführt wurden und dass sie 1811 durch eine dienstbare und freie Bevölkerung von 326.000 Negern und Mulatten repräsentiert wurden, also mit einem Überschuss von 97.000 gegenüber der afrikanischen Einfuhr[32]. Man lässt dabei sowohl außer acht, dass die Weißen ihren Anteil an der Existenz der 70.000 Mulatten gehabt haben, als auch die Folgen des natürlichen Zuwachses Tausender importierter Neger und ruft selbstgefällig aus: "Welch andere Nation oder Gesellschaft könnte ein vorteilhafteres Ergebnis des verderblichen Sklavenhandels anbieten!" Ich respektiere

---

[30]Siehe *RH* tome III, S. 331. Ich möchte hier hinzufügen, dass alle englischen Antillenkolonien, die heute nur über 700.000 Neger und Mulatten, sowohl Freie als auch Sklaven haben, innerhalb von 106 Jahren (1680-1786) im Zoll 2.130.000 Neger von den Küsten Afrikas registrierten!

[31]Gemäß einer Bekanntmachung vom Konsulat in Havanna (1801: *Papel periódico*, S. 12) lag der Durchschnittspreis der 15.647 importierten Neger von 1797 - 1800 bei 375 Piaster. Diesem Tarif zufolge sollen die 307.000 in den Jahren 1790 - 1803 importierten afrikanischen Neger die Bewohner der Insel 115.125.000 Piaster gekostet haben.

[32]Meine Kalkulation wurde 1825 abgeschlossen und ergab 413.000 nach der Eroberung eingeführte Neger. Die dem spanischen Hof übermittelte Berechnung endet im Jahre 1810 und ergibt 229.000 (*Documentos*, S. 119). Der Unterschied beträgt 184.500. Demnach lag die Anzahl der von 1811 - 1820 in Havanna importierten Neger gemäß den Zollregistern über 109.000, die folgenden Zuwachs erfuhren:

1.- durch das vom Konsulat zugelassene ¼ oder die 27.000 durch legalisierte Einfuhr im Osten der Insel.

2.- durch die illegale Einfuhr 1811 - 1825.

die Gefühle, die sich in diesen Zeilen ausdrücken. Ich wiederhole nochmals, dass beim Vergleich von Kuba und Jamaika das Ergebnis zugunsten der spanischen Gesetzgebung und der Sitten der Bewohner Kubas ausfällt. Dieser Vergleich beweist, dass auf Kuba mehr für das physische Wohlbefinden und die Befreiung der Schwarzen getan wurde. Aber dennoch ist es ein trauriger Anblick, wie die christlichen, zivilisierten Völker darüber diskutieren, wer unter ihnen innerhalb von drei Jahrhunderten weniger Afrikaner durch Sklaverei umgebracht habe. Ich will keineswegs die Behandlung der Schwarzen in den südlichen Gebieten der Vereinigten Staaten[33] verteidigen, jedoch gibt es Abstufungen des Leides der Menschen. Der Sklave, der eine Hütte und eine Familie besitzt, ist weniger unglücklich als der, der wie ein Teil einer Herde gepfercht lebt. Je größer die Anzahl der Sklaven, die mit ihren Familien in Hütten, die sie als Eigentum betrachten, untergebracht sind, desto schneller vermehren sie sich.

3.12 Sklaven in den Vereinigten Staaten

1780: 480.000   1810: 1.191.364
1790: 676.696   1820: 1.541.568
1800: 894.444

Der jährliche Zuwachs[34] war in den letzten 10 Jahren (100.000 Freigelassene ungerechnet) 26 pro Mille, was eine Verdoppelung in 27 Jahren bedeutet. Ich würde jedoch mit Cropper behaupten, dass Jamaika ab 1795 und Kuba ab 1800 beinahe ihre heutige Bevölkerung gehabt hätten, ohne dass 400.000 Neger an den afrikanischen Küsten hätten gefesselt und nach Port Royal oder Havanna verschleppt werden

---

[33]Über den Vergleich des Elends unter den Sklaven der Antillen und den Vereinigten Staaten vgl. 1823: *Negro-Slavery in the United States of America and Jamaica*, S. 31.
In Jamaika gab es   1823 170.466 Sklaven und 171.916 Sklavinnen.
In den Vereinigten Staaten gab es   1820 788.028 Sklaven und 750.100 Sklavinnen.
Demnach ist der Grund des Mangels an natürlicher Vermehrung auf den Antillen nicht das ungleiche Verhältnis!
[34]Der Zuwachs der Negersklaven beruht zwischen 1790 - 1810 (von 514.668) auf folgenden Faktoren:
1.- Natürlicher Familienzuwachs.
2.- 30.000 zwischen 1804 und 1808 importierte Neger, als die Gesetzgebung von Süd-Carolina unglücklicherweise von Neuem die Einfuhr durch Sklavenhandel erlaubte.
3.- Dem Ankauf in Louisiana, wo es damals 30.000 Neger gab. Der sich aus Punkt 2 und 3 ergebende Zuwachs beträgt nur 1/8 des Gesamtzuwachses und wird durch die Entlassung von 100.000 Negern kompensiert, die 1810 aus den Registern verschwanden. Die Sklaven vermehren sich etwas weniger schnell (das genaue Verhältnis beläuft sich auf 0,02611 : 0,02915) als die Gesamtbevölkerung der Vereinigten Staaten. Aber ihr Wachstum gestaltet sich etwas schneller als das der Weißen, besonders dort, wo sie einen bedeutenden Bevölkerungsanteil darstellen, wie z.B. in den Südstaaten (Morse (1822): *Med. Geogr.*, S. 608).

müssen, wenn sich die Sklaven auf beiden Inseln im selben Verhältnis[35] vermehrt hätten.

3.13 Sterberate der Neger

Die Sterberate der Neger unterscheidet sich auf der Insel Kuba von den anderen Antillen, so wie diese unter sich auch sehr unterschiedlich sind, je nach Kultur, menschlicher Achtung der Herren und Verwalter gegenüber den Sklaven und je nach Anzahl der Negerinnen, die die Kranken pflegen können. Es gibt Plantagen, wo jährlich 15% bis 18% sterben. Ich habe kaltblütigen Erörterungen beigewohnt, in denen diskutiert wurde, ob es für den Besitzer rentabler sei, die Sklaven nicht übermäßig mit Arbeit zu strapazieren und sie aus diesem Grund weniger oft zu ersetzen, oder in wenigen Jahren den größten Nutzen aus ihnen zu ziehen, und sie darum öfter durch neu importierte Neger zu ersetzen. So kalkuliert die Habsucht, wenn der Mensch sich des Menschen als Lasttier bedient. Es wäre ungerecht zu bezweifeln, dass die Sterblichkeit der Neger auf der Insel Kuba in den letzten 15 Jahren zurückgegangen ist. Mehrere Besitzer haben sich in lobenswerter Weise um die Verbesserung der Lebensumstände auf den Plantagen gekümmert. Die Sterberate der zuletzt eingeführten Neger liegt noch bei 10-12% [36]. Laut Experimenten mehrerer Zuckerrohrplantagen könnte sie auf 6 oder 8% zurückgehen. Dieser Verlust importierter Neger schwankt je nach Zeitpunkt der Einfuhr. Die beste Zeit ist von Oktober bis Januar, in der ein gesundes Klima herrscht und es reichlich Nahrung auf den Plantagen gibt. In den heißen Monaten liegt die Sterberate schon während des Verkaufs bei 4%, wie man 1802 feststellen konnte. Vermehrte Einfuhr von Sklavinnen, die sich sorgend um ihre Männer und die kranken Landsleute kümmern, Befreiung von der Arbeit während der Schwangerschaft, Sorge um die Kinder, Unterbringung der Neger in gesonderten Hütten, reichliche Vorräte, mehr Ruhetage und keine zu harte Arbeit sind die bewährtesten Mittel, um die Neger vor frühzeitigem Sterben zu bewahren. Personen, die die Verhältnisse auf den Plantagen gut kennen, glauben, dass bei den gegenwärtigen Zuständen die Anzahl der schwarzen Sklaven jährlich um $\frac{1}{20}$ abnehmen würde, wenn der betrügerische Sklavenhandel völlig aufhörte. Dies wäre eine den Kleinen Englischen Antillen ähnliche Abnahme,

---

[35]Die Anzahl von 480.000 für das Jahr 1770 beruht auf keiner wirklichen Volkszählung. Es handelt sich nur um eine Schätzung. Albert Gallatin glaubt, dass die Vereinigten Staaten, die Ende 1823 eine Bevölkerung von 1.665.000 Sklaven, 250.000 freien Farbigen und folglich eine Gesamtsumme von 1.915.000 Negern und Mulatten aufwiesen, niemals mehr als 300.000 Schwarze von den Küsten Afrikas importierten, d.h. 1.830.000 weniger als in den Jahren 1680 - 1786 auf den Englischen Antillen, wo die schwarze und Mulatten-Bevölkerung heute kaum ein Drittel derjenigen der Vereinigten Staaten übersteigt.

[36]Man behauptet, dass auf Martinique mit 78.000 die durchschnittliche Sterberate bei 6.000 liegt. Die Geburten liegen bei den Sklaven jährlich erst bei 1.200. Vgl. weiter oben über die Verluste auf den Englischen Antillen, *RH*, Tom. III, S. 336. Vor der Abschaffung des Sklavenhandels verlor Jamaika jährlich 7.000 Menschen oder 2 ½ %. Seit dieser Zeit liegt der Bevölkerungsrückgang praktisch bei null (1820: *Review of the registry laws by the Com. of the Afric. Inst.*, S. 43).

wenn man Santa Lucía und Grenada ausschließt. In diesen letzteren wurde durch parlamentarische Erörterungen 15 Jahre vor der endgültigen Abschaffung des Sklavenhandels vor demselben gewarnt. Man hat Zeit gehabt, die Einfuhr von Negerinnen zu erhöhen. Auf Kuba geschah die Abschaffung schneller und unerwarteter.

3.14 Bevölkerungsdichte

In offiziell in Havanna veröffentlichten Schriften hat man versucht, die relative Bevölkerungsdichte (Verhältnis der Bevölkerung zur Fläche der Insel) mit der relativen Einwohnerzahl der am wenigsten bevölkerten Landstriche von Frankreich und Spanien zu vergleichen. Da damals die wirklichen Ausmaße der Fläche der Insel unbekannt waren, blieb es bei Versuchen. Weiter oben haben wir gesehen, dass auf der Insel insgesamt rund 200 Menschen pro Quadratseemeile (20 auf einen Grad) lebten. Dies ist um $\frac{1}{3}$ weniger als in der am wenigsten bevölkerten Provinz Spaniens, Cuenca, viermal weniger als in dem am schwächsten bevölkerten Département in Frankreich, Hautes-Alpes. Die Bewohner von Kuba sind so ungleich verteilt, dass man $\frac{5}{6}$ der Insel als praktisch unbewohnt betrachten kann. Es gibt verschiedene Kirchspiele (*Consolación, Macuriges, Hanabana*), in denen man inmitten der Viehweiden nicht mehr als 15 Bewohner pro Quadratmeile antrifft. Im Gegensatz dazu gibt es in dem durch *Bahía Honda, Batabanó* und *Matanzas* gebildeten Dreieck (genauer gesagt zwischen *Batabanó, Le Pan de Guajaibón* und *Guamacaró*) auf 410 Quadratmeilen oder auf $\frac{1}{9}$ der Gesamtfläche der Insel mehr als 300.000 Einwohner, d.h. $\frac{3}{7}$ der Bevölkerung der Insel und $\frac{6}{7}$ des landwirtschaftlichen und kommerziellen Reichtums. In diesem Dreieck leben bisher nur 723 Einwohner pro Quadratmeile. Die Ausdehnung entspricht nicht ganz zwei Départments mittlerer Größe in Frankreich, die relative Bevölkerung ist halb so dicht. Aber man darf nicht vergessen, dass selbst in diesem kleinen Dreieck das Gebiet zwischen *Guajaibón, Guamacaró* und *Batabanó* im südlichen Teil ziemlich schwach besiedelt ist. Die Kirchspiele mit den ertragreichsten Zuckerrohrplantagen liegen zwischen *Matanzas* und *Naranjal*, oder *Cuba Mocha* und *Yumurí*, zwischen *Río Blanco del Norte, Madruga, Jibacao* und *Tapaste*, zwischen *Jaruco, Güines, Managua, Río Blanco del Sur, San Jerónimo* und *Canoa*, zwischen *Guanabacoa, Bajurayabo* und *Sibarimón*, zwischen *Batabanó, Guara* und *Buenaventura*, bei *San Antonio* und *Govea*, zwischen *Guanajay, Bahía Honda* und *Guajaibón*, zwischen *Cano, Bauta* und *Guatao*, zwischen *Santiago, Wajay* und *Trinidad*. Die Kirchspiele mit der geringsten Bevölkerung, die nur Viehzucht betreiben, liegen im Westen Havannas in der *Vuelta de Abajo* und sind *Santa Cruz de los Pinos, Guanacapé, Cacaragícaras, Pinar del Río, Guane* und *Baja*. Im Osten Havannas in der *Vuelta de Arriba* sind es *Macuriges, Hanabana, Guamacaró* und *Álvarez*. Die Landgüter mit Viehzucht verschwanden in den öden Landschaften mit 1.600 - 1.800 *caballerías* nach und nach. Und obwohl Ansiedlungen in *Guantánamo* und *Nuevitas* die Erwartungen nicht erfüllten, hatten doch andere, z.B. die der Gerichtsbarkeit *Guanajay* Erfolg.

Wir haben weiter oben schon erwähnt, wie sehr Kubas Bevölkerung mit den Jahrhunderten anwächst. Als in einem nördlichen Land Geborener möchte ich hier daran erinnern, dass die großenteils aus Sandboden bestehende Mark Brandenburg unter einer die Fortschritte landwirtschaftlicher Industrie fördernden Verwaltung auf einer kleineren Fläche als die Kubas eine fast doppelt so dichte Bevölkerung ernährt. Die extremen Unterschiede in den Bevölkerungsschichten, das Fehlen der Bewohner in weiten Landstrichen der Küste und der enorme Anteil an Küstengebieten machen die militärische Verteidigung der gesamten Insel unmöglich. Man kann weder das Anlegen des Feindes verhindern, noch unerlaubten Handel. Havanna ist ohne Zweifel ein bedeutender befestigter Ort, der durch seine Festungen mit denen Europas konkurrieren kann. Die Festungstürme und die Verteidigungsanlagen von *Cogimar, Jaruco, Matanzas, Mariel, Bahía Honda, Batabanó, Jagua* und *Trinidad* können einen mehr oder weniger langen Widerstand garantieren, aber 2/3 der Insel verfügt über fast keinen Schutz und könnte auch selbst mit größter Anstrengung durch Kanonierschaluppen kaum verteidigt werden.

Die Geisteskultur ist fast ausschließlich auf die Weißen beschränkt und folglich ungleich auf die Bevölkerung verteilt. Die gehobene Gesellschaft in Havanna erinnert durch Leichtigkeit und Höflichkeit in den Umgangsformen an die Gesellschaft in Cádiz und die reichsten Handelsstädte Europas. Aber wenn man Hauptstadt und benachbarte Plantagen reicher Großgrundbesitzer verlässt, ist man über den Kontrast erstaunt, der dieser partielle und lokale Zivilisationszustand gegenüber den einfachen Sitten bietet, die in den abgelegenen Höfen und kleinen Städten herrschen. Einwohner von Havanna waren die ersten unter den reichen Bewohnern spanischer Kolonien, die Spanien, Frankreich und Italien besucht haben. In Havanna ist man immer am besten über die Politik in Europa unterrichtet gewesen und über die geheimen Intrigen an den Höfen, um die Minister zu unterstützen oder zu stürzen. Diese Kenntnis der Ereignisse, diese Voraussicht zukünftiger Vorteile haben den Bewohnern der Insel ungemein dabei geholfen, einen Teil der Hindernisse der Entwicklung des kolonialen Reichtums abzuhalten. In der Zeit zwischen Versailler Frieden und Beginn der Revolution in Santo Domingo schien Havanna Spanien weitaus näher zu stehen als Mexiko, Caracas und Neu-Grenada. 15 Jahre später, zur Zeit meines Aufenthalts in den Kolonien, hatte dieser scheinbare Unterschied bezüglich der Distanz schon beträchtlich abgenommen. Heutzutage, wo Unabhängigkeit der kontinentalen Kolonien, Einfuhr ausländischer Industrieprodukte und finanzielle Notwendigkeiten der neuen Staaten die Bande zwischen Europa und Amerika verstärkt haben, wo sich die Dauer der Überfahrten durch Modernisierung der Schiffahrt verkürzt hat, wo Kolumbianer, Mexikaner und Bewohner Guatemalas[37]miteinander rivalisieren, Europa zu besuchen, scheinen die meisten ehemaligen spanischen Kolonien, zumindest im Atlantischen Ozean unserem Kontinent in gleichem Maße nahezustehen. Das sind die Veränderungen, die in wenigen Jahre hervorgerufen wurden und eine immer schnellere Entwicklung nehmen. Es ist das Ergebnis der Aufklärung und einer über lange Zeit komprimierten Aktivität. Die von mir zu Beginn dieses Jahrhunderts in Cáracas, Bogotá, Quito,

---

[37]Die "Zentralamerikaner", wie sie in der Verfassung der Bundesrepublik von Zentral-Amerika vom 22. November 1824 genannt werden.

Lima, Mexiko und Havanna beobachteten Unterschiede der Sitten und Zivilisation werden hierdurch abgeschwächt. Der Einfluss der ehemals baskischen, katalanischen, galizischen und andalusischen Bevölkerung wird von Tag zu Tag unerheblicher. Und vielleicht wäre es heute beim Schreiben dieser Zeilen nicht mehr angebracht, die verschiedenen Nuancen nationaler Kultur in den erwähnten 6 Hauptstädten so zu charakterisieren, wie ich es früher getan habe.

Kuba verfügt nicht über die großen und wertvollen Einrichtungen, die schon frühzeitig in Mexiko gegründet wurden. Aber in Havanna gibt es Institutionen, die durch den Patriotismus der Einwohner und einem gesunden Konkurrenzverhalten gegenüber verschiedenen Zentren der amerikanischen Zivilisation gefördert und ausgebaut werden, sobald die politischen Zustände und das Vertrauen in das Fortbestehen der inneren Ruhe es erlauben: die 1179 gegründete Patriotische Gesellschaft in Havanna und die von ihr abhängigen Gesellschaften in *Sancti Spiritus, Puerto Príncipe (Camagüey)* und *Trinidad*, die Universität mit ihren seit 1728 gegründeten Lehrstühlen in Theologie, Jurisprudenz, Medizin[38] und Mathematik im Kloster der *Padres Predicadores*[39], der 1818 gegründete Lehrstuhl für Staatswirtschaft, der für landwirtschaftliche Botanik, das Museum und die Schule für deskriptive Anatomie, die Alejandro Ramírez zu verdanken sind. Die Öffentliche Bibliothek, unentgeltliche Schule für Zeichnen und Malerei, Marine-Schule, Lancaster-Schule und botanischer Garten sind z.T. jüngere, z.T. ältere Einrichtungen. Einige dieser Institutionen sehen progressiven Verbesserungen, andere gänzlichen Reformen entgegen, durch die sie mit dem Zeitgeist und den Bedürfnissen der Gesellschaft in Einklang gebracht werden mögen.

---

[38]Allein in Havanna gab es 1825 mehr als 500 praktische Ärzte, Chirurgen und Apotheker: 61 Ärzte, 333 Chirurgen (latinos y romancistas), und 100 Apotheker! Auf der gesamten Insel gab es auf Grund von Zählungen im selben Jahr 312 Rechtsanwälte, von denen 198 in Havanna lebten, und 98 Gerichtsschreiber. Der Zuwachs an Rechtsanwälten war sehr groß, denn 1814 gab es in Havanna nur 84 und auf der ganzen Insel nur 130.
[39]Der Klerus auf Kuba ist weder sehr umfangreich noch sehr reich, wenn man den Bischof von Havanna und den Erzbischof von Kuba ausschließt, von denen ersterer 110.000 Piaster, der zweite 40.000 Piaster jährlich bezieht. Das Gehalt der Chorherren beträgt 3.000 Piaster. Nach offiziellen Zählungen, über die ich verfüge, gibt es nicht mehr als 1.100 Geistliche.

4. Landwirtschaft

Als die Spanier begannen, sich auf den Inseln und dem amerikanischen Kontinent niederzulassen, waren damals wie heute im alten Europa die wichtigsten Anbauprodukte die Grundnahrungsmittel des Menschen. Dieses natürliche und für die Gesellschaft äußerst dienliche Verhältnis der Völker zur Landwirtschaft hat sich bis heute in Mexiko, Peru, in den kalten und gemäßigten Zonen von Cundinamarca, und überall dort erhalten, wo die Weißen weite Landstriche beherrschten. Pflanzen, die als Grundnahrungsmittel dienten, wie Bananen, Maniok, Mais, europäische Getreidearten, Kartoffeln und Quinoa, blieben auf verschiedenen Höhenlagen über dem Meeresspiegel Grundlage der kontinentalen Landwirtschaft in den Tropen. Indigo, Baumwolle, Kaffee und Zuckerrohr wuchsen in diesen Regionen nur vereinzelt zwischen den übrigen Anpflanzungen. 2 ½ Jahrhunderte gab es auf Kuba und den übrigen Inseln des Antillenarchipels diesbezüglich keine Veränderungen. Man baute dieselben Pflanzen an, die schon den halbwilden Ureinwohnern als Nahrungsmittel gedient hatten. Man unterhielt zahlreiche Tierherden mit gehörntem Vieh in den riesigen Savannen der großen Inseln. Auf Santo Domingo war es Piedro de Atienza, der um 1520 das erste Zuckerrohr kultivierte. Man baute hier sogar durch hydraulische Räder in Bewegung gesetzte Zylinderpressen. Aber Kuba nahm an dieser noch im Entstehen begriffenen Industrie wenig teil. Und bemerkenswert ist, dass die Geschichtsschreiber der Eroberung 1553 nur vom mexikanischen Zuckerexport nach Spanien und Peru sprechen. Havanna war bis zum 18. Jahrhundert weit davon entfernt, die heute Kolonialprodukte genannten Erzeugnisse zu produzieren. Es exportierte nur Häute und Leder. Der Viehzucht folgten Tabakanbau und Bienenzucht. Die ersten Bienenstöcke kamen aus Florida. Bald wurden Wachs und Tabak wichtigere Handelsprodukte als Leder, die wiederum von Zuckerrohr und Kaffee abgelöst wurden. Der Anbau jeder dieser Produkte schloss den der älteren Produkte nicht aus. Und in den verschiedenen Phasen der Landwirtschaft beobachtet man trotz der allgemeinen Tendenz der Vorherrschaft der Kaffeeplantagen, dass der Zuckerrohranbau bis jetzt die wichtigsten Jahreserträge lieferte. Der legale und illegale Tabak-, Kaffee-, Zucker- und Wachsexport umfasst laut aktueller Preise ein Volumen von 14 bis 15 Millionen Piaster.

4.1 Zucker

ZUCKEREXPORT GEMÄSS DEN ZOLLREGISTERN VON HAVANNA IM ZEITRAUM VON 64 JAHREN

1760-1763, jährlich höchstens	13.000 Kisten	1803	158.075
1770-1778	50.000	1804	193.955
1786	63.274	1805	174.544
1787	61.245	1806	156.510
1788	69.221	1807	181.272
1789	69.125	1808	125.875
1790	77.896	1809	238.842
1791	85.014	1810	186.672
1792	72.854	1811-1814 jährlich	206.487
1793	87.970	1815	214.111
1794	103.629	1816	200.487
1795	70.437	1817	217.076
1796	120.374	1818	207.378
1797	118.066	1819	192.743
1798	134.872	1820	215.593
1799	165.602	1821	236.669
1800	142.097	1822	261.795
1801	159.841	1823	300.211
1802	204.404	1824 (unfruchtbares Jahr)	245.329

Es handelt sich hier um die umfassendste bisher in Umlauf gebrachte Tabelle, die auf vielen offiziellen handschriftlichen Dokumenten basiert, zu denen ich durch folgende Publikationen Zugang hatte: *Aurora, Papel periódico de la Habana, Patriota Americano* (Tom. II, S. 59), *Guias de Forasteros de la Isla de Cuba, Sucinta Noticia de la situación presente de la Habana* (1800 Manuskript), *Reclamación contra la ley de Aranceles* (1821), *Redactor general de Guatemala* (Juli 1825, S. 25). Gemäß einer unsicheren Quelle in den Zollregistern vom 1. Januar bis zum 5. November 1825 wurden in Havanna 183.960 Kisten Zucker eingeschifft. Es fehlen die Monate November und Dezember 1823, während dieser Monate wurden 23.600 Kisten eingeschifft.

Um den Umfang der Zuckerexporte von Kuba zu erfassen, muss man zur Ausfuhr von Havanna 1. die anderen zur Zuckerausfuhr berechtigten Häfen, vor allem *Matanzas, Santiago de Cuba, Trinidad, Baracoa* und *Mariel* und 2. die Ausfuhr durch illegalen Handel hinzufügen. Während meines Aufenthalts auf der Insel schätzte man die Ausfuhr von *Trinidad de Cuba* auf nur 25.000 Kisten. In den Zollregistern in *Matanzas* muss sorgfältig der direkt nach Europa ausgeführte von dem für Havanna bestimmte Zucker unterschieden werden. 1819 betrug die tatsächliche transatlantische Ausfuhr von *Matanzas* nur $\frac{1}{13}$ der Ausfuhr von Havanna. 1823 lag sie schon bei $\frac{1}{10}$, denn gemäß zweier Zolltabellen betrug die Ausfuhr von Havanna 300.211 Kisten Zucker und 895.924 *Arroben* Kaffee und die von Havanna und *Matanzas* 328.218 Kisten Zucker und 979.864 *Arroben* Kaffee. Nach diesen Angaben kann man den 235.000 durchschnittlich in den letzten 8 Jahren von Havanna exportierten Kisten mindestens 70.000 von anderen Häfen ausgeführten Kisten hinzufügen. Wenn man auf diese Weise den Schmuggel auf ¼ ansetzt, ergibt sich für die Insel eine Gesamtausfuhr von 380.000 Kisten (oder fast 70 Millionen Kilo) Zucker. Ortskundige Personen haben schon 1794 den Verbrauch in Havanna mit 298.000 *Arroben* oder 18.600 Kisten Zucker veranschlagt, den der ganzen Insel mit 730.000 *Arroben* oder 45.600 Kisten. Wenn man im Auge behält, dass auf der Insel zu jener Zeit fast 362.000 Menschen lebten, von denen damals höchstens 230.000 Freie waren, und heute 715.000, davon 455.000 Freie, muss man für 1825 einen Gesamtverbrauch von 88.000 Kisten annehmen. Wenn wir wenigstens 60.000 annehmen, ergibt dies eine Zuckerrohr-Gesamtproduktion von mindestens 440.000 Kisten oder 81 Millionen kg. Es handelt sich hier um eine Mindestzahl, die nur um $\frac{1}{15}$ herabzusetzen wäre, wenn man die Bewertung des Verbrauchs im Inland 1794 und 1825 um die Hälfte zu hoch veranschlagt haben sollte.

Um den landwirtschaftlichen Reichtum Kubas besser einschätzen zu können, werden wir den Ertrag dieser Insel in mehr oder weniger fruchtbaren Jahren mit dem Zuckerertrag und der Ausfuhr in den restlichen Antillenländern, in Louisiana, Brasilien und in Guayana[40] vergleichen.

INSEL KUBA (gemäß der oben angestellten Berechnungen): Produktion: mindestens 440.000 Kisten. Legaler Export: 305.000 Kisten oder 56 Millionen kg., illegaler Export: 380.000 Kisten (70 Millionen kg.), folglich fast um $\frac{1}{7}$ geringer als der durchschnittliche Export von Jamaika.

JAMAIKA. Produktion (umfasst den Verbrauch im In- und Ausland)

Jahr	Export in *hogsheads* zu 14 cwt,	in kg
1812	135.592	96.413.648
1722 (mit kaum 60.000 Sklaven)	11.008	
1744	35.000	

---

[40]In den nachstehenden Berechnungen bezieht man sich auf die Zollregister ohne die Zahlen unter Berücksichtigung des Schmuggels zu erhöhen. Die Umrechnung der Gewichte geschah nach folgenden Gesetzmäßigkeiten: *Quintal* oder 4 *Arroben* = 100 *spanische Pfund* = 45, 976 kg; 1 *Arrobe* = 25 spanische Pfund = 11,494 kg; 1 Kiste Zucker aus Havanna = 16 *Arroben* = 183,904 kg; 1 *cwt*= 112 englische Pfund = 50,769 kg. Diese letzte Berechnung beruht auf einer Arbeit von Kelly, der 435,544 gr = 1 Pfund angibt. Francoeur, der nach dem Gewicht eines Kubikzolls destillierten Wassers unter den Bedingungen des neuen englischen Gesetzes berechnet, findet nur 453,296 gr im Pfund, was 1 *cwt* = 50,796 kg ergibt oder 5/1.000 des Ergebnisses der Umrechnung von Riffault in der zweiten Ausgabe von Thomson (*Chimie*, Tom 1, S. XVII). Ich habe die Umrechnung 1 cwt=50,79 kg nach Kelly angewandt, aber ich habe mich verpflichtet gefühlt, die Zweifel zu erwähnen, die bezüglich eines so wichtigen Elementes bestehen. In den *Prices Current,* die in Havanna gedruckt werden, wird der spanische Zentner zu 46 kg berechnet. Die Umrechnung vom *Hundredweight* (=cwt), dessen man sich in Paris bedient, liegt ebenfalls bei 50,792 kg.

1768 (mit 166.914 Sklaven)	55.761 oder 780.654 cwt	
1823 (mit 342.382 Sklaven)	1.417.758 cwt	72.007.928 kg

Daraus ergibt sich, dass die Ausfuhr Jamaikas im sehr fruchtbaren Jahr 1823 nur um 1/18 über der Kubas lag. Die legale Ausfuhr wurde mit 370.000 Kisten oder 68.080.000 kg angegeben. Wenn man für die Ausfuhr von Jamaika nach den Häfen Großbritanniens und Irlands den Durchschnitt der Jahre 1816 bis 1824 berechnet, ergibt sich nach den Unterlagen von Charles Ellis für die Ausfuhr von Jamaika nach den Häfen Großbritanniens und Irlands 1.597.000 cwt oder 81.127.000 kg. BARBADOS (mit 79.000 Sklaven), GRENADA (mit 25.000 Sklaven), SANKT VINCENT (mit 24.000 Sklaven) sind die drei Inseln der britischen Antillen, die den meisten Zucker liefern.

Zuckerexport von Barbados, Grenada, Sankt Vincent nach Großbritannien

Jahr	Barbados	Grenada	Sankt Vincent
1812	174.218 cwt	211.134 cwt	220.514 cwt
1823	314.630	247.360	232.577

Folglich exportieren diese drei Inseln insgesamt weniger Zucker als Guadalupe und Martinique nach Frankreich liefern. Auf den drei englischen 43 Quadratseemeilen großen Inseln leben 128.000 Sklaven, die zwei französischen Inseln verfügen über 178.000 Sklaven und sind 81 Quadratseemeilen groß. Die Insel Trinidad jedoch, die größte der Antilleninseln nach Kuba, Haiti, Jamaika und Puerto Rico, die gemäß Lindenau und Bauzá über 133 Quadratseemeilen misst, exportierte 1823 nur 186.891 cwt (9.494.000 kg.), eine Arbeit, die den 23.500 Sklaven oblag. Der Fortschritt auf dieser vormals spanischen Insel erweist sich als äußerst schnell, bedenkt man nur die Produktion von 59.000 cwt im Jahre 1812.

ENGLISCHE ANTILLEN: Der Anbau von Zuckerrohr begann auf Jamaika 1673 als Zweig der Kolonialindustrie.

Durchschnittliche Ausfuhr von den englischen Antillen nach den Häfen Großbritanniens

Jahr	Sklaven	Volumen in cwt
1698-1712		400.000
1727-1733		1.000.000
1761-1765		1.485.377
1791-1795	460.000	2.021.325
1812 (sehr fruchtbar)		3.112.734
1823	627.000	3.005.366[41]

---

[41] 1812, gemäß der Veröffentlichung von Colquhoun; 1823 laut der kürzlich erschienenen Veröffentlichung *Statistical Illustrations of the British Empire.* Durch lückenhafte Angaben habe ich mich davon überzeugen können, dass die Ausfuhr von 1812 und 1823 ungefähr denselben Inseln entsprechen wie die, die England seit dem Frieden von Paris besitzt. Man hat für das Jahr 1823 nur die Inseln Tobago und Santa Lucía hinzugefügt, die 175.000 cwt Zucker produzieren. Die Berechnungen für die Zeit

1816-1824 (Jahresdurchschnitt) 3.053.373
Jamaika exportiert heute mehr als die Hälfte des Zuckers der gesamten englischen Antillen nach den Häfen Großbritanniens. Die Sklavenbevölkerung verhält sich zur Gesamteinwohnerzahl der englischen Antillen wie 1 : 1 $\frac{8}{10}$. Die Ausfuhr der englischen Antillen nach Irland beträgt 185.000 cwt.

FRANZÖSISCHE ANTILLEN
Ausfuhr nach Frankreich: 42 Millionen kg.

Insel	Jahr	Ausfuhrprodukt	Menge
Guadalupe	1810	weißer Zucker	5.104.878 Pfund
		Rohzucker	57.791.300 Pfund
Martinique		Zucker	53.059 Fass (zu 1.000 Pfund)
		Sirup	2.699.588 Gallonen (zu 4 Pariser Pinten)
Summe			95.955.238 Pfund
Französische Antillen 1820-1823		Rohzucker	142.427.968 kg
		weißer Zucker	19.041.840 kg.
Summe			161.469.808 kg.
> Durchschnittliche jährliche Ausfuhr:			40.367.452 kg.

vor 1812 stammen von Edwards (*West-Ind.*, Tom. I, S. 19) und entsprechen, bis auf wenige Inseln, wo die Produktion damals unerheblich war, denselben Teilen der Antillen. Es ist offensichtlich, dass der Zuckerexport nach England von 1812 bis heute nicht stärker stieg. Die Anzahl der Sklaven hat währenddessen keine wesentlichen Veränderungen erfahren, wenn man annimmt, dass die unterlassenen Eintragungen in den Registern 1812 und 1823 dieselben waren. Man registrierte 1812 mit Santa Lucía, den Bahamas und den Bermuda-Inseln 634.100 Sklaven, 1823 630.800. Nicht einbeziehen wollte ich die Tabellen der Jahre 1807-1822, in denen man unter dem Begriff "Zucker aus dem britischen Westindien" die Ausfuhr der zeitweise eroberten Antillen und des holländischen Guayana (Demerary, Berbice und vor dem Pariser Frieden sogar Surinam) berücksichtigt hat. Diese geographischen Ungenauigkeiten haben den Eindruck erweckt, als ob die Zuckerproduktion stärker als tatsächlich stieg. Die Durchschnittswerte der Ausfuhr waren 1809-1811 und 1815-1818 z.B. 3.570.803 und 3.540.993 cwt (*Statistical Illustrations of the British Empire*, S. 56). Wenn man aber von diesen Zuckermengen des von England beherrschten Teils Amerikas 370.000 *cwt* für Demerary und Berbice abzieht, bleiben für die heute von England beherrschten 15 Antillen, nur 3.185.000 *cwt*. Allein 1822 ergibt, nachdem man dieselben Korrekturen vorgenommen hat, 2.933.700 *cwt*, und dieses Ergebnis stimmt zu 1/42 mit dem Ergebnis überein, das ich für das Jahr 1823 angegeben habe, nämlich 3.005.366 *cwt*. Edwards hat in seiner letzten Ausgabe seines hervorragenden Werkes über Westindien die durchschnittliche Ausfuhr der englischen Antillen in der Zeit von 1809 bis 1811 auf 4.210.276 cwt geschätzt. In dieser um ein Drittel zu hohen Schätzung sind zweifellos die Zuckermengen der Antillen mit denen aus Guayana, Brasilien und sämtlichen anderen Teilen der Welt verwechselt. Denn die Zuckergesamtausfuhr nach Großbritannien betrug zwischen 1809 und 1811 im Durchschnitt nur 4.241.468 *cwt*.

ANTILLENARCHIPEL. Wenn man die Ausfuhr der holländischen, dänischen und schwedischen Kleinen Antillen, mit nur über 61.000 Sklaven auf 18.000.000 kg ansetzt, ergeben sich als Ausfuhr von Rohzucker und weißem Zucker fast 287.000.000 kg für das gesamte Antillenarchipel.

Anteil der Kleinen Antillen an der Gesamtausfuhr des Antillenarchipels

Ausfuhrmenge in kg	Anteil in %	Teil der Antillen	Sklaven
165.000.000	58	englische Antillen	626.800
62.000.000	22	spanische Antillen	281.400
42.000.000	14	französische Antillen	178.000
18.000.000	6	holl., dän., schwed. Antillen	61.300

Die Zuckerausfuhr Santo Domingos liegt gegenwärtig fast still. 1788 betrug sie 80.360.000 kg, 1799 vermutlich noch 20.000.000. Wenn sie auf dem Stand zur Blütezeit der Insel geblieben wäre, hätte sie die Zuckergesamtausfuhr der Antillen um 28% erhöht, die von ganz Amerika um 18%. Brasilien, Guayana und Kuba liefern heutzutage mit ihren 2.526.000 Sklaven fast 230.000.000 kg, d.h. (ohne Schmuggel) fast dreimal soviel wie Santo Domingo zur Zeit seines größten Reichtums. Der ungeheure Aufschwung der Anbaugebiete seit 1789 in Brasilien, Demerary und Kuba hat den Rückgang in Haiti und die Aufgabe der Zuckersiedereien dieser Republik ausgeglichen.

BRITISCH, HOLLÄNDISCH UND FRANZÖSISCH GUAYANA. Die Gesamtausfuhr beläuft sich auf wenigstens 40.000.000 kg. Britisch Guayana: Durchschnittliche Ausfuhr von 1816 bis 1824 557.000 cwt oder 28.000.000 kg. 1823 betrug die Ausfuhr nach den Häfen Großbritanniens in Demerary und Essequibo mit 77.370 Sklaven 607.870 cwt, in Berbice mit 23.400 Sklaven 56.000 cwt und somit insgesamt 33.717.757 kg. Für Holländisch Guayana oder Surinam kann man 9.000.000 - 10.000.000 kg annehmen. Von Surinam wurden 1823 15.882.000, 1824 18.555.000 und 1825 20.266.000 Pfund ausgeführt. Diese Angaben machte der Generalkonsul des Holländischen Königs in Paris, Thuret.

BRASILIEN. Die Ausfuhr dieses großen Landes mit über 1.960.000 Sklaven und Zuckerrohr in der *Capitania General* von Río Grande bis zum Parallelkreis von Porto Alegre (30° 2' Breite) ist weitaus höher als gewöhnlich angenommen. 1816 betrug sie, gemäß genauer Informationen, 200.000 Kisten zu 650 kg oder 130.000.000 kg, wovon $\frac{1}{3}$ über Hamburg, Bremen, Triest, Livorno und Genua nach Deutschland und Belgien und der Rest nach Portugal, Frankreich und England versandt wurden. England hat 1823 nur 71.438 cwt oder 3.628.335 kg eingeführt. Dieser Zucker erzielt gewöhnlich an den Küsten Brasiliens einen sehr hohen Preis. Die brasilianische Zuckerproduktion ging seit 1816 auf Grund innerer Unruhen zurück. In Jahren großer Dürre betrug die Ausfuhrmenge nur 140.000 Kisten. Kenner dieser amerikanischen Handelsbranche glauben, dass die Zuckerausfuhr, sobald die inneren Unruhen vollkommen überwunden sind, durchschnittlich pro Jahr 192.000 Kisten (150.000 Kisten weißer Zucker und 42.000 Kisten Rohzucker) oder 125.000.000 kg beträgt. Man vermutet, dass Rio de Janeiro 40.000 Kisten liefern könnte, Bahía 100.000, Pernambuco 52.000, ohne hierbei sehr fruchtbare Jahre zu berücksichtigen.

DAS ÄQUATORIALE AMERIKA und Louisiana liefern heutzutage laut detaillierter Untersuchungen im Handel Europas und der Vereinigten Staaten 460.000.000 kg Zucker:

287.000.000 oder 62 % von den Antillen mit	1.147.500 Sklaven
125.000.000 oder 27 % aus Brasilien mit	2.060.000 Sklaven
40.000.000 oder 9 % aus Guayana mit	206.000 Sklaven

Im Folgenden wird erläutert, dass allein Großbritannien mit einer Bevölkerung von 14.400.000 mehr als ein Drittel der 460.000.000 kg Zucker verbraucht, den der Neue Kontinent aus Ländern bezieht, wo durch Menschenhandel ein Kontingent von 3.314.000 unglücklichen Sklaven entstand! Der Zuckerrohranbau ist heute derart über den gesamten Globus verteilt, dass physische und politische Ursachen, die die industrielle Produktion auf einer der Großen Antillen zeitweise unterbinden oder gar unterbrechen könnten, nicht mehr dieselben Auswirkungen auf Zuckerpreis und den allgemeinen Handel in Europa und den Vereinigten Staaten haben könnten, wie zu der Zeit, als die großen Anbaugebiete auf eine kleine Region beschränkt waren. Spanische Autoren haben Kuba auf Grund seiner reichen Produktion oft mit den Minen von Guanajuato in Mexiko verglichen. Tatsächlich hat Guanajuato Anfang des 19. Jahrhunderts ein Viertel des mexikanischen Silbers und ein Sechstel der amerikanischen Gesamtproduktion geliefert. Heute exportiert Kuba auf legalem Wege 1/5 der gesamten Zuckerproduktion des Antillenarchipels, 1/8 des nach Europa und in die Vereinigten Staaten exportierten Zuckers des äquatorialen Amerikas.

Man unterscheidet auf der Insel Kuba drei Sorten Zucker je nach Grad der durch Raffinieren erlangten Reinheit. In jedem Hut oder umgestürzten Kegel ist der obere Teil weißer Zucker, der mittlere Teil gelber Zucker, der untere Teil oder die Spitze des Kegels, Melassezucker. Alle Zuckersorten Kubas sind demnach raffiniert, nur ein kleiner Teil Rohzucker oder Zucker entsteht als Abfallprodukt. Da die Formen von ungleicher Größe sind, haben die Zuckerhüte auch verschiedene Gewichte. Im Allgemeinen wiegen sie nach dem Raffinieren eine Arrobe. Die Sieder verlangen, dass jeder Zuckerhut zu 5/9 aus weißem Zucker, 3/9 gelbem Zucker und 1/9 Melassezucker besteht. Weißer Zucker erzielt einen höheren Preis, wenn er allein verkauft wird, im Gegensatz zu den Verkäufen der Sortimente von 3/5 weißem Zucker und 2/5 gelbem Zucker. Im letzten Fall beträgt der Preisunterschied gewöhnlich 4 Reale, im ersteren 6 oder 7 Reale. Die Revolution auf Santo Domingo, die vom Kontinentalsystem ausgegangenen Verbote, der enorme Zuckerverbrauch in

England und den Vereinigten Staaten, der kulturelle Fortschritt auf Kuba, in Brasilien, Demerary, Bourbon (Réunion) und auf Java haben große Preisunterschiede verursacht. In einem Zeitraum von 12 Jahren gab es 1807 Schwankungen von 3 bis 7 Reale[42], und 1818 von 24 und 28 Reale, was Schwankungen in der Größenordnung von 1 zu 5 nachweist. In derselben Zeitspanne haben sich die Zuckerpreise in England nur von 33 auf 73 Schillingen pro Zentner verändert, d.h. in der Größenordnung von 1 zu 2 $\frac{1}{5}$. Will man statt der Durchschnittspreise des ganzen Jahres nur jene in Betracht ziehen, die der Zucker aus Havanna in Liverpool während einiger Monate erzielte beobachtet man im Jahr 1811 Schwankungen von 30 bis 134 Schilling, also in der Größenordnung von 1 zu 4 $\frac{3}{5}$. Die hohen Preise von 16 bis 20 Reale pro Arrobe hielten sich in Havanna 5 Jahre, von 1810 bis 1815 fast ohne Unterbrechung, während die Preise seit 1822 um ein Drittel gesunken sind, bis auf 10 und 14, und kürzlich, im Jahr 1826, sogar auf 9 und 13. Ich gehe hier auf diese Details ein, um eine genauere Vorstellung dessen zu vermitteln, was das Nettoprodukt einer Zuckersiederei und die Opfer eines Besitzers betrifft, der sich mit einem niedrigeren Gewinn begnügen muss, und was er unternehmen kann, um die Lebensumstände seiner Sklaven zu verbessern. Der Zuckeranbau bringt noch Gewinn bis zum derzeitigen Preis von 24 Piastern pro Zuckerkiste, wenn man diesen Durchschnittspreis von weißem und gelbem Zucker zu Grunde legt. Der Besitzer einer mittleren Zuckersiederei mit einer Produktion von 800 Kisten Zucker verkauft seinen Ertrag nurmehr für 19.200 Piaster, während er dafür vor 12 Jahren 28.800 Piaster (36 Piaster pro Kiste) bekam[43].

Während meines Aufenthalts in *Güines* habe ich 1804 versucht, einige präzise Nachforschungen über die Berechnungen der Zuckerrohrproduktion anzustellen. Eine große Zuckersiederei, die 32.000 bis 40.000 Arroben (367.000 bis 460.000 kg) Zucker herstellt, hat normalerweise eine Ausdehnung von 50 caballerías[44], oder 650 Hektar, wovon die Hälfte (weniger als $\frac{1}{10}$ einer Quadratseemeile) für den eigentlichen Zuckeranbau, die andere Hälfte für Nahrungspflanzen und Viehweiden bestimmt ist. Der Bodenpreis hängt natürlich von

---

[42]Bei den Zuckerpreisen in Havanna bezeichnen die beiden Ziffern immer den Preis des gelben und des weißen Zuckers pro Arrobe. Wenn man den harten Piaster zu 8 Realen berechnet, beträgt er 5,43 Francs, im Handel ist er 13 Centimes weniger wert.

[43] Auf der ganzen Insel Kuba gibt es nur sehr wenige Plantagen, die 40.000 Arroben liefern können. Es sind die Zuckersiedereien von *Río Blanco* oder die vom Marquis del Arco, von Rafael O'Farrill und von Felicia Jáuregui. Man sieht solche Zuckersiedereien, die jährlich 2.000 Kisten oder 32.000 Arroben (ungefähr 368.000 kg) produzieren, schon als sehr groß an. In den französischen Kolonien rechnet man normalerweise nur für den Anbau von Nahrungspflanzen (Bananen, Ignamen, Süßkartoffeln) mit einem Drittel oder einem Viertel des Landes. In den spanischen Kolonien wird eine größere Anbaufläche für Viehweiden bestimmt. Das ist die natürliche Folge der althergebrachten Gewohnheiten der Viehfarmen.

[44]Das Landmaß Caballería hat 18 Cordeles (ein Cordel zu 24 Varas) oder 432 Quadratvaras. Demnach (nach Rodríguez hat 1 Vara 0,835 m) ergibt eine Caballería 186.624 Varas im Quadrat oder 130.118 Quadratmeter, oder 32 2/10 englische Acres.

der Beschaffenheit desselben und der Nähe zu den Häfen von Havanna, *Matanzas* und *Mariel* ab. In einem Umkreis von 25 Meilen von Havanna kostet eine caballería 2.000 oder 3.000 Piaster. Um einen Ertrag von 32.000 Arroben oder 2.000 Kisten Zucker zu erzielen, muss die Zuckersiederei mindestens 300 Neger haben. Ein erwachsener und akklimatisierter Sklave kostet 450 bis 500 Piaster, ein erwachsener importierter nicht akklimatisierter Neger 370 bis 400 Piaster. Ein Neger kostet vermutlich mit Nahrung, Kleidung und Arzneimitteln 45 bis 50 Piaster, d.h. mit Kapitalzinsen und nach Abzug der Festtage über 22 Sol pro Tag. Der Sklave bekommt Dörrfleisch aus Buenos Aires und Caracas, gesalzenen Kabeljau, wenn das Dörrfleisch zu teuer ist, und Gemüsesorten wie Kürbis, Süßkartoffeln und Mais. Eine Arrobe Dörrfleisch kostete 1804 im *Güines*-Tal 10 bis 12 Reale, heute (1825) 14 bis 16. In einer solchen Zuckersiederei mit einer Produktion von 32.000 bis 40.000 Arroben Zucker braucht man 1. drei Zylindergeräte, die von Ochsen in Bewegung gesetzt werden, oder 2. zwei hydraulische Räder, nach alter spanischer Methode, die bei sehr langsamem Feuer großen Holzverbrauch erfordert, 18 Siedekessel, nach der französischen Methode der Reverberieöfen, die seit 1801 durch Bailli aus Santo Domingo unter den Auspizien von Nicolás Calvo eingeführt wurden, 3 Klärmaschinen, 3 Metallbecken, zwei Gestelle für Zuckersiedekessel (jedes Gestell hat 3 Siedekessel), insgesamt 12 Kessel. Gewöhnlich behauptet man, dass 3 Arroben weißer Zucker 1 Fass Honig abgeben und dass der Melassezucker zur Deckung der Unterhaltungskosten der Siederei ausreicht. Dies trifft aber höchstens dort zu, wo man Branntwein im Überfluss herstellt. 32.000 Arroben Zucker liefern 15.000 Fass Honig zu 2 Arroben, wovon 500 Pipas Zuckerrohrschnaps zu 25 Piaster hergestellt werden können.

Kosten- und Ertragsrechnung für 1825 (gemäß obiger Angaben)

32.000 Arroben weißer und gelber Zucker zu 24 Piaster pro Kiste oder 16 Arroben	48.000 Piaster
500 Pipas Branntwein	12.500 Piaster
	60.500 Piaster
Ausgaben einer Zuckersiederei pro Jahr	30.000 Piaster
Verwendetes Kapital:	
50 caballerías Boden à 2.500 Piaster	125.000 Piaster
300 Neger à 450 Piaster	135.000 Piaster
Gebäude, Mühlen	80.000 Piaster
Kessel, Zylinder, Viehbestand und übriges Inventar	130.000 Piaster
	470.000 Piaster

Aus dieser Berechnung ergibt sich, dass ein Kapitalist, der gegenwärtig eine jährlich 2.000 Kisten Zucker liefernde Zuckersiederei einrichten möchte, nach der alten spanischen Methode und bei den gegenwärtigen Zuckerpreisen 6 $\frac{1}{6}$ % Zinsen erlangen würde. Dieser Gewinn ist unzureichend für eine nicht rein landwirtschaftliche Einrichtung, deren Kosten unverändert bleiben, obwohl zuweilen der Ertrag auf mehr als ein Drittel absinkt. Dass eine der großen Zuckersiedereien über mehrere Jahre hinweg 32.000 Kisten Zucker produziert, ist selten der Fall. Es ist deshalb nicht verwunderlich, dass man den Reis- dem Zuckerrohranbau vorgezogen hat, solange die Zuckerpreise auf der Insel Kuba sehr niedrig lagen (4 oder 5 Piaster pro Zentner). Der Gewinn der seit längerer Zeit etablierten Besitzer beruht 1. darauf, dass die anfänglichen Kosten vor 20 oder 30 Jahren weitaus geringer waren, solange die Caballería guten Bodens 1.200 oder 1.600 Piaster anstelle von 2.500 oder 3.000 Piaster und der erwachsene Neger 300 statt 450 bis 500 Piaster kostete, und 2. in der Kompensation zwischen sehr niedrigen und sehr hohen Zuckerpreisen. Diese Preise sind in einem Zeitraum von 10 Jahren so verschieden, dass die Zinsen des Kapitals zwischen 5 und 15 % schwanken. Im Jahr 1804 z.B. hätte das benutzte Kapital nur 400.000 Piaster betragen, und nach den Preisen von Zucker und Branntwein wäre der Bruttoertrag auf 91.000 Piaster gestiegen. In den Jahren 1797 bis 1800 aber ist der Durchschnittspreis einer Kiste Zucker zuweilen von 24 auf 40 Piaster gestiegen, erstere Zahl liegt meiner Berechnung für das Jahr 1825 zugrunde. Wenn sich eine Zuckersiederei, eine große Spinnerei oder ein Bergwerk in der Hand des ersten Unternehmers befindet, darf die Bewertung des Zuckerertrags, den der Eigentümer aus seinem investierten Kapital zieht, nicht denen zur Norm werden, die aus zweiter Hand kaufen, und die Vorteile der verschiedenen Industriezweige gegeneinander abwägen.

Gemäß meiner auf der Insel Kuba gemachten Berechnungen scheint ein Hektar im Durchschnitt 12 m^3 Zuckerrohrsaft zu liefern, aus dem beim bis heute gebräuchlichen Verfahren 10 bis 12 % Rohzucker gewonnen werden. In Bengalen werden gemäß Bockford 6, gemäß Roxburgh 5 $\frac{6}{10}$ Pfund Zucker benötigt, denn 28 Deziliter Zuckerrohrsaft ergeben 450 Gramm Rohzucker. Wenn man Zuckerrohrsaft als salzhaltige Lösung begreift, ergibt sich daraus, dass sie je nach Fruchtbarkeit des Bodens 12 bis 16 % kristallisierbaren Zucker enthält. Der Zuckerahorn (Acer saccharinum) liefert auf guten Böden in den Vereinigten Staaten 450 Gramm Zucker pro kg Saft oder 2 ½ %. Die gleiche Menge Zucker liefert auch die Runkelrübe, wenn diese Menge mit dem Gesamtgewicht der Knolle verglichen wird. 20.000 kg Runkelrüben ergeben auf gutem Boden 500 kg Rohzucker. Da das Zuckerrohr durch Auspressen seines Safts die Hälfte seines Gewichts verliert, ergibt es 6 mal mehr Rohzucker als Runkelrüben, wenn nicht der ausgepresste Saft, sondern die Knolle der Beta vulgaris und das Stroh des Saccharum officinarum verglichen werden. Je nach Beschaffenheit des Bodens, Niederschlagsmenge, Wärme während der verschiedenen Jahreszeiten und der mehr oder minder starken Neigung der Pflanzen zur Frühblüte, hat der Zuckerrohrsaft verschiedene Beschaffenheit. Die Verschiedenheit beruht nicht nur darauf, dass sich der Zuckergehalt mehr oder weniger wässrig darstellt, wie es die Kenner oder Zuckermeister darstellen. Der Unterschied besteht vielmehr in dem Verhältnis von kristallisierbarem Zucker, nicht kristallisierbarem Zucker, was Proust flüssigen Zucker nennt, dem Eiweiß, Gummi, dem grünen Stärkemehl und der Apfelsäure. Die Menge kristallisierbaren Zuckers kann dieselbe sein. Dennoch ist bei gleichem Verfahren die Menge Farin-, Roh- oder Mehlzucker aus restlichem Sirup, die aus gleicher Menge Zuckerrohrsaft gezogen wird, auf Grund des wechselnden Verhältnisses anderer den kristallisierbaren Zucker begleitenden Bestandteile unterschiedlich. Letzterer bildet durch Verbindung mit einigen dieser Bestandteilen Sirup, der nicht kristallisiert und unter der Melasse bleibt. Zu hohe Temperaturen scheinen die Einbußen zu beschleunigen und zu vermehren. Diese Betrachtungen mögen erklären, warum Sieder während einer gewissen Jahreszeit gewissermaßen verhext zu sein scheinen und bei gleicher Sorgfalt nicht dieselbe Zuckermenge herstellen. Dies erklärt, warum aus derselben Menge Zuckerrohrsaft unter veränderten Bedingungen wie Temperatur und Kochgeschwindigkeit mehr oder weniger Farin-, Roh- oder Mehlzucker aus restlichem Sirup entsteht. Es sollte immer wieder hervorgehoben werden, dass nicht allein Einrichtung und Beschaffenheit der Siedekessel und Öfen große Ersparnisse in der Zuckerbereitung ergeben können, sondern auch die genaue Kenntnis der Wirksamkeit von Kalk, alkalischen Substanzen und Tierkohle, sowie der genauen Bestimmung der Höchsttemperatur, der der Zuckerrohrsaft in den verschiedenen Siedekesseln ausgesetzt werden muss. Die gut durchdachten Zucker-, Stärkemehl-, Gummi- und Holzstoffanalysen von Gay-Lussac und Thenard, die in Europa über Trauben- und Runkelrübenzucker angestellten Untersuchungen sowie die Forschung von Dutrône, Proust, Clarke, Higgins, Daniell, Howard, Braconnot und Derosne haben die Vervollkommnung des Verfahrens vorbereitet und erleichtert. Diese Verfahren müssen aber vor Ort, auf den Antillen selbst angewandt werden. Bestimmt ist die mexikanische Amalgamation nicht zu verbessern, wenn man nicht lange vorher in Guanajuato oder Real del Monte die Beschaffenheit der Minerale erforscht, die mit Quecksilber, salzsaurem Soda, Magistral und Kalk in Berührung gebracht werden. Um die technischen Verfahren in den Zuckersiedereien zu verbessern, muss man ebenso damit beginnen, in mehreren Zuckerrohrplantagen auf Kuba einen Chemiker, der den gegenwärtigen Zustand der Pflanzenchemie kennt, kleine Mengen Zuckerrohrsaft auf verschiedenen Böden und zu verschiedenen Jahreszeiten analysieren lassen, sei es von gewöhnlichem oder dem kreolischen Zuckerrohr, sei es vom Zuckerrohr Tahitis, sei es vom roten Zuckerrohr Guineas. Ohne diese Untersuchungen einer Person, die frisch aus einem der berühmtesten Labors Europas entwachsen ist und entsprechende solide Kenntnisse der Zuckerrübenherstellung besitzt, kann man zwar teilweise zu einer Vervollkommnung gelangen, die Gesamtherstellung des Rohrzuckers aber wird das bleiben, was sie heute ist: Das Ergebnis eines mehr oder weniger geglückten Herumtappens im Dunkeln.

Auf Böden, die bewässert werden können und wo vor dem Zuckerrohr Knollengewächse gepflanzt wurden, gibt eine Caballería fruchtbaren Bodens anstelle von 1.500 Arroben bis zu 3.000 oder 4.000 Arroben, was 2.660 bis 3.540 kg weißem und gelbem Zucker pro Hektar entspricht. Wenn wir aber bei 1.500 Arroben bleiben und den Preis von Havanna für eine Kiste Zucker mit 24 Piaster ansetzen, bedeutet das, dass derselbe Hektar bei Zuckerrohranbau den Ertrag von 870 Franken liefern würde, und den Wert von 288 Franken bei Getreide, wenn man eine achtfache Ernte und einen Preis von 18 Franken für 100 kg Getreide annimmt. Ich habe anderweitig schon darauf hingewiesen, dass in diesem Vergleich zweier verschiedener Anbaukulturen bedacht werden muss, dass der Zuckeranbau sehr viel Kapital beansprucht, zur Zeit z.B. 400.000 Piaster für eine jährliche Produktion von 32.000

Arroben oder 368.000 kg, wenn dieser Ertrag aus einer einzigen Plantage erzielt werden soll. In Bewässerungsgebieten von Bengalen ergibt ein Acre zu 4.044 Quadratmeter nach Bockford und Roxburgh 2.300 kg Rohzucker, d.h. 5.700 kg pro Hektar. Wenn diese Fruchtbarkeit über weite Landstriche hinweg normal ist, darf man sich nicht über den niedrigen Zuckerpreis in Ostindien wundern. Der Ertrag eines Hektars ist dort doppelt so hoch wie in den besten Anbaugebieten der Antillen. Der Tageslohn eines freien Inders ist fast drei Mal niedriger als der eines Negersklaven auf Kuba.

Man hat berechnet, dass 1825 der Ertrag einer Plantage auf Jamaika von 500 Acres (oder 15 ½ Caballerías), davon 200 Acres mit Zuckerrohr angebaut unter Einsatz von 200 Sklaven, 100 Ochsen und 50 Maultieren 2.800 cwt oder 142.200 kg Zucker betrug und, die Sklaven inbegriffen, einen Wert von 43.000 Pfund Sterling hatte. Gemäß dieser Berechnung von Stewart wäre der Ertrag von 1 Hektar 1.760 kg Rohzucker, denn dergestalt ist der Zucker, den man in Jamaika in den Handel bringt. Wenn für eine große Zuckerplantage in Havanna mit 25 Caballerías oder 325 Hektar ein Ertrag von 32.000 bis 40.000 Kisten vorgesehen ist, ergibt das, wie oben erwähnt, 1.130 oder 1.420 kg raffinierten weißen und gelben Zucker pro Hektar. Diese Rechnung stimmt ziemlich gut mit der für Jamaika aufgestellten Kalkulation überein, wenn man die Verluste im Auge behält, die der Zucker beim Raffinieren erfährt, wobei Rohzucker zu weißem und gelbem oder raffiniertem Zucker wird. Auf Santo Domingo ergibt ein Quadrat (zu 3.403 Quadrattoisen = 1 $\frac{29}{100}$ Hektar) 40, manchmal sogar 60 Zentner. Gehen wir von 5.000 Pfund aus, ergibt ein Hektar immer noch 1.900 kg Rohzucker. Wenn wir Böden mittlerer Fruchtbarkeit annehmen -dies sollte man tun, wenn man vom Gesamtertrag Kubas sprechen will -, ergibt die Caballería zu 13 Hektar 1.500 Arroben raffinierten Zuckers, wobei der weiße mit dem gelben gemischt ist, oder 1.330 kg pro Hektar. Hieraus ergibt sich, dass 60.872 Hektar oder 19 ¾ Quadratseemeilen (ungefähr der neunte Teil eines französischen Departements mittlerer Größe) ausreichen, um 440.000 Kisten raffinierten Zuckers zu liefern, die Kuba für Eigenverbrauch und für legale und illegale Ausfuhr benötigt. Man ist darüber erstaunt, dass weniger als 20 Quadratseemeilen einen Jahresertrag ergeben, dessen Wert 52.000.000 Franken übersteigt, wenn man 1 Kiste in Havanna zu 24 Piastern berechnet. Um den gesamten Rohzucker von gegenwärtig 56.000.000 bis 60.000.000 Franken zu liefern, den 30.000.000 Franzosen verbrauchen, bräuchte[45]

---

[45]Barruel rechnet 67.567 Arpens (altes französisches Flächenmaß = 30 bis 51 ar für das Forstwesen) oder 11 Quadratseemeilen für einen Ertrag von 15.000.000 Millionen kg Runkelrübenrohzucker (Vgl. *Moniteur* vom 22. März 1811). Für die Tropen habe ich 1.900 kg Rohzucker pro Hektar gerechnet. Ich verdanke die sehr genauen Angaben über die Herstellung von Runkelrübenzucker der Freundschaft und den Mitteilungen des Barons De Lessert, meines Kollegen in der Akademie der Wissenschaften, der durch seine Veröffentlichungen in der Botanik, seine riesigen Herbarien und eine an wissenschaftlichen und staatswirtschaftlichen Werken sehr reiche Bibliothek seit vielen Jahren die Bearbeitung der verschiedenen Teile meiner *Voyage aux Régions équinoxiales* gefördert hat.

man in den Tropen nur 9 $\frac{5}{6}$ Quadratseemeilen mit Zuckeranbau, in den gemäßigten Zonen nur 37 ½ Quadratseemeilen Rübenfelder! Ein Hektar guten, mit Runkelrüben gesäten oder bepflanzten Bodens ergibt in Frankreich 10.000 bis 30.000 kg Runkelrüben. Der mittlere Ertrag ist 20.000 kg, woraus 2 ½ % oder 500 kg Rohzucker werden. Aus 100 kg Rohzucker erhält man 50 kg raffinierten Zucker, 30 kg Vergeoise-Zucker und 20 kg Rohzucker. Folglich ergibt ein Hektar Runkelrüben 250 kg raffinierten Zucker.

Kurz nach meiner Ankunft in Havanna hatte man aus Deutschland einige Proben dieses Runkelrübenzuckers kommen lassen, von dem man sagte, "er bedroht die Existenz der Zuckerinseln in Amerika". Die Pflanzer überzeugten sich mit gewissem Schrecken, dass sie eine dem Zuckerrohr vollkommen ähnliche Substanz vor Augen hatten, aber man beruhigte sich damit, dass das Verfahren unrentabel sei, da die Arbeitskräfte in Europa sehr teuer seien und es schwierig sei, den kristallisierbaren Zucker von einer derartig großen Masse pflanzlichen Fruchtfleisches zu trennen. Die chemische Forschung hat diese Schwierigkeiten inzwischen überwunden. In Frankreich gab es allein 1812 mehr als 200 Rübenzuckerfabriken, die mit sehr unterschiedlichem Erfolg arbeiteten und 1.000.000 kg Rohzucker erzeugten, d.h. $\frac{1}{58}$ des heutigen Zuckerverbrauchs in Frankreich. Von diesen 200 Fabriken gibt es heute nur noch 15 oder 20, die mit intelligenter Bewirtschaftung einen Ertrag von 300.000 kg erzielen[46]. Die über europäische Angelegenheiten sehr gut unterrichteten Bewohner der Antillen fürchten heutzutage weder den Runkelrübenzucker noch den aus Lumpen, aus Trauben, aus Kastanien und Champignon, noch den Kaffee aus Neapel, oder den Indigo aus Südfrankreich. Glücklicherweise hängt das Schicksal der Sklaven auf den Antillen nicht vom Erfolg dieser unwichtigen europäischen Erzeugnisse ab.

Ich habe mehrmals daran erinnert, dass Kuba 1762 nicht mehr zum Handel beitrug als heute die drei am wenigsten industrialisierten und anbaumäßig am meisten vernachlässigten Provinzen: Veragua, der Isthmus von Panama und Dariën. Ein dem Anschein nach sehr unglückliches politisches Ereignis, die Eroberung Havannas durch die Engländer, hat die Gemüter in Aufruhr gebracht. Die Stadt wurde am 6. Juli 1764 evakuiert und seit dieser Zeit gibt es erste Anstrengungen einer aufsteigenden Industrie. Der Bau neuer Befestigungsanlagen nach einem gigantischen Plan hat plötzlich sehr viel

---

[46]Obgleich gegenwärtig der Preis des nicht raffinierten Rohrzuckers in den Häfen 1,50 Franken beträgt, ist die Herstellung des Runkelrübenzuckers in gewissen Orten noch von Vorteil, z.B. in der Umgebung von Arras. Es würden viele andere Fabriken in Frankreich errichtet werden, wenn der Preis des Antillenzuckers bis 2,25 Francs pro kg ansteigen würde und die Regierung den Runkelrübenzucker nicht besteuern würde, um den Verlust auszugleichen, den die Zollämter durch den Konsum des Kolonialzuckers erleiden würden. Die Herstellung des Runkelrübenzuckers ist insbesondere dort gewinnbringend, wo sie sich dem allgemeinen System der landwirtschaftlichen Ökonomie anschließt, der Bonifikation von Boden und Viehfutter: Es handelt sich hier nicht um den von lokalen Gegebenheiten unabhängigen Anbau wie der des Zuckerrohrs in den Tropen.

Geld in Umlauf gebracht. Danach hat der freigegebene Sklavenhandel die Einrichtung der Zuckersiedereien gefördert. Ebenso die Handelsfreiheit mit allen spanischen und zuweilen auch mit neutralen Häfen, die einsichtige Verwaltung von Luis de las Casas, die Einrichtung des Konsulats und der Patriotischen Gesellschaft, die Zerstörung der französischen Kolonie Santo Domingo[47] und die als notwendige Folge steigenden Zuckerpreise, die großenteils den Flüchtlingen vom Kap Français zu verdankende Vervollkommnung der Maschinen und Öfen, die engeren Beziehungen zwischen den Zuckerpflanzern und den Geschäftsleuten in Havanna, das von diesen auf landwirtschaftliche Investitionen (Zucker- und Kaffeeplantagen) verwandte beträchtliche Kapital. Dies waren die aufeinanderfolgenden Ursachen des zunehmenden Wohlstands der Insel Kuba, ungeachtet des Konflikts der Behörden, die den Lauf der Geschäfte hinderten.

Die größten Veränderungen haben die Zuckerrohrplantagen und Zuckersiedereien zwischen 1796 und 1800 erfahren. Zunächst wurden die Maultier-Göpel durch Ochsen ersetzt. Dann führte man im *Güines*-Tal hydraulische Räder ein, von denen schon die ersten Eroberer in Santo Domingo Gebrauch gemacht hatten. Schließlich wurde in *Ceibabo* auf Kosten des Grafen von Jaruco y Mopox der Einsatz von Dampfpumpen erprobt. Von diesen Maschinen gibt es heutzutage 25 in verschiedenen Zuckersiedereien Kubas. Gleichzeitig wurde auch der Zuckerrohranbau auf Tahiti zum Standard. Man setzte zur ersten Reinigung verbesserte Siedekessel und Reverberieöfen ein. In vielen Plantagen, (dies muss zur Ehre der wohlhabenden Besitzer gesagt werden) sorgte man sich um das Wohlbefinden kranker Sklaven, um Einfuhr von Negerinnen und Erziehung ihrer Kinder.

1775 gab es auf Kuba 473 Zuckersiedereien, 1817 über 780. Unter den ersten war nicht eine, die auch nur den vierten Teil Zucker herstellte, den heute Zuckersiedereien zweiten Ranges produzieren. Demzufolge gibt nicht nur die Anzahl der Zuckersiedereien Aufschluss über den Fortschritt dieses Zweiges der Agrarindustrie.

Zuckersiedereien in der Provinz Havanna

Jahr	Anzahl der Zuckersiedereien
1763	70
1796	305
1806	480
1817	625

---

[47]Dreifach, im August 1791, im Juni 1793 und im Oktober 1803. Besonders die unglückselige und blutige Unternehmung der Generäle Leclerc und Rochambeau hat die Zerstörung der Zuckersiedereien in Santo Domingo zur Folge gehabt.

LANDWIRTSCHAFTLICHER REICHTUM IN DER PROVINZ HAVANNA IM JAHRE 1817

BEZIRKE	ZUCKER-SIE-DEREIEN	KAFFEE-PLANTA-GEN	VIEHZUCHT FARMEN: POTREROS[48]	VIEHZUCHT FARMEN: HAZIENDAS	TABAK-PLAN-TAGEN	KIRCHEN	HÄUSER
Havanna	1	-	12	-	-	31	16.613
Villa de Santiago	43	17	190	-	30	32	3.327
Bejucal	49	14	62	-	-	6	872
Villa de San Antonio	4	124	51	51	76	10	1.684
Guanajay	122	295	96	-	-	30	1.139
Guanabacoa	9	1	1	-	-	36	3.654
Filipinas	-	16	48	196	883	13	1.822
Jaruco	135	81	148	-	5	8	1.793
Güines	78	35	124	1	10	17	2.055
Matanzas	95	83	200	12	-	10	1.954
Santa Clara	14	78	220	267	100	7	3.441
Trinidad	77	35	45	403	150	24	3.914
Summe	**625**	**779**	**1.197**	**930**	**1.601**	**224**	**42.268**

In dieser Tabelle werden folgende Bezirke unterschieden: Bezirke wie *Trinidad* und *Santa Clara*, wo vor allem noch Hirten leben und es Viehzucht mit nicht umzäunten Viehweiden gibt, dann die Bezirke mit Tabakanbau, wie z.B. *Filipinas* und *Trinidad*, und schließlich die Bezirke mit Zuckerrohranbau, wie *Jaruco* und *Guanajay, Matanzas* und *San Antonio Abad*. Die Zunahme einzelner Einrichtungen ist sehr bemerkenswert. 1796 gab es im Bezirk *Jaruco* und *Rio Blanco del Norte*, in den Bezirken *Güines* und *Matanzas* nur 73, 25 und 27 Zuckerrohrplantagen, 1817 waren es 133, 78 und 95. Da die Zunahme des Zehnten in allen Gebieten eines der sichersten Zeichen immer größeren landwirtschaftlichen Fortschritts ist, werden wir hier den Zuwachs während 15 Jahren verfolgen. Die Zehnten wurden im Bistum Havanna[49] auf jeweils 4 Jahre verpachtet.

---

[48]Um die charakteristischen Eigenschaften der Landwirtschaft in den spanischen Kolonien nicht zu verwischen, weigere ich mich, die spanischen Wörter durch französische zu ersetzen. Die Hatos oder Haciendas de cría und die Potreros sind Viehzuchtfarmen. Aber in den Hatos oder Haciendas, die meist 2 bis 3 Meilen Durchmesser haben und ohne jegliche Abgrenzung sind, lebt das Vieh fast wild. Es wird nur von 3 oder 4 das Land zu Pferde durchstreifenden Männern beaufsichtigt, um Kühe und Stuten aufzutreiben, die Junge geworfen haben, und um Jungtiere zu zeichnen. Die *Potreros* sind umzäunte Viehweiden, von denen oft eine kleine Anzahl mit Mais, Bananen oder Maniok bebaut ist. Die in den Hatos geworfenen Tiere werden dort gemästet, man züchtet dort auch.

[49]Urkunden, in denen für jeden Zeitraum der Ertrag von 40 Pfarreien und der Häuser und Wohnungen unterschieden wird, deren Zehnter zur Erbauung von Kirchen und Krankenhäusern bestimmt ist.

Verpachtung innerhalb von jeweils 4 Jahren im Bistum Havanna

ZEITSPANNE VON 4 JAHREN	Zehnter in Piastern
1789 - 1792	792.386
1793 - 1796	1.044.005
1797 - 1800	1.595.340
1801 - 1804	1.864.464

Man erkennt, dass der Zehnte im letzten Zeitraum einen Durchschnittsertrag von jährlich 2.330.000 Francs lieferte, obwohl vom Zucker nur ein halber Zehnter oder ein Zwanzigster bezahlt wird.

Als Durchschnitt der letzten 5 Jahre ergibt sich, dass die Ausfuhr von 1.000 Kisten oder 183.904 kg raffiniertem Zucker der Ausfuhr von 17 Pipas Rohrzuckerbranntwein und 130.000 Bocoyes Melasse[50] entspricht.

Enorme Kosten der Zuckerrohrplantagen und durch Luxus und schlechte Organisation verursachter häuslicher Verfall bringen die Besitzer häufig in vollkommene Abhängigkeit der Kaufleute[51]. Als verbreitetste Anleihen wird dem Besitzer der Hazienda Kapital vorgeschossen, der seinerseits jeden Zentner Kaffee zu 2 Piastern, jede Arrobe Zucker zu 2 Silberrealen unter dem üblichen Preis zu Erntezeiten liefert. Auf diese Weise wird eine Ernte von 1.000 Kisten Zucker im Vorhinein mit einem Verlust von 4.000 Piastern verkauft. Das Handelsvolumen und der Mangel an Bargeld sind so groß, dass die Regierung selbst sich oft gezwungen sieht[52], Geld zu 10 % Zinsen aufzunehmen, während Privatleute 12 oder 16 % zahlen. Der ungeheure Gewinn, den der Sklavenhandel abwirft und der auf Kuba für eine einzige Reise oft 100 und 125 % beträgt, hat sehr dazu beigetragen, den Zinsfuß zu erhöhen, indem viele Spekulanten Geld zu 18 und 20 % geliehen haben, um diesen schändlichen und abscheulichen Handel zu beleben.

Auf frisch urbar gemachtem Land gewährt das erste sorgfältig angebaute Zuckerrohr Ernten über 20 bis 23 Jahre hinweg. Danach muss man es alle drei Jahre neu bepflanzen. In der Hazienda *Matamoros* gab es ein seit 45 Jahren ertragreiches

---

[50] 1 Pipa Branntwein = 180 Flaschen oder 67 ½ Gallonen, 1 Bocoy = 6 Fässer. Die Pipa Zuckerrohrbranntwein, die heute in Havanna 25 Piaster kostet, kostete 1815 - 1819 über 35 Piaster. 1 Bocoy Raffinierhonig kostete 7 Silberreale. Man nimmt allgemein an, dass 3 Zuckerhüte ein Fass <u>Raffinierhonig</u> zu 2 Arroben ergeben. Beim Raffinieren wird häufig über die erste Lage feuchten Ton, der unter dem Vordach von Tierfüßen zermalmt wurde, eine zweite Lage gelegt. Nachdem diese weggenommen worden ist, bleibt der raffinierte Zucker noch acht Tage in der Kegelform, damit der kleine Überrest Melasse frei ablaufen kann.

[51] Die vor allem 1798, zur Zeit der zahlreichen neu eingerichteten Zuckersiedereien, zwischen kapitalistischen Kaufleuten und Besitzern der Haziendas abgeschlossenen Verträge haben diesen einen Verlust von 30 bis 40 % gebracht. Die Gesetze erlauben zwar keine Darlehen zu höheren Zinsen als 5 %, aber man weiß ihre Anwendung durch fiktive Verträge zu umgehen. Vgl. Sedano (1812): *Sobre la decadencia del ramo de Azúcar*, S. 17.

[52] Ich erinnere an die Anleihe der Verwaltung von Havanna am 5. November 1804.

Stück Land. Die für Zuckerrohr fruchtbarsten Böden liegen heute in der Umgebung von *Mariel* und *Guanajay*. Die unter dem Namen Caña de Otahití bekannte Zuckerrohrart, die man schon von weitem an ihrem frischen Grün erkennt, hat den Vorteil, gleichzeitig ¼ mehr Saft und einen holzigeren, dichteren und demnach an brennbarem Stoff reichhaltigeren Trester (ausgepresstes Zuckerrohr) zu liefern. Die Raffinierer, die sich für halbe Weise halten, meinen, der Saft dieser Zuckerrohrart sei leichter zu verarbeiten und ergebe kristallisierten Zucker, der weniger Zusatz[53] von Kalk oder Pottasche zum Saft benötige. Obwohl das Stroh dieses Zuckerrohrs der Südsee nach 5 bis 6 Jahren dünner wird, bleiben aber die Knoten immer noch weiter voneinander entfernt als bei anderen Zuckerrohrarten, wie Caña criolla oder Caña de la tierra. Die Furcht vor langsamem Degenerieren des Südseezuckerrohrs zur gewöhnlichen Zuckerrohrart hat sich glücklicherweise nicht bestätigt. Zuckerrohr wird auf Kuba in der Regenzeit von Juli bis Oktober gepflanzt, geerntet wird von Februar bis Mai.

Auf Grund allzu schneller Urbarmachung wurde die Insel entwaldet und den Zuckersiedereien fehlte es an Brennstoff. Schon immer wurde ein wenig Trester (ausgepresstes Zuckerrohr) benutzt, um das Feuer unter den alten Siedekesseln zu beleben. Aber erst seit Einfuhr von Reverberieöfen durch Emigranten aus Santo Domingo hat man versucht, ganz auf Holz zu verzichten und nur Zuckerrohr ohne Saft als Brennstoff zu benutzen. Die alten Öfen und Siedekessel benötigten eine Tarea Holz zu 160 Kubikfuß. Um 5 Arroben Zucker oder 100 kg Rohzucker zu produzieren, braucht man 278 Kubikfuß Zitronen- oder Orangenholz. In den Reverberieöfen in Santo Domingo wurde mit einem Karren entsafteten Zuckerrohrs zu 495 Kubikfuß 640 Pfund Rohzucker hergestellt, was 158 Kubikfuß entsafteten Zuckerrohrs à 100 kg Zucker bedeutet. Ich habe während meines Aufenthaltes in *Güines* und besonders in *Río Blanco* bei dem Grafen Mopox mehrere neue Konstruktionen ausprobiert, beim Versuch, den Brennstoffbedarf zu vermindern und die Feuerstelle mit Substanzen zu umgeben, die schlechte Wärmeleiter sind, damit die Sklaven weniger unter der Hitze des Feuers leiden. Ein langer Aufenthalt in den europäischen Salinen und Arbeiten in der praktischen Halurgie, mit denen ich mich in meiner frühesten Jugend beschäftigte, haben mich auf diese Ideen gebracht, die mit recht viel Erfolg nachgeahmt wurden. Über die Klärmaschinen gelegte Holzdeckel beschleunigten die Verdunstung und brachten mich auf die Idee eines Systems von Deckeln und beweglichen, mit Gegengewichten versehenen Rahmen für die anderen Siedekessel. Dieses System bedarf einer neuen Überprüfung, wobei jedoch die Menge des Zuckerrohrsaftes, der - entnommene wie verlorene - kristallisierte Zucker, Brennstoff, Zeitaufwand und Kosten sorgfältig gegeneinander abzuwägen sind.

Bei Diskussionen in Europa über die Möglichkeit, Zucker der Kolonien durch Runkelrübenzucker zu ersetzen, sind über den Zuckerrohrpreis ungenaue Angaben gemacht worden. Für genauere Vergleiche mögen folgende Aufstellungen dienen. Der Preis des Kolonialzuckers[54] setzt sich in Europa 1. aus dem

---

[53]Im Moment des Zusetzens von Kalk schwärzt sich der Schaum. Unschlitt und anderes Fett lassen den Schaum zu Boden sinken und mindern ihn.

[54]Es steht außer Zweifel, dass der Gewinn der Plantagenbesitzer von Havanna weitaus geringer ist, als man gewöhnlich in Europa annimmt. Jedoch scheint mir eine sehr alte

ursprünglichen Ankaufspreis, 2. aus Fracht und Versicherung und 3. Zollgebühren zusammen. Der Ankaufspreis auf den Antillen beträgt heutzutage nur noch ein Drittel des Verkaufspreises in Europa. Wenn in Havanna eine Mischung zu gleichen Teilen weißen und gelben Zuckers 12 Silberreale pro Arrobe kostet, kostet eine Kiste à 184 kg 126,48 Francs. Demnach ist der Preis für 100 kg raffinierten Zucker 68,69 Francs, indem man für einen Piaster 5,27 Francs rechnet. In den französischen Kolonien liegt der ursprüngliche Ankaufspreis für 100 kg bei 50 Francs für 100 kg Rohzucker oder 50 Centimes pro kg. Transport und Versicherung belaufen sich auch auf 50 Centimes. Die Zollgebühren liegen bei 49,50 Francs pro 100 kg oder 49,5 Centimes pro kg. Daraus ergibt sich der Endpreis des Rohzuckers zu 1,5 Francs in Häfen wie Le Havre. Der Saft der in gemäßigten Zonen angebauten Runkelrübe enthält nur ein Drittel oder Viertel kristallisierten Zuckers[55] im Vergleich zum Saft des Zuckerrohrs der Tropen. Aber die Runkelrübenfabriken verdienen ihrerseits an ersparten Frachtkosten, Versicherung und Gebühren 10 Sols oder 2/3 des Gesamtpreises pro Pfund Rohzucker der Kolonien. Würde Rohzucker vollkommen durch einheimischen Zucker ersetzt, würden die Zollstationen Frankreichs derzeitig jährlich fast 29 Millionen Francs verlieren.

Berechnung von José Ignacio Echegoyen der Fabrikationskosten des Zuckers etwas übertrieben zu sein. Dieser technisch sehr erfahrene Mann, meinte, dass die Herstellung von 10.000 Arroben Zucker für den Besitzer eine jährliche Ausgabe von 12.767 Piastern bedeuteten, um ein Kapital von 60.000 Piastern zu verdienen. Die Ausgaben wären demnach 55 Franken pro 100 kg. Und wenn man ihren Wert auf 65 Franken festsetzt (ungefähr 24 Piaster pro Kiste), würde das Kapital von 60.000 Piastern, gemäß dieser ungünstigen Berechnungen, nur einen Zins von 3 4/5 % abwerfen. Diese Berechnung, die mir nach Havanna übermittelt wurde, stammt von 1798, aus einer Zeit, als Herstellungskosten, Preis des Landes und der Sklaven weitaus geringer waren als heute. Aber man darf Folgendes nicht vergessen: 1.- Dass Melassezucker und Branntwein, dessen Pipa 25 Piaster kostet und die auf ein Viertel des hergestellten Zuckers ansteigen kann, hier nicht berücksichtigt sind. 2.- Dass Echegoyen seinen Bericht verfasste, um zu beweisen, welch negative Auswirkungen der Zehnte auf die Zuckerproduktion hatte und dass er daher die Kosten der Plantagenbesitzer übertrieben dargestellt hat (s. *RH* III, S. 415; *Patriota*, Tom. II, S. 63 und den schon zitierten Bericht von Diego José Sedano (1812): *Sobre la Decadencia del ramo de Azúcar*, S. 5).
[55]Graf Chaptal: *Chimie appliquée à l'Agriculture*, Tom II, S. 452, berechnet auch nur 210 kg Rohzucker für 10.000 kg Runkelrüben oder 2 $\frac{1}{10}$ % des Gesamtgewichts. Da die gut zerriebenen Wurzeln 70 % Saft ergeben, kann man damit rechnen, dass man in normalen Jahren 3 ½ % Rohzucker aus dem Saft der Runkelrüben gewinnt. In einigen Gebieten, wie z.B. in Touraine, enthält dieser Saft bis zu 5 % kristallisierbaren Zucker, so wie man in Java manchmal mit 25 bis 30 % Zucker im Saft des Zuckerrohrs rechnen kann! Der Ertrag eines Hektars auf dieser Insel weicht indessen für Boden von mittlerer Fruchtbarkeit nur sehr wenig von demjenigen Ertrag ab, den wir für die Insel Kuba errechnet hatten (*RH* III, S. 417). Crawfurd, John (1820): *History of the Indian Archipelago,* Tom. I, S. 476, errechnet den Ertrag für das englische Acre auf Java von 1.285 Pfund raffinierten Zucker = 1.445 kg pro Hektar.

Ein in Europa allgemein verbreiteter Irrtum über die Folgen des Endes des Sklavenhandels beruht auf dem Glauben, in den Antillen, den sogenannten Zuckerkolonien, seien die meisten Sklaven auf Zuckerrohrplantagen angestellt. Ohne Zweifel ist der Zuckeranbau einer der stärksten Beweggründe zur Belebung des Sklavenhandels. Eine einfache Berechnung zeigt jedoch, dass die Gesamtzahl der Sklaven auf den Antillen beinahe dreimal größer ist als die in den Zuckerrohrplantagen gebrauchten Sklaven. Ich habe schon vor 7 Jahren[56] bewiesen, dass die 200.000 Kisten Zucker, die Kuba 1812 exportierte, 30.000 Sklaven weniger benötigt hätten, wenn sie in großen Plantagen erzeugt worden wären. Gegen Vorurteile, die von falschen Berechnungen ausgehen, und unter menschenrechtlichen Gesichtspunkten muss daran erinnert werden, dass die Missstände der Sklavenhalterei auf mehr Individuen lasten, als es die Landwirtschaft erfordert, auch wenn man behauptet (was ich keinesfalls zu tun gewillt bin), dass Zucker, Kaffee, Indigo oder Baumwolle nur von Sklaven angebaut werden können. Auf Kuba rechnet man allgemein für die Herstellung von 1.000 Kisten=184.000 kg Raffineriezucker mit 150 Schwarzen, oder abgerundet, wenig mehr als 1.200 kg pro erwachsener Sklave[57]. Eine Produktion von 440.000 Kisten würde demnach nur 66.000 Sklaven erfordern. Wenn man zu dieser Zahl noch 36.000 für den Kaffee- und Tabakanbau hinzuzählt, wird offensichtlich, dass von den 260.000 Sklaven heutzutage auf Kuba rund 100.000 für die drei großen kolonialen Industriezweige, auf denen die Handelstätigkeit beruht, ausreichen würden. Außerdem wird Tabak fast ausschließlich von Weißen und Freien angebaut. Wir haben weiter oben, gestützt auf die oberste Autorität, das Konsulat von Havanna, dargestellt, dass ein Drittel oder 32 % der Sklaven in den Städten und demnach fern jeglichen landwirtschaftlichen Anbaus lebt. D.h., wenn wir 1. die Zahl der in den Haziendas wohnenden und arbeitsunfähigen Kinder in Betracht ziehen, 2. die Notwendigkeit, in kleinen Plantagen oder bei zerstreuter Anbaufläche viel mehr

---

[56]*RH*, Tom. II, S. 116

[57]Auf Santo Domingo rechnete man auf großen, schönen Plantagen pro 1 4/5 Sklavenanbauer pro Stück Land (Carreau*)*, aber auf den verschiedenen Plantagen auf der gesamten Insel brauchte man gemäß den Schriften vom Marquis Galliffet 3 Sklaven pro Stück Land. Wenn also der Ertrag eines Carreau (zu 1 $\frac{29}{100}$ Hektar) 2.500 kg Rohzucker beträgt, ergibt dies 833 kg pro Sklaven. Moreau de Jonnes hat sogar bewiesen, dass die Berechnung für die Gesamtheit des Anbaugebietes in den französischen Kolonien nur 33 $\frac{1}{3}$ Zentner oder 1.640 kg pro Carreau beträgt (*Commerce au 19e siècle*, Tom. II, S. 308, 311). In Jamaika wird nach Withmore ein Neger nur einem Hogshead Zucker oder 711 kg gleichgesetzt. Bereits der Verfasser der *Représentation du Consulado de la Havane* am Spanischen Hof schien darüber erstaunt, dass Kuba mit weniger Negern mehr Zucker erzeugte als Jamaika (*Documentos*, S. 36). In der handschriftlichen von einem der reichen Besitzer von Havanna verfassten Abhandlung *Sucinta Noticia de la situación de la Isla de Cuba, en Agosto 1800*, finde ich folgende Behauptung: "Derart ist die Fruchtbarkeit unseres Bodens, dass bei uns in den besten Fällen 160 bis 180 Arroben, mindestens 100 Arroben weißer und gelber Zucker auf der ganzen Insel auf einen Neger kommen. Auf Santo Domingo rechnet man mit 60, in Jamaika mit 70 Arroben Rohzucker." Wenn man diese Berechnungen in kg überträgt, ergibt das für Kuba 1.194 kg raffinierten Zucker, für Jamaika 804 kg Rohzucker.

Neger zu gebrauchen, um dieselbe Menge Zucker zu erzeugen wie in ausgedehnten, großen Plantagen, so ergibt sich, dass von 187.000 über die Ländereien verteilten Sklaven mindestens ein Viertel oder 46.000 weder Zucker, Kaffee noch Tabak erzeugen. Der Sklavenhandel ist nicht nur unmenschlich, er ist auch unvernünftig, denn er verfehlt das beabsichtigte Ziel. Es ist wie ein Strom, den man von weither geleitet hat, und wovon in den Kolonien selbst mehr als die Hälfte dem Boden, für den er bestimmt war, wieder entzogen wird. Die ohne Unterlass wiederholen, dass Zucker nur durch schwarze Sklaven angebaut werden kann, scheinen zu ignorieren, dass das Antillenarchipel 1.148.000 Sklaven beherbergt, dass die Gesamtarbeit für Kolonialerzeugnisse der Antillen aber nur von 500.000 bis 600.000[58] von ihnen geleistet wird. Berechnet man den gegenwärtigen Stand der Industrie in Brasilien ist zu fragen, wie viele Hände erforderlich sind, um den aus den Häfen ausgeführten Zucker, Kaffee und Tabak dem europäischen Handel zuzuführen. Man sollte die heutzutage so schwach bearbeiteten Goldminen besuchen und alsdann die Frage beantworten, ob es die brasilianische Industrie erfordert, 1.960.000 schwarze und Mulattensklaven zu unterhalten. Über drei Viertel dieser brasilianischen Sklaven[59] sind weder mit Goldwaschen noch mit dem Anbau von Kolonialerzeugnissen beschäftigt, von Erzeugnissen, die wie ernsthaft versichert wird, den Sklavenhandel zum notwendigen Übel, zum unvermeidlichen politischen Verbrechen machen!

4.2 Kaffee

Der Anbau des Kaffeestrauchs beginnt vornehmlich in den Jahren 1796 und 1798 mit Ankunft der Emigranten aus Santo Domingo, ebenso wie die Verbesserung der Installationen der Siedekessel in den Zuckerrohrplantagen. Ein Hektar erzeugt 860 kg als Ertrag von 3.500 Sträuchern.

Kaffeeplantagen in der Provinz Havanna

1800	60
1817	779

Da der Kaffeestrauch erst im vierten Jahr gute Ernte liefert, war der Kaffeeexport Havannas 1804 noch sehr gering, stieg später gewaltig an:

---

[58]Um nachzuweisen, dass diese Rechnung keineswegs übertrieben ist, erinnern wir daran, dass die Ausfuhr vom Antillenarchipel 287.000.000 Zucker und 38.000.000 kg Kaffee beträgt und dass sich für die Erzeugung des ausgeführten Zuckers und Kaffees der Bedarf von 435.000 Landarbeitern ergibt. Erhöht man diese Zahl je nach Wunsch um ein Drittel oder um die Hälfte, um der Minderjährigen willen und wegen des minderen Ertrags der kleineren Plantagen, so wird man doch immer noch 652.000 gegenüber 1.148.000 Sklaven von jedem Alter und Geschlecht auf dem ganzen Antillenarchipel errechnen (s. *RH*, Tom. III, S. 338). Das Konsulat nahm 1811 auf Kuba für die Städte 69.000 und auf dem Land 143.000 Sklaven an.
[59]Ein sehr aufgeklärter Reisender, Caldcleugh: *Travels in South America*, Tom. I, S. 79, berechnet die Anzahl der brasilianischen Sklaven ebenfalls auf 1.800.000, obwohl er vermutet, dass die Gesamtbevölkerung nur 3.000.000 beträgt.

Kaffeeexport vom Hafen Havannas 1804 - 1824

1804	50.000 Arroben	1819	642.716 Arroben
1809	320.000	1820	686.046
1815	918.263	1822	501.429
1816	370.229	1823	895.924
1817	709.351	1824	661.674
1818	779.618		

Diese Zahlen weisen große Schwankungen auf, teils infolge der Umgehung des Zolls, teils wegen der unterschiedlichen Ernten, denn die nicht sehr zuverlässigen Daten der Jahre 1815, 1816 und 1823 sind kürzlich in den Zollregistern überprüft worden. Als der Kaffeepreis 1815 bei 15 Piastern pro Zentner lag, betrug die Ausfuhr über 3.443.000 Piaster. 1823 führte *Matanzas* 84.440 Arroben aus, so dass außer Zweifel steht, dass in Jahren durchschnittlicher Fruchtbarkeit der Gesamtexport der Insel auf legalen und illegalen Wegen über 14.000.000 kg umfasste.

I. Durchschnittliche beim Zoll registrierte Ausfuhr von 1818 bis 1824:

    a) Havanna — 694.000 Arroben

    b) *Matanzas, Trinidad, Santiago de Cuba,* etc. — 220.000 Arroben

II. Illegale[60] Ausfuhr: — 304.000 Arroben

          Summe — 2.218.000 Arroben

Aus dieser Berechnung ergibt sich, dass die Kaffeeausfuhr von der Insel Kuba die Javas, die 1820 von Crawfurd auf 190.000 Piculs oder 11 4/5 Millionen kg geschätzt wurde, sowie die Jamaikas übertrifft, die sich 1823 gemäß der Zollregister nur auf 169.734 cwt oder 8.622.478 kg belief. Im selben Jahr hat Großbritannien aus den gesamten britischen Antillen 194.820 cwt oder 9.896.856 kg erhalten, was beweist, dass Jamaika allein davon 6/7 erzeugt hat. Guadalupe hat 1810 dem Mutterland 1.017.190 kg geliefert, Martinique 671.336 kg. Auf Haiti, wo die Kaffeeproduktion vor der französischen Revolution 37.240.000 kg betrug, sind von Port au Prince 1824 nur 91.544.000 kg ausgeführt worden. Es scheint, dass sich heute die gesamte Kaffeeausfuhr des Antillenarchipels auf legalem Wege auf über 38.000.000 kg beläuft. Das ist beinahe das Fünffache des Konsums Frankreichs, der 1820 - 1823 durchschnittlich 8.198.000 kg[61] betrug. Der Verbrauch in Großbritannien beläuft sich erst[62] auf 3.500.000 kg. Aber Handel und Produktion dieses

---

[60]Gemäß Nachforschungen vor Ort ist die illegale Kaffeeausfuhr weitaus beträchtlicher als die des Zuckers. Ich habe erstere mit 1/3 und zweitere mit ¼ bezüglich der registrierten Ausfuhrmengen berechnet. Die Kaffeesäcke, die 5 Arroben enthalten müssen, enthalten oft 7 bis 9. Man hat daher auch in der letzten Zeit den Besitzern eine eidesstattliche Erklärung abverlangt.

[61]Rodet: *Sur le commerce extérieur,* S. 153. Von diesen 8.000.000 kg Kaffee scheint man in Paris allein 2.500.000 kg zu verbrauchen, s. Chateauneuf (1821): *Recherches sur les consommations de Paris,* S. 107.

[62]Als die Kaffeesteuer vor 1807 reduziert wurde, betrug der Konsum in Großbritannien 8.000 cwt, weniger als 500.000 kg, 1809 stieg er auf 45.071 cwt an, 1810 auf 49.147 cwt, 1823 auf 71.000 cwt, 1824 auf 66.000 cwt oder 3.552.800 kg, s.

Nahrungsmittels sind in beiden Hemisphären derart angestiegen, dass Großbritannien in den verschiedenen Handelszeiträumen Kaffee ausgeführt hat:

Kaffeeausfuhr Großbritanniens 1788 - 1823 in cwt zu 50,8 kg

1788	30.862	1818	456.615
1793	96.167	1821	373.251
1803	268.392	1822	321.140
1812	641.131	1823	296.942
1814	1.193.361		

1814 wurden 60.500.000 kg exportiert, was zu jener Zeit als Gesamtkonsum Europas angesehen werden kann. Großbritannien (wir verstehen diese Bezeichnung immer im wahrsten Sinne des Wortes, nur für England und Schottland) konsumiert heutzutage fast zweieinhalbmal weniger Kaffee und dreimal mehr Zucker als Frankreich.

So wie der Zuckerpreis in Havanna pro Arrobe zu 25 spanischen Pfund berechnet wird, wird der Kaffeepreis immer pro Zentner oder 45,97 kg berechnet. Dieser Preis oszilliert zwischen 4 und 30 Piastern. 1808 sank er sogar unter 24 Reale. Die Preise von 1815 und 1819 lagen zwischen 13 und 17 Piastern pro Zentner. Heute kostet der Kaffee 12 Piaster. Es ist wahrscheinlich, dass der Kaffeeanbau auf ganz Kuba kaum 28.000 Sklaven beschäftigt, die durchschnittlich pro Jahr 305.000 spanische Zentner = 14.000.000 kg produzieren, oder gemäß dem derzeitigen Wert, 3.600.000 Piaster. Während 66.000 Neger 440.000 Kisten oder 81.000.000 kg Zucker herstellen, die zu 24 Piastern berechnet, einen Wert von 10.560.000 Piastern ergeben. Aus dieser Berechnung ergibt sich, dass zur Zeit ein Sklave Kaffee im Wert von 130 Piastern und Zucker im Wert von 160 Piastern herstellt. Es ist überflüssig darauf hinzuweisen, dass dieses Verhältnis mit dem Preis beider Waren variiert, deren Veränderungen oft gegenläufig sind und dass ich in diesen Berechnungen, die einiges Licht auf die Landwirtschaft in den Tropen werfen, inneren Konsum und Ausfuhr auf legalem und illegalem Wege zusammenfasse.

4.3 Tabak

Berühmt ist Kubas Tabak in allen Teilen Europas, wo die den Eingeborenen Haitis entlehnte Gewohnheit des Rauchens gegen Ende des 16. und zu Beginn des 17. Jahrhunderts eingeführt wurde. Es wurde allgemein erwartet, dass der Tabakanbau, sobald er von den Hemmnissen eines verhassten Monopols befreit wäre, für Havanna eine sehr bedeutende Handelssparte sein würde. Die wohlwollenden Absichten der Regierung seit 6 Jahren durch Abschaffung des staatlichen Unternehmens *Factoria de tabacos* haben diesem Industriezweig nicht die gewünschten Verbesserungen gebracht. Den Plantagenbesitzern mangelt es an Kapital, die Landpacht ist äußerst teuer geworden und die Bevorzugung des Kaffeeanbaus schadet dem des Tabaks.

Die ältesten Daten, über die wir bezüglich der von Kuba an die Geschäfte des Mutterlandes verkaufte Tabakmenge verfügen, gehen auf das Jahr 1748 zurück.

(1822): *Report of Commerce of the Liverpool East-India Association*, S. 38 und Nichols (1825): *Lond. Price Current*, S. 63.

Nach Raynal, einem weitaus präziseren Autor als man allgemein glaubt, betrug diese Menge zwischen 1748 und 1753 im Jahresdurchschnitt 75.000 Arroben. Von 1789-1794 war der Ertrag Kubas jährlich auf 250.000 Arroben gestiegen. Aber seit dieser Zeit ist die Produktion bis 1803 durch die Verteuerung des Bodens, die ausschließlich den Kaffee- und Zuckerrohr-plantagen zugewandte Aufmerksamkeit, die kleinen Querelen auf Grund der Ausübung des königlichen Monopols und die Hemmnisse des Außenhandels nach und nach auf mehr als die Hälfte gesunken. Man glaubt jedoch, dass die Gesamttabakproduktion Kubas von 1822 bis 1825 neuerlich auf 300.000 bis 400.000 Arroben angestiegen ist.

Der Eigenverbrauch der Insel beträgt über 200.000 Arroben. Bis 1761 lieferte die Handelsgesellschaft Havannas den königlichen Fabriken der Halbinsel gemäß immer wieder neu abgeschlossenen Verträgen mit dem königlichen Schatzamt den kubanischen Tabak. Das staatliche Unternehmen *Factoría de Tabacos* ersetzte diese Handelsgesellschaft und machte das Monopol selbst geltend. Man setzte die den Landwirten zu zahlenden Preise in 3 verschiedenen Klassen herab, 1804 6, 3 und 2,5 Piaster pro Arrobe. Wenn man die verschiedenen Preise mit den produzierten Mengen vergleicht, ergibt sich, dass die königliche Gesellschaft für Tabakblätter einen Durchschnittspreis von 16 Piastern pro Zentner bezahlte. Auf Grund der Fabrikation kostete das Pfund Zigarren die Verwaltung in Havanna selbst 6 Reale oder 0,75 Piaster, das Pfund pulverisierten Tabak 3 ½ Reale und die ebenfalls pulverisierte sevillanische Sorte (*polvos suaves*) 1 ½ Reale.

In guten Jahren, wenn die Ernte (Ertrag der Vorschüsse, die die königliche Gesellschaft den minder begüterten Landwirten machte) auf 350.000 Arroben Blätter anstieg, stellte man 128.000 Arroben für die Halbinsel, 80.000 für Havanna, 9.200 für Peru, 6.000 für Panama, 3.000 für Buenos Aires, 2.240 für Mexiko und 1.000 für Caracas und Campeche[63] her. Um die Menge von 315.000.000 (durch Schwund und Schäden bei Herstellung und Transport geht 1/10 des Gewichts der Ernte verloren) zu vervollständigen, muss angenommen werden, dass 80.000 Arroben auf der Insel selbst verbraucht wurden, wo Monopol und Gesellschaft ihre Herrschaft nicht geltend machten. Unterhalt von 120 Sklaven und Herstellungskosten beliefen sich jährlich nur auf 12.000 Piaster, aber die Angestellten der Gesellschaft kosteten 54.100 Piaster[64]. Der Wert der 128.000 Arroben, die man in guten Jahren nach Spanien versandte, sei es als Zigarren, sei es als Tabak in Pulverform, überschritt oft gemäß den in Spanien herrschenden Preisen 5.000.000 Piaster. Es ist erstaunlich, dass die Ausfuhrlisten in Havanna (vom Konsulat veröffentlichte Dokumente) unter den Exporten für das Jahr 1816 nur 3.400 Arroben aufführen, für 1823 13.900 Arroben Zigarren und 71.000 Pfund gebündelten Tabak, der durch den Zoll insgesamt mit 281.000 Piaster berechnet

---

[63]*De la situación actual de la Real Factoría de la Havana en Abril 1804* (Handschriftliches offizielles Manuskript). In Sevilla hatte man zeitweilig 1.000.000 bis 12.000.000 Pfund Tabak gelagert, der Gewinn des Tabakhandels betrug in guten Jahren auf der Halbinsel 6.000.000 Piaster.

[64]Aus den im Jahr 1822 bekanntgemachten Etats des königlichen Schatzamtes wird ersichtlich, dass nach Auflösung der Tabakgesellschaft in Havanna der Unterhalt des Gebäudes und die Pensionen der Angestellten jährlich noch 18.600 und 24.800 Piaster kosteten.

wurde. Für 1825 wurden nur 70.302 Pfund Zigarren und 167.100 Pfund Blatt- und Rippentabak angegeben. Dabei ist zu beachten, dass kein Schmuggel stärker betrieben wird als Tabakschmuggel. Obwohl der Tabak des westlichen Teils der Insel (*Vuelta de abajo*) der bekannteste ist, gibt es auch eine bedeutende Ausfuhr vom Ostteil der Insel. Ich zweifle ein wenig an der Gesamtausfuhrzahl, 200.000 Zigarrenkisten im Wert von 2.000.000 Piastern, die einige Reisende für diese letzten Jahre angeben. Wenn die Ernten so ergiebig waren, warum erhielt Kuba dann von den Vereinigten Staaten Tabak für die unteren Volksschichten?

Nach Zucker, Kaffee und Tabak, den drei Erzeugnissen von höchster Bedeutung, will ich weder von Baumwolle, noch Indigo und Weizen Kubas sprechen. Diese Bereiche der Kolonialindustrie haben sehr wenig Bedeutung und die Nähe der Vereinigten Staaten und Guatemalas machen die Konkurrenzfähigkeit der Insel fast zunichte. Der Staat Salvador, welcher gegenwärtig zur Föderation von Zentralamerika gehört, liefert heute jährlich 12.000 Tercios oder 1.800.000 Pfund Indigo, eine Ausfuhrmenge im Wert von über 2.000.000 Piaster. Der Weizenanbau hat zum größten Erstaunen der Mexiko-Reisenden in *Cuatro Villas* auf kleinen Hügeln über dem Ozean Erfolg, obwohl er im allgemeinen nur wenig entwickelt ist. Das Mehl ist gut, aber die Kolonialerzeugnisse haben für den Landwirt größeren Anreiz und die Äcker der Vereinigten Staaten, dieser Krim der Neuen Welt, ergeben allzu reiche Ernten, als dass der Handel einheimischer Getreide durch das Verbotssystem der Zollämter auf einer den Mündungen des Mississippi und des Delaware vorgelagerten Insel wirksam geschützt werden könnte. Ähnliche Schwierigkeiten stehen Flachs-, Hanf- und Weinanbau entgegen. Die Bewohner Kubas wissen vielleicht selbst nicht, dass man in den ersten Jahren der spanischen Eroberung damit begann, aus wilden Trauben[65] Wein herzustellen. Diese in Amerika heimischen Rebsorten haben den weitverbreiteten Irrtum begründet, nach dem die echte Vitis cinifera beiden Festländern angehören soll. Die Bergreben (*parras monteses*), welche den "etwas sauren Wein der Insel Kuba" ergaben, waren wahrscheinlich die Frucht der Vitis tiliaefolia, welche Willdenow nach unseren Herbarien beschrieben hat. Nirgends auf der nördlichen Halbkugel sind bis dahin auf der nördlichen Halbkugel Reben zur Weinerzeugung gepflanzt worden[66], südwärts von 27º48' oder der Breite der zu den

---

[65]Herrera: *Dec. I* , S. 233: "Aus vielen Weintrauben der Berge hat man einen etwas sauren Wein hergestellt." Gabriel de Cabrera fand auf Kuba eine Tradition vor, welche die Völker semitischer Rasse von Noah übernommen haben, indem sie zum ersten Mal die Auswirkungen eines fermentierten Likörs spürten. Er fügt hinzu, es knüpfe sich an diese amerikanische Tradition die Vorstellung zweier Menschenrassen, einer nackten und einer bekleideten. Hat Cabrera, der sich mit hebräischen Mythen beschäftigte, etwa die Worte der Eingeborenen falsch verstanden, oder, was wahrscheinlicher ist, hat er eine neue Charakteristik hinzugefügt zu den Analogien des Weibes mit der Schlange, des Kampfes der zwei Brüder, der großen Wasserflut, des Floßes von Coxcox, des Ausspähervogels und so manch anderer Mythen, die uns unzweifelhaft dartun, dass ein Zusammenhang alter Überlieferungen zwischen den Völkern beider Welten vorhanden war? Vgl. meine *Vues des Cordillères et Monuments de l'Amérique*, Pl. XIII u. XXVI; Tom. I, S. 114, 235, 237, 376; Tom. II, S. 14, 128, 175, 177, 199, 392 (Octavausgabe).
[66]Leopold von Buch (1825): *Phys. Beschreibung der Canarischen Inseln*, S. 124

kanarischen Inseln gehörenden Insel Ferro, 29º2' oder auf der Breite von Buschir in Persien.

4.4 Wachs

Wachs ist kein Erzeugnis heimischer (Meliponen von Latreille), sondern der über Florida aus Europa eingeführten Bienen. Der Handel mit Wachs ist erst seit 1772 von großer Bedeutung. Die Ausfuhr der gesamten Insel, die zwischen 1774 - 1779 durchschnittlich pro Jahr nur 2.700 Arroben betrug, wurde 1803 (Schmuggel inbegriffen) auf 42.700 Arroben berechnet, davon 25.000 für Veracruz bestimmt. In den Kirchen in Mexiko wird viel kubanisches Wachs benutzt. Die Preise bewegen sich zwischen 16 und 20 Piaster pro Arrobe.

Wachsausfuhr Havannas gemäß der Zollregister 1815 - 1825

1815	23.398 Arroben	1820	16.939 Arroben
1816	22.365	1822	14.450
1817	20.076	1823	15.692
1818	24.156	1824	16.058
1819	19.373	1825	16.505

Trinidad und der kleine Hafen *Baracoa* treiben auch viel Handel mit Wachs aus den recht öden Gebieten im Osten der Insel. In der Nähe der Zuckersiedereien sterben viele Bienen durch Übersättigung an Melassezucker, nach dem sie sehr begierig sind. Im allgemeinen nimmt die Wachsproduktion in dem Maße ab, wie der landwirtschaftliche Anbau zunimmt. Nach den heutigen Wachspreisen macht die legale und illegale Ausfuhr dieses Erzeugnisses 500.000 Piaster aus.

4.5 Handel

Wir haben schon an anderer Stelle darauf hingewiesen, dass die Bedeutung des Handels Kubas nicht allein auf dem Reichtum der Erzeugnisse und der Bedürfnisse der Bevölkerung an europäischen Waren beruht, sondern auch großenteils auf der glücklichen Lage des Hafens von Havanna am Eingang vom Golf von Mexiko, dort, wo sich die großen Handelsstraßen der beiden Welten kreuzen. Abt Raynal hat zu einer Zeit gesagt, da sich Landwirtschaft und Industrie noch in den Kinderschuhen befanden und der Handel mit Zucker und Tabak kaum den Wert von 2.000.000 Piastern erreichte: "Die Insel ist allein schon für Spanien ein Königreich wert". Diese denkwürdigen Worte hatten etwas Prophetisches. Seitdem das Mutterland Mexiko, Peru und viele andere Staaten durch Unabhängigkeitserklärungen verloren hat, sollten diese Worte ernsthaft von Staatsmännern erwogen werden, die dazu berufen sind, über die politischen Interessen der Halbinsel zu diskutieren.

Kuba, dem der Madrider Hof klugerweise seit langer Zeit große Handelsfreiheit gewährt, führt auf legalem und illegalem Wege eigene Erzeugnisse wie Zucker, Kaffee, Tabak, Wachs und Häute im Wert von mehr als 14.000.000 Piastern aus. Es stimmt bis auf ein Drittel mit der Menge überein, die Mexiko zur Zeit der größten Blüte[67] seiner Bergwerke an Edelmetallen lieferte. Es kann behauptet werden, dass Havanna und Veracruz für das restliche Amerika das ist, was New York für die Vereinigten Staaten. Die Ladungen von 1.000 bis 1.200 Handelsschiffen, die jährlich in den Hafen von Havanna einfahren, umfassen 150.000 bis 170.000 Tonnen[68]. Außerdem sieht man mitten in Friedenszeiten 120 - 150 Kriegsschiffe in Havanna anlegen. 1815 - 1819 haben die Erzeugnisse, die im einzigen Zollamt dieses Hafens registriert waren (Zucker, Zuckerrohrschnaps, Melassezucker, Kaffee, Wachs und Leder) im Jahresdurchschnitt den Wert von 11.245.000 Piastern erreicht. 1823 haben die registrierten Exportwaren (ohne 1.179.000 Piaster in bar) zu weniger als zwei Dritteln ihres wirklichen Wertes mehr als 12.500.000 Piaster betragen. Es ist sehr wahrscheinlich, dass die legale und illegale Einfuhr der ganzen Insel nach realer Bewertung ihrer Waren, Handelsobjekte und Sklaven heutzutage 15 bis 16.000.000 Piaster beträgt, von denen 3 oder 4.000.000 von Neuem exportiert werden. Havanna kauft im Ausland weitaus größere Mengen als für den Eigenbedarf nötig wären. Es tauscht seine Kolonialwaren gegen europäische Produkte, um Teile davon wiederum nach Veracruz, Trujillo, La Guaira und Cartagena zu verkaufen.

Die folgenden Erläuterungen betreffen die Handelsbilanzen von 1816 und 1823. Ich habe keine Zahl darin verändert, weil sie die unteren Mindestgrenzbeträge angeben (dies bedeutet schon einen erheblichen Vorzug bei der schwierigen Ermittlung von Beträgen). In diesen Aufstellungen gibt es weder Warenpreise am Ursprungsort noch jene, die in den Seehäfen als Kurspreise betrachtet werden können, vielmehr nur fiktive Schätzungen der offiziellen Werte, wie man es im britischen Zollsystem[69] zu nennen pflegt. Diese Zahlen liegen, und hierauf kann nicht oft genug hingewiesen werden, wenigstens um ein Drittel unter den zur Zeit gültigen Preisen. Um vom gegenwärtigen Handelsvolumen Havannas gemäß der spanischen Zollregister einen Einblick in das Handelsvolumen der ganzen Insel zu erlangen, müsste man die registrierten Exporte und Importe aller anderen Häfen kennen und ihren Gesamtbetrag um den des illegalen Handels, der von Jahr zu Jahr je nach Ort, Ware und Preis variiert, anheben. Derartige Berechnungen können von den örtlichen Behörden nur geschätzt werden. Aber was von diesen Behörden im mit viel Geschick gegen die spanische Krone geführten Kampf bekanntgemacht wurde, beweist, dass sie sich selbst nicht zu einer so umfassenden Arbeit in der Lage fühlen.

---

[67]1805 wurden in Mexiko Gold- und Silbermünzen im Wert von 27.165.888 Piastern geprägt. Wenn wir jedoch die 10 Jahre zwischen 1800 und 1810 als politisch ruhig ansehen, ergab dieser Zeitraum nur 24.500.000 Piaster.

[68]1816 umfassten die Ladungen des Handels von New York 299.617 Tonnen, die von Boston 143.420 Tonnen. Die Schiffskapazität ist jedoch kein exaktes Maß für den Umfang des Handelsverkehrs. Länder, die Reis, Mehl, Bauholz und Baumwolle exportieren, benötigen mehr Ladungen als die tropischen Länder, deren Erzeugnisse (Cochenille, Indigo, Zucker und Kaffee) wenig Volumen aufweisen, obwohl sie einen beträchtlichen Wert haben.

[69]In diesem System unterscheidet man zwischen dem wirklichen Preis, dem *official value,* und dem *declared* und *bona fide value.*

Die Regierung und das Königliche Konsulat lassen jährlich allein für den Hafen von Havanna als Handelsbilanz den Stand der von den Zollämtern registrierten Ausfuhren und Einfuhren verfassen. Man unterscheidet in diesen Verzeichnissen die Importe nationaler (spanischer) und fremder Schiffe von den Exporten nach der spanischen Halbinsel und den spanischen Häfen Amerikas und der außerhalb der Herrschaft der Spanischen Krone gelegenen Häfen. Gewicht der Waren, Wert sowie städtische und königliche Gebühren werden addiert. Aber die offiziellen Berechnungen der Warenpreise liegen, wie schon erwähnt, unter den ortsüblichen Preisen[70].

1816

A. EINFUHR		13.219.986 Piaster
durch 336 spanische Schiffe		5.980.443 Piaster
Erzeugnisse und Waren	1.032.135	
afrikanische Sklaven	2.659.950	
Gold und Silber	2.288.358	
durch 672 fremde Schiffe		7.239.543
1.008 Schiffe		13.219.986
B. AUSFUHR		8.363.135 Piaster
durch 497 spanische Schiffe		5.167.966 Piaster
nach der spanischen Halbinsel	2.419.224	
nach den spanischen Häfen Amerikas	2.104.890	
nach den Küsten Afrikas	643.852	
	5.167.966	
durch 492 fremde Schiffe		3.195.169
989 Schiffe		8.363.135

Gegenüber der Einfuhrartikel im Wert von 2.439.991 Piastern betrug die registrierte Ausfuhr in Gold und Silber nur 480.840 Piaster.

Eingeführte Waren

Mehl	71.807 Fass / 718.921 Piaster		Seide	282.382 Piaster
Europäische Weine und Liköre	463.067		Leinen	3.226.859
Pökelfleisch, Esswaren und Gewürze	1.096.791		Eisenwaren	330.368
Tücher und andere Wollstoffe	103.224		Papier	61.486
Möbel, Kristall, Kurzwaren	267.312		Kleidung	127.681
Bretter und anderes schon bearbeitetes (Bau-)Holz	285.217		Leder und Häute	135.103

[70]Die eingeführten Neger werden z.B. zu je 150 Piaster berechnet, die Mehlfässer zu je 10 Piaster. Nach dem Gesamtwert der angeblichen Handelsbilanz habe ich den Betrag von Gold und Silber angegeben, das Kuba nur durchlaufen hat. Um eine ungefähre Vorstellung vom internen Verbrauch Kubas und seiner Bedürfnisse an europäischen Manufakturerzeugnissen zu bekommen, habe ich dieselben Artikel bei den Exporten und Importen aufgeführt.

Ausgeführte Waren

Mehl	10.965 Fass /	145.254 Piaster	Weine und Liköre	111.466 Piaster
Pökelfleisch und Esswaren		227.274	Kleidung	4.825
Seide		47.872	Leinen	1.529.610
Möbel, Kristall, Kurzwaren		29.000	Papier	20.497
Zucker	3.207.792 Arroben /	3.962.709	Eisenwaren	99.581
Kaffee	370.229 Arroben /	847.729	Gegerbte Häute	19.978
Wachs	22.365 Arroben /	169.683		

1823

A. EINFUHR		13.698.735 Piaster
	durch spanische Schiffe	3.562.227 Piaster
	durch fremde Schiffe	10.136.508
B. AUSFUHR		12.329.169 Piaster
	durch spanische Schiffe	3.550.312 Piaster
	durch fremde Schiffe	8.778.857

Anzahl der in Havanna eingelaufenen Schiffe mit insgesamt	167.578 Tonnen:	1.125
Anzahl der aus Havanna ausgelaufenen Schiffe mit insgesamt	151.161 Tonnen:	1.000

Im Handelsverzeichnis registrierte einheimische Exportprodukte

95.884	Kisten weißer Zucker	30.145	Bocois Melassezucker
204.327	Kisten gelber Zucker	13.879	Arroben Zigarren
672.007	Arroben Kaffee, 1. Qualität	71.108	Pfund gebündelter Tabak
223.917	Arroben Kaffee, 2. Qualität	26.610	Lederteile der Insel Kuba
15.692	Arroben Wachs	3.368	Garaffen Bienenhonig

In geprägter Münze eingeführtes Gold und Silber:	1.179.034 Piaster
In geprägter Münze ausgeführtes Gold und Silber:	1.404.584 Piaster

Eingeführte Waren

Kleidung	213.236 Piaster	Leinen und Zwirn	2.071.083 Piaster
Seide	459.869	Baumwolltücher, Musselinstoffe	1.021.827
Tücher	163.962	Pökelfleisch, Reis,	3.269.901
		Esswaren und Gewürze	
Mehl	74.119 Fass / 889.428	(Dörrfleisch	431.464 Arroben / 701.129
Wein, Likör	1.119.437	Reis	348.301 Arroben / 348.301
Eisenwaren	288.697	Fett	89.947 Fass / 259.941
Papier	35.186 Ries / 158.337	Kurzwaren, Möbel, Kristall,	464.328
		Porzellan	
Talg	42.512 Arroben / 170.050	Kastilianische Seife	53.441 Arroben / 213.764
Bretter, bearbeitetes Bauholz	353.765		

Ausgeführte Waren (außer den oben schon angegebenen Landesprodukten)

Leinwand, Zwirn	29.526 Piaster	Baumwollerzeugnisse	69.049 Piaster
Seide	11.316	Wollstoffe	9.633
Eisenwaren	63.149	Möbel, Kristall, Kurzwaren	8.046
Papier	5.572 Ries / 22.288	Bretter, bearbeitetes Bauholz	23.453

Wein, Likör   49.286   Pökelfleisch, Esswaren, Gewürze   86.882
Papier   15.322 Ries /   27.772

In/Aus Havanna ein- und ausgelaufene Handels- und Kriegsschiffe 1799 - 1803

1799	883	1802	845
1800	784	1803	1.020
1801	1.015	Jahresdurchschnitt :	905

Die Zuckerausfuhr wurde damals mit 40.000 Tonnen angegeben. Von 1815 bis 1819 liefen durchschnittlich 1.192 Schiffe pro Jahr ein, davon waren 226 spanische, 966 ausländische. 1820: 1.305 eingelaufene Schiffe, davon 288 spanische; 1.230 ausgelaufende Schiffe, davon 919 ausländische.

In/Aus Havanna ein- und ausgelaufene Handelsschiffe   1821 - 1824

Jahr	Eingänge	Ausgänge	Kommentar
1821	1.286	1.168	Von 1.268 nur 258 spanische, 95 Kriegsschiffe, davon 53 spanische.
1822	1.182	1.118	Von 1.182 843 fremde, 141 Kriegsschiffe, davon 72 spanische
1823	1.168	1.144	Von 1.168 zu 167.578 Tonnen 274 spanische, 708 aus USA, 149 Kriegsschiffe, davon 61 spanische, 54 aus USA, 34 engl. und franz.
1824	1.086	1.088	Von 1.086 890 fremde, 129 Kriegsschiffe, davon 59 spanische

AUSFUHR[71] DER INSEL KUBA ÜBER DEN HAFEN VON HAVANNA 1815 - 1819

JAHRE	KISTEN RAFFI NIERTER ZUCKER zu 184 kg	PIPAS ZUCKER- ROHR- SCHNAPS	FÄSSER MELAS- SENZU- CKER	ARROBEN KAFFEE zu 11,5 kg	ARROBE N WACHS zu 11,5 kg	HÄUTE UND LEDER	WERT: DURCH- SCHNITT SPREISE in Piaster
1815	214.111	3.000	17.874	918.263	23.398	60.000	11.955.705
1816	200.487	1.860	26.793	370.229	22.365	80.000	10.171.872
1817	217.076	---	30.759	709.351	20.076	60.000	10.691.219
1818	207.378	3.219	34.994	779.618	24.156	60.000	21.628.248
1819	192.743	2.830	30.845	642.716	19.373	60.000	10.776.997
Summe	1.031.795	10.909	141.265	3.420.177	109.368	320.000	56.224.041
Jahresdurch schnitt	206.359	2.182	28.253	684.035	22.233	64.000	11.244.808

Wenn man in den Handelstabellen Havannas die hohen Werte der importierten Waren mit denen der wieder ausgeführten Waren vergleicht, fällt auf, wie bedeutend schon der innere Konsum des Landes mit nur 325.000 weißen und 130.000 farbigen freien Einwohnern ist. Wenn man die verschiedenen Artikel nach

---

[71]In dieser Tabelle der über 5 Jahre hinweg registrierten Produkte wurde die Kiste Zucker nach und nach zu 16 und 12 Realen, 22 und 18 Realen, 20 und 16 Realen, 22 und 18 Realen und 20 und 16 Realen berechnet; die Pipa Zuckerrohrschnaps zu 35 Piastern, das mittlere Fass Melassezucker zu 7 Realen, der Zentner Kaffee zu 15,15,12,16 und 16 Piastern, die Arrobe Wachs zu 16 Piastern.

den geltenden Preisen berechnet, ergeben sich an Leinwand und Zwirn 2.000.000 - 3.000.000 Piaster, an Baumwollstoffen 1.000.000 Piaster, an Seidenstoffen 400.000 P. an Wolltüchern und -stoffen 220.000 P. Die Bedürfnisse der Insel an europäischen Stoffen, die allein im Hafen von Havanna beim Export registriert sind, haben demnach in den letzten Jahren 4.000.000 bis 4.500.000 Piaster überstiegen. Diesen legalen Importen Havannas sind hinzuzufügen: Kurzwaren und Möbel, über 500.000 Piaster, Eisen und Stahl 380.000 P., Bretter und behauenes Bauholz 400.000 P., Kastilianische Seife 300.000 P. Was die Einfuhr von Esswaren und Getränken allein für Havanna betrifft, scheint sie mir der Aufmerksamkeit derer sehr wert zu sein, die den wahren Zustand der Gesellschaften, genannt Zucker- und Sklavenkolonien, kennen lernen wollen. Die Struktur dieser Gesellschaften, die sich auf dem fruchtbarsten Boden, den die Natur der Ernährung des Menschen bieten kann, etabliert hat und die Steuerung der Landwirtschaft und der Industrie auf den Antillen sind so beschaffen, dass es in diesem gesegneten Klima der äquatorialen Gegend der Bevölkerung ohne Freiheit und Aktivitäten des Außenhandels an Substanz fehlen würde. Ich spreche hier weder von der Weineinfuhr über den Hafen Havanna, der 1803 gemäß den Zollregistern 40.000 Fässer, 1823 15.000 Pipas und 17.000 Fass im Wert von 1.200.000 Piastern betrug, noch der Einfuhr von 6.000 Fass Branntwein aus Spanien und Holland und 113.000 Fass im Wert von 1.864.000 Piastern Mehl. Diese Weine, Liköre, dieses Mehl im Werte von mehr als 3.300.000 Piastern gehören zum Konsum der gehobenen Klassen der Nation. Das Getreide von den Vereinigten Staaten ist in einem Gebiet, wo man lange Zeit Mais, Maniok und Bananen allen anderen stärkemehlartigen Nahrungsmitteln vorzog, zu einem wirklichen Bedürfnis geworden. Es wäre kein Grund vorhanden, sich über die Entwicklung eines völlig europäischen Luxus inmitten des wachsenden Wohlstands und der Zivilisation von Havanna zu beklagen. Aber neben der Einfuhr von Mehl, Wein und Likör aus Europa, wurden im Jahre 1816 für 1.500.000 Piaster, 1823 für 3.500.000 Piaster Pökelfleisch, Reis und Hülsenfrüchte importiert. 1823 betrug die Reiseinfuhr in Havanna laut offizieller Angaben, ohne den Schmuggel zu berücksichtigen, 323.000 Arroben, die Einfuhr des für die Nahrung der Sklaven so notwendigen Pökelfleisches 465.000 Arroben.

Dieser Mangel an Nahrungsmitteln charakterisiert den Teil der Tropen, wo Europäer unvorsichtig und negativ in die Ordnung der Natur eingegriffen haben. Dieser Mangel wird in dem Maße abnehmen, wie die Einwohner, sobald sie sich über ihre eigenen Interessen im Klaren und durch niedrige Preise der Kolonialwaren entmutigt sind, ihre Anbaugewohnheiten ändern und allen Zweigen der Landwirtschaft Auftrieb geben werden. Prinzipien einer engstirnigen und kleinlichen Politik, die in den Verwaltungen sehr kleiner Inseln vorherrschen, die wahrhaftige Werkstätten vollkommener Abhängigkeit von Europa sind und in denen Menschen arbeiten, die das Land alsbald verlassen, wenn sie sich daran genügend bereichert haben, können unschwer einem Land zum Vorteil sein, das fast dieselbe Ausdehnung wie England hat, das voll von dichtbevölkerten Städten ist und das von der Bevölkerung schon seit mehreren Generationen nicht als fremdes Ausland sondern als wirkliche Heimat betrachtet wird. Die Bevölkerung der Insel Kuba, die in 50 Jahren vielleicht eine Million überschreiten wird, kann schon durch den Eigenverbrauch der einheimischen Industrie ein weites Feld eröffnen. Wenn der Sklavenhandel ganz aufhört, werden die Sklaven nach und nach zur Klasse der Freien übergehen und eine aus neuen Gruppen gebildete Gesellschaft wird, ohne den heftigen Erschütterungen bürgerlicher Streitigkeiten ausgesetzt zu sein, in jene Bahnen übergehen, die die Natur allen gewachsenen und aufgeklärten Gesellschaften vorgezeichnet hat. Zucker- und Kaffeeanbau werden nicht aufgegeben werden, aber nicht mehr die Hauptgrundlage der nationalen Existenz sein, wie in Mexiko die Cochenille, in Guatemala das Indigo und in Venezuela der Kakao. Eine freie, intelligente Landbevölkerung wird langsam die Sklavenbevölkerung ersetzen, der es an Voraussicht und Werkzeugen fehlt. Schon hat das Kapital, womit der Handel von Havanna seit 25 Jahren die Landwirte bereichert hat, das Gesicht des Landes verändert. Zu dieser stetig zunehmenden Kraft jedoch wird sich eine andere dazugesellen, die vom industriellen Fortschritt und dem nationalen Wohlstand nicht zu trennen ist, nämlich die Entwicklung des menschlichen Verstandes. Von diesen beiden Kräften hängen also die zukünftigen Geschicke der Antillenmetropole ab.

Wir haben gesehen, dass den Handelsverzeichnissen von Havanna zufolge die registrierten Exporte der Insel 1815 - 1819 im Durchschnitt 12.245.000 Piaster betrugen und in den letzten Jahren 13.000.000 Piaster[72]. Wenn die in Havanna und *Matanzas* zusammen registrierten Exporte einheimischer als auch wieder ausgeführter fremder Waren 1823 auf 15.139.200 anstiegen, darf ohne Übertreibung angenommen werden, die Insel habe 1823 legal und illegal bei damals sehr aktivem Handel einen Export von mehr als 20.000.000 bis 22.000.000 Piastern betrieben[73]. Diese Berechnungen variieren natürlich mit dem Preis von Ware und landwirtschaftlichen Erträgen. Bevor Jamaika in den Genuss des freien Handels kam, nämlich 1820, betrug die Ausfuhr dort 5.400.00 Pfund Sterling. Man nimmt allgemein an, dass Spanien jährlich 40.000 bis 50.000 Kisten Zucker aus Havanna bezieht. 1823 gaben die Verzeichnisse 100.766 Kisten an, 1825 nur 47.547. Die Vereinigten Staaten[74] beanspruchen nach Tonnenzahl mehr als die Hälfte, nach dem Wert der Exporte, mehr als ein Drittel des gesamten Handels Kubas. Wir haben die Gesamteinfuhr der Insel auf über 22.000.000 - 24.000.000 Piaster berechnet, illegaler Handel inbegriffen. Der Wert der allein aus den Vereinigten Staaten kommenden Waren und Erzeugnisse auf Schiffen mit 106.000 Tonnen Ladung betrug 1822 4.270.600 Dollar. Die Importe aus Jamaika betrugen 1820 laut Stewart 2.000.000 Pfund Sterling englischer Manufakturwaren.

---

[72]Ich gebe hier nicht die Berechnungen des Zolls, sondern die der gängigen Preise im Hafen von Havanna an.

[73]Die Exporte des französischen Teils von Santo Domingo betrugen 1788 67.000.000 Francs Zucker, 75.000.000 Francs Kaffee und 15.000.000 Francs Baumwolle oder insgesamt 51.400.000 Piaster.

[74]Laut offizieller Angaben betrug die Gesamteinfuhr der Vereinigten Staaten 1820 62.586.724 Dollar, wozu Großbritannien und Indien 29.000.000, Kuba 6.584.000, Haiti 2.246.000, Frankreich 5.909.000 Dollar beigetragen haben.

Registrierte Mehleinfuhr im Hafen Havannas in Fässern zu 7 ¼ Arroben oder 84 kg

1797	62.727
1798	58.474
1799	59.953
1800	54.441
1801	64.703
1802	82.045
1803	69.254

1823 betrug Havannas Einfuhr mit spanischen Schiffen allein 38.987 Fass Mehl, mit fremden Schiffen 74.119 Fass, insgesamt 113.106 Fass. Dies ergibt beim Durchschnittspreis von 16 ½ Piastern, Gebühren inbegriffen, 1.866.249 Piaster. Der guten Verwaltung des Gouverneurs Luis de las Casas verdankt man Kubas erste Mehleinfuhr direkt aus den Vereinigten Staaten. Bis zu dieser Zeit durfte Mehl nur eingeführt werden, wenn es vorher den Umweg über europäische Häfen gemacht hatte! Robinson schätzt die legale und illegale Gesamteinfuhr dieses Erzeugnisses auf 120.000 Fass. Er fügt hinzu, "dass es der Insel Kuba auf Grund der schlechten Arbeitsverteilung der Arbeit der Schwarzen derart fehlt, dass sie eine Blockade von mehr als 5 Monaten nicht überstehen könnte", was ich für unrichtig halte. 1822 wurden aus den Vereinigten Staaten 144.980 Fass oder mehr als 12.000.000 kg eingeführt, deren Wert in Havanna, Gebühren inbegriffen, 2.391.000 Piaster betrug. Trotz der 7 Piaster, womit jedes Fass Mehl aus den Vereinigten Staaten auf Kuba besteuert wird, kann das Mehl der Halbinsel (aus Santander) nicht mithalten. In diese Konkurrenz hatte sich Mexiko schon unter den besten Bedingungen eingeschaltet: Während meines Aufenthalts in Veracruz exportierte man bereits von diesem Hafen aus mexikanisches Mehl im Wert von 300.000 Piastern. Nach Pitkins hat diese Menge sich 1809 auf 27.000 Fass oder 2.268.000 kg erhöht. Die politischen Wirren in Mexiko setzten dem Kornhandel zwischen den beiden tropischen Ländern ein Ende, die beide in Höhen liegen, die starken Einfluss auf Klima und Anbau haben.

Legale Alkoholeinfuhr in Havanna 1797 - 1803

Jahr	Fass Wein	Fass Branntwein
1797	12.547	2.300
1798	12.118	2.412
1799	32.073	2.780
1800	20.899	5.592
1801	25.921	3.210
1802	45.676	3.615
1803	39.130	3.553

Um die Angaben über den Außenhandel zu vervollständigen, wollen wir den Verfasser eines Berichts zu Worte kommen lassen, den wir schon mehrmals zitiert haben und der die wahre Lage der Insel geschildert hat: "In Havanna beginnt man alle Auswirkungen des Wohlstandes zu spüren. Der Preis der Lebensmittel hat sich in wenigen Jahren verdoppelt. Der Arbeitslohn liegt derart hoch, dass ein erst kürzlich von der afrikanischen Küste importierter Neger mit seiner Arbeit, ohne diese als Handwerk erlernt zu haben, 4 bis 5 Reale (2 Fr. 13 Sol bis 3 Fr. 5 Sol) pro Tag verdient. Die Neger, die ein mechanisches Handwerk ausführen - wie derb dieses auch sei - verdienen 5 bis 6 Fr. Die Patrizierfamilien bleiben dem Boden verhaftet. Wer reich geworden ist, kehrt mit seinem Vermögen nicht mehr nach Europa zurück. Einzelne Familien sind so mächtig, dass der kürzlich verstorbene Matheo de Pedroso über 2.000.000 Piaster an Grundstücken hinterlassen hat. Mehrere Handelshäuser in Havanna kaufen pro Jahr 10.000 - 12.000 Kisten Zucker, für die sie 350.000 - 420.000 Piaster bezahlen. Die jährlich in Havanna abgeschlossenen Geschäfte betragen über 20.000.000 Piaster" (*De la situación presente de Cuba*, Manuskript). So gut war der öffentliche Wohlstand Ende 1800. 25 Jahre wachsenden Wohlstands sind seit dieser Zeit vergangen. Die Bevölkerung der Insel hat sich fast verdoppelt. Vor 1800 lag der legale Zuckerexport in keinem Jahr über 170.000 Kisten oder 31.280.000 kg, in diesen letzten Jahren[75] ständig über 200.000, ja sogar 250.000 und 300.000 Kisten oder 46 - 55.000.000 kg. Ein neuer Handelszweig ist seither dazugekommen: die Kaffeeplantagen. Sie erwirtschaften jährlich einen Export im Wert von 3.500.000 Piastern. Die Industrie, durch vernünftigere Einsicht geleitet, hat bessere Bahnen eingeschlagen. Das Steuersystem, das inländische Industrie und Außenhandel belastete, hat sich seit 1791 verändert und nach und nach verbessert. Jedes Mal, wenn das Mutterland aus Unkenntnis seiner eigenen Interessen einen Rückzieher machen wollte, sind nicht nur unter den Einwohnern Havannas, sondern sogar in der spanischen Verwaltung mutige Stimmen laut geworden, die die amerikanische Handelsfreiheit verteidigten. Vor kurzem wurde dem Kapital durch den aufgeklärten Geist und die patriotischen Ansichten des Verwalters Claudio Martínez de Pinillos ein neuer Weg eröffnet. Zwischenhandel mittels Lagerung wurde Havanna unter sehr vorteilhaften Bedingungen gestattet[76].

---

[75]Seitdem der spanische Hof den Entschluss gefasst hat, mehrere Häfen im Ostteil der Insel für den Handel mit Spanien zu öffnen, darf die legale Zuckerausfuhr über den Zoll von Havanna nicht mehr als Maßstab für den landwirtschaftlichen Wohlstand gelten. Der Hafen von *Mariel,* der den Plantagenbesitzern vom Bezirk *Guanajay* so nützlich war, hatte schon am 20. Oktober 1817 die Erlaubnis dazu durch eine königliche Verordnung erhalten, aber erst seit fünf oder sechs Jahren hat der Export über den Hafen *Mariel* spürbaren Einfluss auf den von Havanna gehabt. Die Regierung hat außerdem auch die Gebührenfreiheiten der anderen Häfen erweitert, so z.B. von *Baracoa* (13. Dezember 1816), von *San Fernando de Nuevitas en el Estero de Baga y de los Guiros* (5. April 1819), von der Bucht von *Guantánamo* (13. August 1819) und von *San Juan de los Remedios*, den man als den Hafen vom Bezirk von *Villa Clara* betrachten kann (23. September 1819). Die Bucht von *Jagua,* wo Luis de Clouet eine landwirtschaftliche Handelsniederlassung mit ehemaligen Kolonisten aus Louisiana und anderen weißen Freien zu betreiben begonnen hat, wurde noch nicht freigegeben (*Memorias de la Sociedad Económica de la Habana,* Nr. 24, S. 287, 293, 297, 300 und 303).

[76]*Acuerdos sobre arreglo de derechos y establecimiento de Almacenes de Depósito* (s. *Suplemento al Diario del Gobierno constitucional de la Habana del 15 de octubre de 1822*). Ohne die gelungene Bewilligung der Handelsfreiheit für den Hafen von

Schwierige und kostspielige Verkehrsverbindungen verteuern auf der Insel die Erzeugnisse in den Seehäfen, obwohl Nord- und Südküste nicht weit voneinander entfernt liegen. Daher sei hier besonders auf das Projekt des Kanals zwischen Havanna und *Batabanó* hingewiesen. Dieser Kanal hätte den doppelten Vorteil, zum einen eine Verkehrsverbindung herzustellen und zum anderen, die Transportkosten der einheimischen Produkte zu senken. Den *Güines*-Kanal zu bauen, war vor mehr als einem halben Jahrhundert mit der alleinigen Absicht geplant, Bauholz auf billigem Weg in die Werften von Havanna zu schaffen. 1796 bemühte sich Graf Jaruco y Mopox, ein liebenswürdiger und rühriger Mensch, dessen Beziehungen zum Friedensfürsten viel Einfluss verschafft hatten, dieses Projekt wieder aufzunehmen. Zwei sehr geschickte Ingenieure, Francisco und Felix Lemaur, führten 1798 die Einebnung durch. Sie haben berechnet, dass der Kanal in seiner gesamten Ausdehnung 19 Meilen (zu 5.000 varas oder 4.150 m) lang sein müsste, der Ausgangspunkt in *Taverna del Rey* läge und dass 19 Schleusen gegen Norden und 21 Schleusen gegen Süden notwendig wären. Die Luftlinie zwischen Havanna und *Batabanó* beträgt nur 8 1/3 Seemeilen. Der *Güines*-Kanal wäre selbst als Kanal für die kleine Schifffahrt für den Transport der Agrarprodukte mit Dampfschiffen[77] von großem Nutzen, da die landwirtschaftlich am besten genutzten Landstriche in seiner Nähe lägen. Nirgendwo auf der Insel sind die Wege während der Regenzeit in schlechterem Zustand als in dieser Gegend, wo der spröde Kalkboden für Straßenbau wenig geeignet ist. Heute kostet der Zuckertransport von *Güines* nach Havanna für eine Entfernung von 12 Meilen einen Piaster pro Zentner. Neben dem Vorteil der besseren Verbindungen im Inselinnern würde der Kanal auch dem Hafen *Batabanó* mehr Bedeutung verleihen, wo kleine Schiffe mit Pökelfleisch aus Venezuela einlaufen könnten, ohne das Kap *San Antonio* umschiffen zu müssen. Während der schlechten Jahreszeit und zu Kriegszeiten, wenn die Korsaren zwischen den Kaps Catoche, Tortugas und *Mariel* kreuzen, ist man froh darüber, die Überfahrt vom Festland nach Kuba abzukürzen, indem man nicht in Havanna, sondern in einen auf der Südküste gelegenen Hafen einlaufen kann. Man hatte 1796 berechnet, dass der Bau des *Güines*-Kanals 1.000.000 oder 1.200.000 Piaster kosten würde. Man nimmt an, dass heute über 1.500.000 Piaster nötig wären. Durch den Kanal würden vermutlich folgende Produkte transportiert: 75.000 Kisten Zucker, 25.000 Arroben Kaffee, 8.000 Bocayos Melassenzucker und Rum. Nach dem ersten Entwurf von 1796 hatte man vor, den Kanal mit dem kleinen *Güines*-Fluss zu verbinden, der von der Zuckerplantage *Holanda* nach *Quivicán*, drei Meilen von *Güines* entfernt im Süden von *Bejucal* und *Santa Rosa* herbeigeführt werden sollte. Inzwischen hat man diesen Gedanken wieder verworfen, da das Wasser des *Güines*-Flusses der Bewässerung der Savanne des Landgutes *Hato de Guanamón* verlorenginge. Anstatt den Kanal östlich vom Viertel *Cerro* und südlich der Festung *Atarés* in die Bucht von Havanna zu leiten, möchte man sich anfänglich des Flussbettes des *Almendaris* von *Calabazar* bis

---

Havanna wäre Jamaika das Zentrum für den Handel mit dem benachbarten Kontinent geworden.
[77] Es verkehren bereits Dampfschiffe entlang der Küste zwischen Havanna und *Matanzas* und weniger regelmäßig von Havanna nach *Mariel*. Die Regierung hat am 24. März 1819 Juan de O'Farrill eine Lizenz für diese Dampfschiffe erteilt.

Husillo und schließlich der *Zanja Real* bedienen, nicht nur, um die Schiffe in die Vororte und nach Havanna selbst durchzuschleusen, sondern um zugleich den Brunnen, die drei Monate im Jahr versiegen, mehr Wasser zu verschaffen. Ich hatte mehrmals die Gelegenheit, in Begleitung von Lemaur durch die Ebenen zu wandern, durch welche diese Wasserstraße gelegt werden soll. Wenn zur Zeit der großen Trockenheit genügend Wasser zur Wasserscheide geleitet werden kann, ist der Nutzen dieses Projekts unumstritten.

In Havanna beklagt man sich wie überall, wo der Handel und der durch ihn erzeugte Reichtum in schnellem Wachstum begriffen sind, über den schlechten Einfluss, den eben dieses Wachstum auf die alten Sitten und Gebräuche ausübt. Es ist hier nicht der Ort, um den Urzustand der Insel mit ihren Weiden vor der Eroberung der Hauptstadt durch die Engländer mit ihrem heutigen Zustand als Metropole der Antillen zu vergleichen. Es ist hier nicht der Ort, Naivität und Einfachheit einer im Entstehen begriffenen und die Sitten einer in vorangeschrittener Zivilisation entwickelten Gesellschaft gegeneinander abzuwägen. Der Unternehmungsgeist des Handels, der den Kult des Reichtums begleitet, bringt die Völker ohne Zweifel dazu, Werte zu verachten, die man nicht mit Geld bekommen kann. Jedoch ist der Mensch glücklicherweise so beschaffen, dass das Wünschenswerteste, das Wertvollste und das Freieste einer Person einzig nur aus ihrem Gemüt hervorgeht, der Vervollkommnung und Entwicklung der Geisteskräfte. Die Überschätzung des Reichtums in allen Bereichen der Gesellschaft würde zweifellos das Übel hervorrufen, über das sich diejenigen beklagen, die mit Unwillen das von ihnen sogenannte Vorherrschen des industriellen Systems sehen. Aber das Anwachsen der Handelstätigkeit selbst bietet auch das Heilmittel gegen die befürchteten Gefahren, indem nämlich die Beziehungen zwischen den Völkern verstärkt werden, indem der Wirksamkeit des Geistes ein unermesslicher Bereich geöffnet wird, indem der Landwirtschaft Kapital zur Verfügung gestellt wird, indem durch Verfeinerung des Luxus neue Bedürfnisse geschaffen werden, bietet auch das Heilmittel gegen die befürchteten Gefahren. In dieser extremen Wechselwirkung von Ursache und Wirkung bedarf es der nötigen Zeit, bis sich in den verschiedenen Gesellschaftsschichten Gleichgewicht einstellt. Man kann sicherlich nicht verlangen, dass sich zu jedem Zeitpunkt Zivilisation, Fortschritt der Kenntnisse und Entwicklung des öffentlichen Verstandes am Tonnengewicht, am Wert der Ausfuhren oder an der Vervollkommnung der industriellen Kunst messen lassen. Aber Völker wie Individuen dürfen nicht nach einem einzigen Lebensstadium beurteilt werden. Sie erfüllen ihre Bestimmung erst, wenn sie die gesamte Stufenleiter einer ihrem Nationalcharakter und ihren physischen Verhältnissen entsprechenden Zivilisation durchlaufen.

4.6 Finanzen

Fortschritt der Landwirtschaft Kubas und zunehmender, den Wert der Importe beeinflussender Reichtum ließen in jüngster Zeit die Staatseinnahmen auf 4.500.000, vielleicht sogar auf 5.000.000 Piaster ansteigen. Das Zollamt Havannas, das vor 1794 weniger als 600.000 Piaster und zwischen 1797 und 1800 einen Jahresdurchschnitt von 1.900.000 Piastern angab, liefert dem Schatzamt seit

Erklärung der Handelsfreiheit ein reines Einkommen von über 3.100.000 Piastern[78]. Da die Kolonialregierung eine weiteste Verbreitung dessen gestattet, was die Finanzen der Insel Kuba betrifft, kann man durch die Haushalte der Hauptkassen der Verwaltung von Stadt und Gerichtsbarkeit Havannas feststellen, dass 1820 - 1825 die von jener Verwaltung abhängigen Staatseinnahme zwischen 3.200.000 und 3.400.000 Piastern lag. Wenn man diesem Betrag einerseits durch verschiedene direkte Einnahmen des Schatzamtes 800.000 Piaster[79], und andererseits die Einnahmen der Zollämter von *Trinidad, Matanzas, Baracoa* und *Santiago de Cuba* hinzufügt, (die sich schon vor 1819 auf mehr als 600.000 Piaster beliefen), wird ersichtlich, dass der Betrag von 5.000.000 Piastern oder 25.000.000 Francs für die ganze Insel[80] nicht übertrieben ist. Ganz einfache Vergleiche werden beweisen, wie beträchtlich dies in Bezug auf den gegenwärtigen Zustand der Kolonie ist. Kuba hat bisher erst 1/42 der Bevölkerung Frankreichs. Und die Hälfte dieser Bevölkerung lebt in schrecklicher Armut, verbraucht somit sehr wenig. Ihre Einkünfte sind beinahe denen der Republik Kolumbien vergleichbar. Sie liegen höher als die aller Zollämter der Vereinigten Staaten[81] bis 1795, einem Zeitpunkt, wo dieser Bundesstaat schon 4.500.000 Einwohner hatte, während Kuba nur 715.000 zählte. Zölle sind die öffentliche Haupteinnahmequelle dieser schönen Kolonie. Sie allein bilden über 3/5 des Einkommens und decken alle Bedürfnisse von innerer Verwaltung und Militärverteidigung. Wenn in diesen letzten Jahren die Ausgaben des Schatzamtes von Havanna um über 4.000.000 Piaster angestiegen sind, so rührt dies einzig vom hartnäckigen Kampf her, den das Mutterland gegen die frei gewordenen Kolonien bestehen wollte. 2.000.000 Piaster waren Sold der Land- und Seetruppen, die vom amerikanischen Festland über Havanna nach der Halbinsel zurückkehrten. Solange Spanien seine wahren Interessen vernachlässigt und die Unabhängigkeit der neuen Republiken nicht anerkennt, muss Kuba, durch Kolumbien und die Mexikanische Föderation bedroht, zur Verteidigung nach außen seine die Kolonialfinanzen zugrunderichtenden Kriegsrüstungen unterhalten. Die im Hafen von Havanna stationierte spanische Marine kostet normalerweise über 650.000 Piaster. Die Landtruppen erfordern jährlich fast 1.500.000 Piaster. Ein solcher Zustand kann auf Dauer nicht bestehen, wenn die Halbinsel den auf der Kolonie lastenden Druck erleichtert.

---

[78]Das Zollamt von Port-au-Prince auf Haiti hat 1825 1.655.764 Piaster eingenommen, das von Buenos Aires zwischen 1819 und 1821 durchschnittlich 1.655.000 Piaster. Siehe (September 1822) *Centinela de La Plata*, Nr. 8, *Argos de Buenos Aires*, Nr. 85.

[79]Lotterie, Zehnter usw.

[80]Die Abgeordneten der Insel Kuba erklärten im Mai 1821 selbst dem Spanischen Hof, dass sich die Gesamtsumme der Abgaben „allein in der Provinz Havanna" auf 5.000.000 harte Piaster beliefen (*Reclamación contra la ley de aranceles*, S. 7 Nr. 6). Schon 1818 und 1819 hatte die Gesamteinnahme des Generalschatzamtes 4.367.000 und 4.105.000 Piaster betragen, die Ausgaben dagegen 3.687.000 und 3.848.000 Piaster.

[81]1815 hatten die Zollämter der Vereinigten Staaten, die von 1801 - 1808 einen Gewinn von fast 16.000.000 verzeichneten, einen Ertrag von 7.282.000 Dollar. Morse: *Modern Geography*, S. 638.

1789 - 1797 ist der Zollertrag in Havanna im Durchschnitt jährlich über
700.000 Piaster angestiegen.

Abgaben für den königlichen Tresor

1789	479.302 Piaster	1793	635.098 Piaster
1790	642.720	1794	642.320
1791	520.202	1795	643.585
1792	849.904	1796	781.689

Von 1797 - 1800 beliefen sich die königlichen und städtischen Abgaben auf
7.634.126 Piaster oder 1.908.000 Piaster im Jahresdurchschnitt.

Königliche und städtische Abgaben

1797	1.257.017 Piaster	1801	2.170.970 Piaster
1798	1.822.348	1802	2.400.932
1799	2.305.080	1803	1.637.465
1800	2.249.680		

Zolleinnahmen Havannas

1808	1.178.974 Piaster	1811	1.469.137 Piaster
1809	1.915.605	1814	1.855.117
1810	1.292.619		

Der Rückgang der Zolleinkünfte wurde 1808 dem gegen die amerikanischen
Schiffe verhängten Embargo zugeschrieben. Aber 1809 bewilligte der spanische Hof
die freie Einfuhr der ausländischen neutralen Schiffe.

Von 1815 - 1819 beliefen sich die königlichen Abgaben im Hafen von Havanna
auf 11.575.460 Piaster, die städtischen Abgaben auf 6.709. 347 Piaster, insgesamt auf
18.284.807 Piaster oder einem jährlichen Durchschnittsbetrag von 3.657.000 Piastern,
davon 36 % städtische Abgaben.

JAHR	EIN- UND AUS-LAUFENDE SCHIFFE	KÖNIGLICHE ABGABEN	STÄDTISCHE ABGABEN
1815	2402	1.851.607 Piaster	804.693 Piaster
1816	2252	2.233.203 Piaster	971.056 Piaster
1817	2.438	2.291.243 Piaster	1.429.052 Piaster
1818	2.321	2.381.658 Piaster	1.723.008 Piaster
1819	2.365	2.817.749 Piaster	1.781.530 Piaster

Staatseinnahmen der allgemeinen Finanzverwaltung der Gerichtsbarkeit Havanna

1820	3.631.273 Piaster
1821	3.277.639 Piaster
1822	3.378.228 Piaster

1823 betrugen die königlichen und städtischen Abgaben für Importe an das Zollamt von Havanna 2.734.565 Piaster.

Staatseinnahmen der allgemeinen Finanzverwaltung der Gerichtsbarkeit Havanna 1824

I.	Einfuhrgebühren	1.818.896 Piaster
	Zollgebühr	1.817.950 Piaster
	Verkaufssteuer	802 Piaster
	Schifffahrt	144 Piaster
II.	Ausfuhrgebühren	326.816 Piaster
III.	Küstenhandel und verschiedene andere Posten	188.415 Piaster
	Salz	27.781 Piaster
	Depotgebühren	154.924 Piaster
	halbe Einkommenssteuer, *armadilla*, etc.	
IV.	Grund- und Bodenrente	473.686 Piaster
	Sklavensteuer	73.109 Piaster
	Grundstücksverkäufe	215.092 Piaster
	Untergeordnete Verwaltungen	154.924 Piaster
	Geschäfte oder Läden	19.714 Piaster
V.	Nebenstellen des Schatzamtes des Heeres	136.923 Piaster
	Hafengebühren, Ausländerverzeichnis	
VI.	Konsulat, Wächterhäuschen, Soldatenbekleidung	80.564 Piaster
	Gesamteinnahmen 1824	3.025.300 Piaster

1825 betrug dieses Einkommen der Stadt- und Gerichtsbezirke von Havanna 3.350.300 Piaster.

Aus diesen Teilangaben geht hervor, dass sich zwischen 1789 und 1824 die Staatseinnahmen um das Siebenfache erhöhten. Dieser Zuwachs wird um so deutlicher, wenn man einen Blick auf die Einnahmen der zehn Verwaltungen oder den sogenannten untergeordneten Schatzämtern des Inlandes, denen von *Matanzas, Villa Clara, Remedios, Trinidad, Sancti Spiritus, Puerto Principe (Camagüey), Holguín, Bayamo, Santiago de Cuba* und *Baracoa* wirft. Barrutia hat ein interessantes Abbild dieser provinziellen Verwaltungen geschaffen, das 83 Jahre (1735 - 1818) umfasst. Der Gesamtertrag der 10 Schatzämter stieg allmählich von 900 auf 600.000 Piaster.

1735	898 Piaster
1736	860 Piaster
1737	902 Piaster
1738	1.794 Piaster
1739	4.747 Piaster
Durchschnittsertrag pro Jahr	1.840 Piaster
1775	123.246 Piaster
1776	114.366 Piaster
1777	128.303 Piaster
1778	158.624 Piaster
1779	146.007 Piaster
Durchschnittsertrag pro Jahr	133.315 Piaster
1814	317.699 Piaster
1815	398.676 Piaster
1816	511.510 Piaster
1817	524.442 Piaster
1818	618.036 Piaster
Durchschnittsertrag pro Jahr	474.072 Piaster
Gesamtertrag von *Santiago de Cuba*	4.390.000 Piaster
Gesamtertrag von *Puerto Príncipe*	2.223.000 Piaster
Gesamtertrag von *Matanzas*	1.450.788 Piaster
Gesamtertrag der 83 Jahre	13.098.000 Piaster

Gemäß der Bilanzen der Schatzämter betrugen die Staatseinnahmen 1822 in der Provinz Havanna allein 4.311.862 Piaster, die sich aus den Zolleinnahmen (3.127.918 P.), Direkteinnahmen wie Lotterie, Zehntem usw. (601.898 P.) und Vorschüssen für die Schatzämter des Konsulats und dem *Depósito* (581.978 P.) zusammensetzten.

Ausgaben 1822 in Kuba	2.732.738 Piaster
davon für den Unterhalt der mit der Verteidigung Havannas	
und der benachbarten Orte beauftragten Landtruppen	1.355.798 Piaster
davon für die im Hafen Havannas stationierte königliche Marine	648.908 Piaster
Ausgaben 1822 für Beiträge für den Kampf mit den Kontinentalkolonien,	
die sich für unabhängig erklärt haben,	1.362.022 Piaster
davon für den Sold von 4.234 Soldaten, welche nach der Räumung von Mexiko,	
Kolumbien und anderen Teilen des vormals spanischen Festlandes ihren Rückweg	
nach Spanien über Havanna nahmen	1.115.672 Piaster
davon für Verteidigungskosten der Festung *San Juan de Ulua*	164.000 Piaster

Der Intendant der Insel, Claudio Martínez de Pinillos, stellt in einer Anmerkung der Aufstellung *Estado de Cajas matrices de 1822* Folgendes fest: "Fügt man zu den Sonderkosten von 1.362.022 Piastern, welche allgemein für die spanische Monarchie verwandt wurden, einerseits den größeren Anteil der 648.908 Piaster hinzu, die für den Unterhalt der königlichen Marine bestimmt sind, deren Dienst nicht ausschließlich auf die Verteidigung Havannas beschränkt ist, und andererseits die

127

Kosten, welche durch Seekuriere und Kriegsschiffe verursacht werden, so zeigt sich, dass 2.010.330 Piaster (beinahe die Hälfte der Staatseinkünfte) für Ausgaben verwendet werden, die nicht in unmittelbarer Verbindung mit der inneren Verwaltung der Insel stehen". Wie sehr werden Kultur und Wohlstand dieses Landes einst gewinnen, wenn bei innerer Ruhe über 1.500.000 Piaster jährlich auf Werke öffentlichen Nutzens und hauptsächlich auf den Rückkauf von arbeitsamen Sklaven verwendet werden, wie dies schon jetzt dank einsichtiger und humaner Gesetzgebung der Republik Kolumbien geschieht.

Anfang des 19.Jahrhunderts vom Schatzamt Neuspaniens nach Havanna gesandte Geldbeträge

(gemäß Dokumenten, die ich in den Archiven des Vizekönigreichs Mexiko zusammentrug)

Marine:	a) für das Marinegeschwader, Schiffswerften und andere Bedürfnisse der königlichen Marine,	
	gemäß Verordnung vom 16. Januar 1790	700.000 Piaster
	b) für die Marine - Niederlassung an der Moskito-Küste	40.000 Piaster
Armee:	a) für den Landdienst in Havanna, gemäß den Verordnungen vom	
	18. Mai 1784, 4. Februar 1788 und 1. November 1790	290.000 Piaster
	b) für den Landdienst in *Santiago de Cuba*	146.000 Piaster
Festungswerk, gemäß der königlichen Verordnung vom 4. Februar 1788		150.000 Piaster
Tabak, d.h. Ankauf von Blättern und Herstellung des für Sevilla bestimmten Tabaks, gemäß den Verordnungen vom 2. August 1744 und 22. Dezember 1767		500.000 Piaster
Gesamtsumme		1.826.000 Piaster

Dieser Summe von 9.000.000 Francs, welche gegenwärtig zu Lasten der Haushalte von Havanna gehen, können folgende Beträge hinzugefügt werden:

Mexiko zahlte zur Unterstützung des Schatzamtes von Louisiana	557.000 Piaster
Mexiko zahlte zur Unterstützung des Schatzamtes von Florida	151.000 Piaster
Mexiko zahlte zur Unterstützung des Schatzamtes von Puerto Rico	377.000 Piaster

5. Über die Sklaverei

Ich beende hier meinen *Politischen Essay über die Insel Kuba,* der den derzeitigen Zustand dieser bedeutenden Besitzung Spaniens darstellt. Als Geschichtsschreiber von Amerika habe ich versucht, eine genaue Darstellung der Tatsachen und Ansichten mit Hilfe von Vergleichen und statistischen Tabellen zu geben. Diese nahezu minutiöse Erforschung der Tatsachen erscheint mir in einem Moment notwendig, wo einerseits Enthusiasmus zu wohlwollender Leichtgläubigkeit führt und andererseits hasserfüllte Leidenschaften, die die Sicherheit der neuen Republiken vereiteln, ungenaueste Vorstellungen und irreführendste Meinungen fördern. Laut Zielsetzung meines Werkes habe ich mich jeglicher Erwägung über mögliche Veränderungen, die die Außenpolitik auf die Lage der Antillen übertragen könnte, enthalten. Ich habe nur das untersucht, was die Zusammensetzung der Gesellschaft betrifft, ungleiche Verteilung der Rechte und Annehmlichkeiten, sowie drohende Gefahren, die nur durch vorsichtiges Vorgehen der Gesetzgeber und Mäßigung freier Menschen abgewendet werden können, wie immer auch die Regierungsform aussehen mag. Es obliegt dem Reisenden, der von Menschen verursachte Qualen und Erniedrigungen aus nächster Nähe gesehen hat, diese Klagen der Unglückseligen denjenigen zu übermitteln, die sie lindern können. Ich habe die Lebensverhältnisse der Schwarzen in Ländern beobachtet, wo Gesetze, Religion und nationale Gewohnheiten dazu tendieren, ihr Schicksal zu erleichtern. Und trotzdem habe ich beim Verlassen Amerikas dieselbe Abscheu verspürt, die ich vormals in Europa hatte. Mitnichten haben gewitzte Autoren mit Wortneuschöpfungen wie "Neger-Bauern der Antillen", "schwarze Lehnpflichtigkeit" und "patriarchalische Protektion" versucht, die Barbarei der Institutionen zu verhüllen. Man entwürdigt nur Geist und Kunst der Phantasie, wenn die Auswüchse, die die Menschheit bedrängen und heftig erschüttern, durch täuschende Wortzusammensetzungen oder gewandte Sophismen verklärt werden. Glaubt man fehlendes Mitgefühl entschuldigen zu können, indem man den Zustand der Schwarzen mit dem der Leibeigenen des Mittelalters vergleicht[82], oder mit der Unterdrückung, unter der heute noch einige

---

[82]Diese Wortzusammensetzungen beruhigen nur diejenigen, die sich als heimliche Befürworter des Sklavenhandels über das Unglück der Sklaven hinwegzutäuschen suchen und sich sozusagen gegen jegliche Empfindung auflehnen, die sie überkommen könnte. Oft verwechselt man den ständigen Zustand einer Kaste, der auf Unmenschlichkeit der Gesetze und Institutionen beruht, mit übergroßer Macht, die während einer bestimmten Zeit auf einige Individuen ausgeübt wird. Demgemäß

Gesellschaftsschichten in Nord- und Osteuropa leiden? Diese Vergleiche, diese erfinderischen Sprachschöpfungen, diese verachtenswerte Ungeduld, mit der man sogar die Hoffnung auf eine allmähliche Abschaffung der Sklaverei als Phantasterei abtut, sind heutzutage unnütze Waffen. Die großen Veränderungen, die der amerikanische Kontinent und das Antillenarchipel seit Beginn des 19. Jahrhunderts erfuhren, haben ihre Auswirkungen auf Ideen und öffentliche Vernunft sogar in den Ländern gehabt, wo Sklaverei herrscht und die sich nun zu verändern beginnen. Viele erfahrene Menschen, die am Frieden auf den Zucker- und Sklaveninseln interessiert sind, glauben, dass man mit einem freien Übereinkommen unter den Eigentümern, durch Maßnahmen, die von mit den örtlichen Verhältnissen Vertrauten ausgehen, Krisen und Unwohlsein entgehen könnte, was durch Tatenlosigkeit und Hartnäckigkeit nur zunimmt. Ich werde am Ende dieses Kapitels versuchen, einige Angaben über diese Maßnahmen zu machen. Und ich werde durch Zitate aus offiziellen Dokumenten beweisen, dass in Havanna lange bevor die Außenpolitik irgendeinen Einfluss auf die Meinungen haben konnte, die der Metropole (Madrid) am stärksten verbundenen örtlichen Behörden von Zeit zu Zeit günstige Anordnungen zur Verbesserung der Lebensumstände der Schwarzen getroffen haben.

Die Sklaverei ist zweifelsohne das größte aller Verbrechen an der Menschheit, sei es, unter Anbetracht des Sklaven, der seiner Familie in seinem Heimatland entrissen und auf Sklavenschiffe[83] verfrachtet wurde,

---

nimmt Bolingbroke, der sieben Jahre in Demerary wohnte und die Antillen besuchte, kein Blatt vor den Mund, wenn er ständig wiederholt: "Auf den englischen Kriegsschiffen werden öfter Rutenstreiche ausgeteilt als in den englischen Kolonien." Er fährt folgendermaßen fort: "Im Allgemeinen züchtigt man die Neger sehr wenig, aber man hat andere, sehr vernünftige Strafen erfunden, wie z.B. kochende, sehr stark gepfefferte Suppe oder das Einnehmen einer Glaubersalz-Lösung mit sehr kleinem Löffel." Sklavenhandel scheint ihm ein universeller Gewinn zu sein und er ist davon überzeugt, dass Schwarze, die zwanzig Jahre "alle Bequemlichkeiten des Sklavenlebens" genossen haben, und die man dann an die Küsten Afrikas zurückgehen ließe, "dort andere Menschen rekrutieren und ganze Völkerschaften den britischen Besitzungen zuführen würden." *Voyage to Demerary* (1807: 107, 108, 116, 136). Hier handelt es sich ohne Zweifel um einen naiven Kolonisten-Glauben. Nichtsdestoweniger ist Bolingbroke ein gemäßigter Mann, der den Sklaven wohlgesonnen ist, wie aus anderen Stellen seines Buches hervorgeht.

[83] Ein Zeuge in der durch das Parlament geführten Untersuchung von 1798 behauptete: "Wenn man die Sklaven peitscht, um sie auf Deck eines Negerschiffs tanzen zu lassen, wenn man sie zum Singen zwingt: Messe, messe macherida (Wie lustig ist das Leben unter den Weißen), zeugt das nur von unserer Sorge um ihre Gesundheit". Diese so exquisite Sorge erinnert mich an die in meinem Besitz befindliche Beschreibung einer öffentlichen Verbrennung, in der man die Freigiebigkeit rühmt, mit welcher man Erfrischungen an die Verurteilten verteilte,

oder wenn man ihn als Teil einer zusammengepferchten schwarzen Menschenherde unter der Sonne der Antillen nimmt. Einzeln gesehen bestehen aber verschiedene Abstufungen von Leid und Entbehrung. Man beachte den Unterschied zwischen einem Sklaven, der im Hause eines reichen Mannes in Havanna oder Kingston arbeitet, oder dem, der selbständig arbeitet und seinem Herrn nur Tageslohn zahlt, und dem Sklaven in einer Zuckersiederei! Aus den Drohungen, mit denen man einen aufsässigen Neger versucht zur Vernunft zu bringen, bekommen wir einen Einblick in diese verschiedenen Stufen menschlicher Entbehrungen. Der Kutscher wird vom Kaffeepflanzer bedroht, der Sklave, der in der Kaffeeplantage arbeitet, wird wiederum von der Zuckersiederei bedroht. In dieser Zuckersiederei wohnt der wie alle Afrikaner normalerweise gefühlvoll veranlagte Schwarze, wenn er eine Frau hat, in einer eigenen Hütte. Dort erwartet ihn am Feierabend die Fürsorge seiner wenn auch armseligen Familie. Er hat ein ungleich günstigeres Los als der Sklave, der allein lebt und in der Masse untergeht. Diese unterschiedlichen Lebensumstände entgehen denjenigen, die es nicht mit eigenen Augen in den Antillen gesehen haben. Die schrittweise Verbesserung dieser Lebensumstände der dienstbaren Bevölkerung selbst ist der Grund dafür, dass auf Kuba der Luxus der herrschenden Klasse und die Arbeitsmöglichkeiten in den Städten über 80.000 Sklaven angezogen haben. Es wird auch klar, wie die durch weise Gesetze begünstigten Freilassungen derart wirksam werden konnten, dass es im Moment 130.000 freie Farbige gibt. Bei sorgfältiger Erörterung der individuellen Lage jeder Gesellschaftsschicht kann die Kolonialverwaltung, durch Belohnung von Tüchtigkeit, Arbeitsneigung und häuslichen Tugenden im Verhältnis zu den Entbehrungen, das Leben der Sklaven verbessern. Philanthropie besteht nicht darin, "ein wenig mehr Stockfisch und weniger Geißelhiebe auszuteilen". Eine wahrhafte Verbesserung der dienstbaren Klasse muss sich auf die moralische und physische Gesamtsituation des Menschen auswirken.

Der Impuls kann von den europäischen Regierungen ausgehen, die ein Gefühl für die Würde des Menschen bewahren, denen bewusst ist, dass alle Ungerechtigkeiten einen Keim der Zerstörung in sich tragen. Aber dieser Impuls und diese Feststellung scheinen mir äußerst betrüblich und werden ohne Folgen bleiben, wenn die Eigentümer allgemein, wenn Kolonialrat oder Kolonialgesetzgebung nicht dieselben Ansichten vertreten und wenn sie nicht nach einem gemeinsam ausgearbeiteten Plan vorgehen, dessen letzendliches Ziel die Abschaffung der Sklaverei auf den Antillen ist. Solange dies nicht geschieht, kann man beliebig die jeweils auf einmal verabreichbaren

und die großzügige Geste, mit der man "eine Treppe von den Helfershelfern der Inquisition im Inneren des Scheiterhaufens zur Bequemlichkeit der <u>Abgespannten</u> anbringen ließ".

Geißelhiebe vermindern, die Anwesenheit von Zeugen fordern, Sklavenschützer ernennen. All diese noch so wohlgemeinten Verordnungen sind leicht zu umgehen. Die einsame Lage der Plantagen macht die Anwendung dieser Verordnungen unmöglich. Sie setzen ein Inquisitionssystem voraus, das mit den in den Kolonien sogenannten "erworbenen Rechten" unvereinbar ist. Der Zustand der Sklaverei kann auf friedliche Weise nur durch ein gleichgeschaltetes Zusammenwirken der freien Weißen und Farbigen verbessert werden, und zwar durch die Kolonialräte und -gesetzgebungen, durch den Einfluss derjenigen, die sich eines großen moralischen Ansehens unter den Landleuten erfreuen, die örtlichen Verhältnisse kennen und Verbesserungen nach Sitten, Gebräuchen und Lage jeder Insel einzuführen wissen. Bei der Vorbereitung dieses Werkes, das gleichzeitig einen großen Teil des Antillenarchipels umfassen soll, ist es angebracht, zurückzublicken und die Ereignisse in Augenschein zu nehmen, durch die ein Großteil der Menschheit im Mittelalter in Europa die Freiheit erworben hat. Will man Verbesserungen ohne Erschütterungen erzielen, müssen die neuen Institutionen aus denjenigen herausgelöst werden, die die jahrhundertealte Barbarei gefestigt haben. Einst wird man kaum glauben können, dass vor 1826 in keiner der Großen Antillen ein Gesetz existierte, das verboten hätte, kleine Kinder ihren Eltern zu entreißen und zu verkaufen, Neger mit glühendem Eisen zu kennzeichnen, um so das Menschenvieh besser zu unterscheiden. Zu den wichtigsten Aufgaben der Kolonial-Gesetzgebung gehört die Verordnung von Gesetzen, die so schändliche Barbarei von vornherein ausschließen. Diese Gesetze sollten in den Zuckersiedereien das Verhältnis zwischen Negerinnen und Negern regeln, und jedem Sklaven, der 15 Jahre gedient hat, und jeder Negerin, die 4 oder 5 Kinder aufgezogen hat, die Freiheit geben. Außerdem sollte man die einen und anderen unter der Bedingung befreien, eine bestimmte Anzahl von Tagen auf der und für die Plantage zu arbeiten, den Sklaven einen Anteil am Nettoprodukt geben, um sie am landwirtschaftlichen[84] Fortschritt teilhaben zu

---

[84]General Lafayette, dessen Name mit all dem verbunden ist, was im Zusammenhang mit dem Erlangen der Freiheit der Menschen und der Verbesserung ihrer Lebensumstände durch die Institutionen steht, hatte 1785 einen Plan entworfen, in Cayenne eine Niederlassung zu erwerben, die die Neger gemeinsam bebauen sollten und deren Besitzer somit dessen Nachkommen auf jede Art Gewinn verzichten würden. Er hatte für dieses ehrwerte Unternehmen die Priester der Mission vom Heiligen Geist gewonnen, die selbst in Französisch-Guayana Landbesitz hatten. Ein Brief von Marschall Castries vom 6. Juni 1785 bezeugt, dass der unglückliche König Ludwig XVI. seine menschenfreundliche Gesinnung, die sich auf die Schwarzen und die freien Farbigen ausdehnte, eine Verordnung erlassen hatte, ähnliche Versuche auf Kosten der Regierung anzustellen. Richeprey wurde durch Lafayette dazu

lassen und schließlich eine bestimmte Summe im öffentlichen Haushalt für den Rückkauf von Sklaven zur Verbesserung ihres Schicksals vorsehen.

Auf dem Festland des spanischen Amerika haben die Eroberung auf den Antillen, in Brasilien und im südlichen Teil der Vereinigten Staaten zusammen mit dem Sklavenhandel für sehr heterogene Bevölkerung gesorgt. Diese seltsame Mischung von Eingeborenen, Weißen, Negern, Mischlingen, Mulatten und Mischlingen von Negern und Eingeborenen geht Hand in Hand mit Gefahren, die in schwierigen Epochen in heftige und ungezähmt leidenschaftliche Auseinandersetzungen ausarten können, in denen die Gesellschaft, in ihren Grundfesten erschüttert, eine neue Ära antritt. Was die verderbliche, mit Sicherheit auf der Klassenfeindschaft beruhenden Grundlage des Kolonialsystems seit Jahrhunderten vorbereitet hat, bricht dann gewaltsam hervor. Glücklicherweise war die Anzahl der Schwarzen in den neuen Staaten des spanischen Kontinents so unbedeutend, dass mit Ausnahme der in Venezuela verübten Grausamkeiten, wo die royalistische Partei die Sklaven bewaffnet hatte, der Kampf zwischen Unabhängigen und Soldaten der Metropole nicht durch Racheakte der dienstbaren Bevölkerung blutiger geworden ist. Die freien Farbigen (Schwarze, Mulatten und Mestizen) haben sich schnell für den nationalen Gedanken begeistert. Der kupferfarbigen Rasse voll schüchternem Misstrauen und seltsamer Gleichgültigkeit blieb dieser Gedanke, von dem sie doch wird profitieren können, fremd. Die Eingeborenen waren lange vor der Revolution arme, freie Bauern. Isoliert durch Sprache und Sitten, lebten sie von den Weißen getrennt. Obwohl Eigennutz der Landräte und Schikanen der Missionare ihre Freiheit oftmals der spanischen Gesetze ungeachtet beeinträchtigt haben, bestand doch ein großer Unterschied zwischen diesen Unterdrückungen oder Belästigungen und der persönlichen Sklaverei der Schwarzen oder der Leibeigenschaft im slawischen Teil Europas. Die geringe Anzahl von Schwarzen und die Freiheit der Eingeborenen, von denen Amerika mehr als achteinhalb Millionen ohne Vermischung mit fremdem Blut bewahrte, charakterisieren die alten kontinentalen Besitzungen Spaniens und geben ein vollkommen anderes moralisches und politisches Bild als das der Antillen, wo sich durch das ungleiche Verhältnis zwischen den Freien und Sklaven die Prinzipien des Kolonialsystems mit mehr Kraft entwickeln konnten. Die Furcht vor einer Reaktion der Schwarzen und den für die Weißen bestehenden Gefahren war in diesem Archipel wie in Brasilien (zwei Gebiete Amerikas, die fast drei Millionen zweihunderttausend Sklaven umfassen), bisher die Hauptursache für Sicherheit der Metropolen und Unterstützung der portugiesischen Dynastie. Kann diese Sicherheit noch lange anhalten?

aufgefordert, das Land unter den Schwarzen aufzuteilen, starb aber an den Folgen des Klimas in Cayenne.

Rechtfertigt sie die Unbeweglichkeit der Regierungen, die es versäumen, dem Übel noch rechtzeitig vorzubeugen? Ich zweifle daran. Denn unter dem Druck außergewöhnlicher Ereignisse wird die Furcht schwächer und wenn Länder, wo eine große Masse von Sklaven die verderbliche Mischung heterogener Elemente in die Staatsgesellschaft einbrachte, sich vielleicht gegen ihren Willen in einen äußeren Kampf verwickelt sehen, werden auch die bürgerlichen Streitigkeiten in all der Heftigkeit ausbrechen, so dass europäische Familien den ohne ihr Zutun herbeigeführten Gefahren ausgesetzt sein werden.

Der umsichtigen Gesetzgebung in den neuen Republiken des spanischen Amerika gebührt höchstes Lob. Diese Republiken haben sich seit Anfang ihres Bestehens ernsthaft um die völlige Abschaffung der Sklaverei bemüht. Dieser immense Teil der Erde hat diesbezüglich einen großen Vorteil gegenüber den Vereinigten Staaten, wo die Weißen während ihres Kampfes gegen England ihre Freiheit auf der Basis ihres Profits etablieren und wo die Sklavenbevölkerung, die jetzt schon bei einer Million sechshunderttausend liegt, schneller wächst als die weiße Bevölkerung. Wenn die Zivilisation statt sich auszudehnen ihren Standpunkt ändern würde, wenn in Folge der großen und beklagenswerten europäischen Umwälzungen das zwischen Kap Hatteras und Missouri gelegene Amerika Zentrum der Aufklärung der Christenheit werden sollte, welches Bild würde dieser Mittelpunkt der Zivilisation bieten, wo man inmitten des Heiligtums der Freiheit einer Negerversteigerung (gemäß Nachlass eines Verstorbenen) beiwohnen und das Weinen der von ihren Kindern getrennten Eltern hören könnte! Wir wollen hoffen, dass die seit langem[85] die Gesetzgebung in den nördlichen Teilen der Vereinigten Staaten beeinflussende Großmütigkeit sich nach und nach gegen Süden und Westen fortsetzt, wo auf Grund eines unüberlegten und unheilbringenden Gesetzes die Sklaverei mit all ihren Ungerechtigkeiten die Bergkette der Alleghenys und die Ufer des Mississippis überschritten hat. Wir wollen hoffen, dass die Macht der öffentlichen Meinung, der Fortschritt der Aufklärung, die minder strengen

---

[85]Schon 1769 (46 Jahre vor der Erklärung des Wiener Kongresses und 38 Jahre vor der in London und Washington beschlossenen Abschaffung der Sklaverei) hatte die Abgeordnetenkammer in Massachusetts sich auf nachdrücklichste Art und Weise gegen "the unnatural and unwarrantable custom of enslaving mankind" ausgesprochen (vgl. Walsh (1819): *Appeal to the United States*, S. 312). Der spanische Schriftsteller Avendaño ist vielleicht der erste gewesen, der sich mit Nachdruck sowohl gegen den Sklavenhandel ausgesprochen hat, den sogar die Afghanen verabscheuen (Elphinstone: *Journey to the Cabul*, S. 245), als auch ganz allgemein gegen die Sklaverei und "alle verderblichen Ursprünge des kolonialen Reichtums". *Thesaurus ind.*, Tom. I, tit. 9, cap.2.

Gebräuche, die Gesetzgebung der neuen kontinentalen Republiken und die ebenso bedeutsame als auch glücklich zu nennende Anerkennung Haitis durch die französische Regierung einen positiven Einfluss auf die Verbesserung der Lage der Schwarzen auf den restlichen Antillen, in Carolina, auf den verschiedenen Guayana-Inseln und Brasilien ausüben werden, sei es aus Vorsorge und Furcht, sei es aus edlerer und eigennützigerer Gesinnung.

Wenn nach und nach die Bande der Sklaverei gelöst werden sollen, ist dazu eine äußerst strenge Handhabung der Gesetze gegen Sklaverei erforderlich: diffamierende Strafen bei Missachtung, die Einrichtung von Gerichten und das gegenseitig zuerkannte Recht auf Kontrolle der Schiffe. Es ist ohne Zweifel traurig zu erfahren, dass auf Grund der schmählichen und strafbaren Gleichgültigkeit einiger Regierungen Europas der Sklavenhandel geheim gehalten und deswegen grausamer geworden ist und seit zehn Jahren beinahe wieder gleich viel Schwarze wie vor 1807 aus Afrika entführt wurden. Jedoch darf daraus nicht die Nutzlosigkeit oder, wie es die geheimen Vertreter der Sklaverei tun, die praktische Unmöglichkeit der zunächst von Dänemark, den Vereinigten Staaten, Großbritannien und nach und nach von ganz Europa angenommenen menschenfreundlichen Maßnahmen gefolgert werden. Die Geschehnisse seit 1807 bis zu dem Moment, wo Frankreich wieder in den Besitz seiner ehemaligen Kolonien gelangt ist, die jetzigen Ereignisse in den Ländern, deren Regierungen ernsthafte Vertreter der Abschaffung des Sklavenhandels sind, bezeugen wie irrig dieser Schluss ist. Ist es jedoch sinnvoll, zahlenmäßig den Sklavenimport von 1825 mit dem von 1806 zu vergleichen? In Anbetracht der Aktivitäten der Industrieunternehmen muss man sich fragen, welchen Zuwachs die Negereinfuhr auf den englischen Antillen und in den Südstaaten der Vereinigten Staaten erfahren hätte, wenn vollständig freier Sklavenhandel weiter immer neue Sklaven in diese Gebiete gebracht und die Sorge um Unterhalt und Wachstum der ehemaligen Bevölkerung überflüssig gemacht hätte. Glaubt man etwa, dass der englische Sklavenhandel wie 1806 beim Verkauf von 53.000 Sklaven geblieben wäre und der von den Vereinigten Staaten bei 15.000? Man weiß mit ziemlicher Gewissheit, dass in den 106 Jahren vor 1786 mehr als 2.130.000 Neger, die den Küsten Afrikas entrissen wurden, auf die englischen Antillen verkauft wurden. Zum Zeitpunkt der Französischen Revolution kamen (nach Norris) 74.000 neue Sklaven pro Jahr hinzu, von denen die englischen Kolonien 38.000, die französischen Kolonien 20.000 aufgenommen haben. Es wäre leicht zu beweisen, dass das gesamte Antillenarchipel, auf dem es heute kaum 2.400.000 (freie und Sklaven-) Neger und Mulatten gibt, zwischen 1670 und 1825 mit annähernd fünf Millionen Afrikanern versorgt wurde. Bei diesen empörenden

Berechnungen des Menschenkonsums bleiben jene unglücklichen Sklaven unberücksichtigt, die während der Überfahrt zugrunde gerichtet oder wie verdorbene Ware in die See geworfen wurden. Und wieviele Tausende würden diese Verluste noch mehren, wenn die zwei Völker, die an der Entwicklung ihres Handels und ihrer Industrie die größten Impulse und die meiste Intelligenz an den Tag legen, nämlich die Engländer und die Bewohner der Vereinigten Staaten, nach 1807 weiter so freimütig am Sklavenhandel teilgenommen hätten wie es andere Völker Europas getan haben? Eine traurige Erfahrung hat gezeigt, wie schädlich die Abkommen vom 15. Juli 1814 und 22. Januar 1815 für die Menschheit waren, nach denen Spanien und Portugal sich das Recht einräumten[86], sich noch eine gewisse Zeit des Handels mit den Schwarzen zu erfreuen.

Die örtlichen Behörden oder besser gesagt, die reichen Eigentümer, die die Stadtverwaltung von Havanna bilden, das Konsulat und die Patriotische Gesellschaft, haben bei verschiedenen Anlässen ihre Bereitschaft bekundet, das Los der Sklaven zu verbessern. Wenn die zentrale Regierung nicht jeden Anschein von Erneuerung fürchtete und diese glücklichen Umstände und den Einfluss einiger talentierter Männer auf die Mitbürger zu schätzen wüsste, hätte die Gesellschaft allmähliche Veränderungen erfahren und heutzutage würden sich die Bewohner der Insel Kubas schon einiger Verbesserungen erfreuen, die bereits vor dreißig Jahren im Gespräch waren. Die Unruhen von 1790 auf Santo Domingo und 1794 auf Jamaika haben bei den Hazienda-Besitzern eine solche Panik hervorgerufen, dass man in einer Wirtschaftsverhandlung sehr lebhaft darüber beriet, was man tun könne, um den Frieden des Landes zu bewahren. Man erließ Verordnungen über die Verfolgung von Flüchtigen[87], die bis dahin Anlass zu den sträflichsten

---

[86]"Unsere Eingeborenen vom Caura-Fluss sagen, wenn sie beichten, dass sie schon verstehen, dass es eine Sünde ist, Menschenfleisch zu essen. Aber sie bitten darum, sich diese Sitte langsam abzugewöhnen: Sie wollen einmal pro Monat Menschenfleisch essen, danach jeden dritten Monat, bis sie die Gewohnheit vollkommen verlieren." *Cartas de los Reverendos Padres Observantes,* Nr. 7 (Handschrift)

[87]*Reglamento sobre los Negros Cimarrones de 20 de Diciembre de 1796.* Vor 1788 gab es viele flüchtige Neger (*cimarrones*) in den Bergen von *Jaruco*, wo sie oftmals in Gemeinschaft mit anderen unglücklichen Flüchtlingen lebten, indem sie zur gemeinsamen Verteidigung aus aufgetürmten Baumstämmen kleine Verhaue errichteten. Die aus Afrika gebürtigen braunen Neger (*bozales*) konnten leicht gefasst werden, denn die meisten liefen in der vergeblichen Hoffnung, ihre Heimat zu finden, Tag und Nacht nach Osten. Wenn man sie erfasste, waren sie so vor Hunger erschöpft, dass man sie nur noch mit sehr kleinen Mengen Brühe retten konnte. Die kreolischen braunen Neger versteckten sich tagsüber im Wald und stahlen nachts Essbares. Bis 1790 hatte nur der oberste Bürgermeister der Provinz, dessen Amt in der

Exzessen waren. Es wurde vorgeschlagen, mehr Negerinnen in den Zuckersiedereien zuzulassen, sich verstärkt um die Erziehung der Kinder zu kümmern, die Einfuhr afrikanischer Neger zu reduzieren, weiße Kolonisten von den Kanarischen Inseln und Eingeborenen-Kolonisten aus Mexiko kommen zu lassen, Schulen auf dem Land einzurichten, um Sitten und Gebräuche der unteren Schichten zu verbessern und die Sklaverei auf indirektem Weg zu mildern. Diese Vorschläge hatten jedoch nicht den gewünschten Erfolg. Der Hof widersetzte sich jeder Art von Transmigration und die Mehrheit der Besitzer überließ sich gern den alten täuschenden Hoffnungen auf Sicherheit und war nicht gewillt den Negerhandel einzuschränken, solange der hohe Preis der Landeserzeugnisse die Aussicht auf außerordentlichen Gewinn verstärkte. Es wäre jedoch ungerecht unerwähnt zu lassen, dass in diesem Kampf zwischen Privatinteressen und Ansätzen einer weisen Politik auch ausdrücklich Wünsche und Prinzipien einiger Bewohner der Insel Kuba ausgesprochen wurden, sei es in ihrem eigenen Namen, sei es im Namen reicher und mächtiger Korporationen. "Die Menschlichkeit unserer Gesetzgebung", so drückt sich der edle Arango in einer Denkschrift von 1796 aus, "gewährt dem Sklaven vier Rechte, die eine Minderung seiner Qualen bedeuten, ihm jedoch von der politischen Haltung den Fremden gegenüber ständig verweigert wurde. Diese Gesetze beziehen sich auf die Wahl eines weniger strengen Herrn[88], die Freiheit, nach eigenem Belieben zu heiraten, die Möglichkeit, sich die Freiheit[89] durch Arbeit zu

---

Familie des Grafen von Barreto erblich war, das Recht, Neger gefangen zu nehmen. Heutzutage können alle Bewohner die braunen Neger einfangen und der Sklavenbesitzer bezahlt außer der Ernährung 4 Piaster pro Kopf. Wenn der Besitzer unbekannt ist, stellt das Konsulat den braunen Neger zu Arbeiten im öffentlichen Dienst ein. Diese Menschenjagd, die den kubanischen Hunden sowohl auf Haiti als auch auf Jamaika eine verhängnisvolle Berühmtheit verschafft hat, war vor der oben zitierten Verordnung auf grausamste Weise üblich.

[88]Hier handelt es sich um das Recht, einen Herrn zu suchen (*buscar amo*). Sobald der Sklave einen neuen Herrn gefunden hat, der ihn kaufen will, kann er den ersten verlassen, über den er sich glaubt, beklagen zu können. Dies ist der Sinn eines wohlgemeinten Gesetzes, das jedoch oft umgangen wird, wie alle, die den Sklaven schützen. In der Hoffnung, das Privileg der freien Wahl des Herrn benutzen zu können, fragen viele Schwarze Reisende, die sie treffen: "¿Quiere Vd. comprarme?" (Wollen Sie mich kaufen?), eine Frage, die im zivilisierten Europa, wo man oft seine Stimme oder Meinung verkauft, nie laut ausgesprochen wird.

[89]Der Sklave muss in den spanischen Kolonien laut Gesetz zum geringsten Preis veranschlagt werden. Diese Schätzung lag zur Zeit meiner Reise je nach Ortschaft bei 200 bis 380 Piaster. Der Preis eines erwachsenen Negers lag 1825 auf Kuba bei 450 Piaster. 1788 lieferte der französische Handel Neger für 280 bis 300 Piaster (Page: *Traité d'économie politique des colonies*, Tom.II, S. 149). Bei den Griechen kostete ein Sklave 300 bis 600 Drachmen (54 bis 108 Piaster), als der Tagelohn eines

erkaufen oder durch gute Arbeit zu erlangen, das Recht, Eigentum zu haben und durch erworbenen Besitz Frau und Kinder freizukaufen[90]. Trotz Umsicht und Milde der spanischen Gesetzgebung bleibt der Sklave dennoch in der Einsamkeit einer Plantage oder eines Hofes den Exzessen eines rohen Aufsehers ausgesetzt, der, mit einem Buschmesser und einer Geißel ausgestattet, ungestraft seine absolute Herrschaft ausübt. Das Gesetz beschränkt weder Bestrafung des Sklaven noch Härte seiner Arbeit. Genausowenig schreibt es Qualität oder Quantität der Nahrungsmittel vor[91]. Zwar erlaubt das Gesetz dem Sklaven, sich an den Richter zu wenden, damit dieser den Herrn zu einem gerechteren Verhalten anhält. Aber diese Zuflucht ist recht illusorisch, denn es besteht ein anderes Gesetz, wonach man jeden Sklaven festnehmen und zurückschicken soll, der sich ohne Erlaubnis mehr als anderthalb Meilen von seiner Plantage entfernt hat. Wie kann also der gegeißelte, ausgehungerte und überarbeitete Sklave vor dem Richter erscheinen? Und wenn es ihm trotzdem gelänge, dort zu erscheinen, wie kann er dort gegen einen mächtigen Herrn verteidigt werden, der als Zeugen die bestochenen Mitschuldigen seiner Grausamkeiten bestellt?"

Schließlich will ich noch eine andere bemerkenswerte Stelle der *Representación del Ayuntamiento, Consulado y Sociedad patriótica* vom 20. Juli 1811 zitieren: "In all dem, was in Beziehung zu den Veränderungen des

---

Arbeiters 1/10 Piaster betrug. Während die spanischen Gesetze und Institutionen die Freilassung auf jede Art und Weise begünstigen, muss der Herr auf den außerspanischen Antillen dem Fiskus für jeden freigelassenen Sklaven 500 bis 700 Piaster bezahlen!

[90]Welch Unterschied zwischen der Menschlichkeit der ältesten spanischen Sklavengesetze und den barbarischen Spuren, die man auf jeder Seite des *Code noir* und in einigen Gesetzen der Provinzen der englischen Antillen antrifft! Die Gesetze von Barbados von 1688 und den Bermuda-Inseln von 1730 verordnen, dass der Herr, der seinen Schwarzen durch Züchtigung tötet, nicht deswegen angeklagt werden kann, während der Herr, der den Sklaven aus Bosheit tötet, 10 Pfund Sterling an die königliche Schatzkammer zahlt. Ein Gesetz von Saint Christoph (heute Saint Kitts) vom 11. März 1784 beginnt mit folgenden Worten: "Wheras some persons have of late been guilty of cutting off and depriving slaves of their ears": "Wir verordnen und befehlen: Wer einem Sklaven ein Auge zerstört, die Zunge ausgerissen oder ein Ohr oder die Nase abgehauen hat, der soll 500 Pfund Sterling zahlen und zu sechs Monaten Gefängnis verurteilt werden." Es ist nicht nötig hinzuzufügen, dass diese englischen Gesetze, die vor 30 oder 40 Jahren noch gültig waren, abgeschafft und durch menschlichere ersetzt sind. Könnte ich nur dasselbe von der Gesetzgebung der französischen Antillen berichten, wo sechs jungen Sklaven, die wegen des Verdachts beabsichtigter Flucht durch gerichtlichen Spruch von 1815 die Kniekehlen durchgeschnitten wurden!

[91]Durch eine königliche Verordnung vom 31. Mai 1789 sollten Bestimmungen über Ernährung und Bekleidung erlassen werden. Sie wurde jedoch nie ausgeführt.

Zustands der <u>dienstbaren Klasse</u> steht, handelt es sich sehr viel weniger um unsere Befürchtungen der Verminderung landwirtschaftlicher Reichtümer als um die durch unvorsichtige Maßnahmen so leicht zu gefährdende Sicherheit der Weißen. Diejenigen, die das Konsulat und die Stadtverwaltung von Havanna eines eigensinnigen Widerstandes bezichtigen, vergessen jedoch, dass dieselben Obrigkeiten 1799 ohne Erfolg vorgeschlagen haben, sich um die Situation der Schwarzen auf der Insel Kuba zu kümmern (*um die Bereinigung dieser heiklen Angelegenheit*). Und mehr noch: Wir sind weit davon entfernt, Maxime anzunehmen, die die europäischen Nationen, die sich ihrer <u>Zivilisation</u> rühmen, als unantastbar ansehen, z.B. dass ohne Sklaven keine Kolonien möglich seien. Ganz im Gegensatz dazu bestehen wir darauf, dass Kolonien auch ohne Sklaven, ja sogar ohne Schwarze möglich sind und dass der Unterschied nur im größeren oder kleineren Gewinn, im mehr oder minder schnellen Wachstum bestünde. Wenn nun dies unsere feste Überzeugung ist, müssen wir Seine Majestät auch daran erinnern, dass eine soziale Ordnung, in der die Sklaverei einmal Fuß gefasst hat, nicht ohne Weiteres mit unüberlegter Eile umgestoßen werden kann. Wir sind weit davon entfernt zu bestreiten, dass die Verschleppung von Sklaven von einem Kontinent in den anderen ein den moralischen Grundsätzen widersprechendes Übel ist, dass kein bedeutender politischer Fehler begangen wurde, als man den Vorstellungen und Bedenken Ovandos, des Gouverneurs von Hispaniola (Haiti) kein Gehör schenkte, der gegen Einfuhr und Überzahl an Sklaven neben wenigen freien Menschen war. Da dieses Übel und dieser Missbrauch nun schon fest verankert sind, müssen wir verhindern, dass unsere Lage und die unserer Sklaven vorsätzlich noch schlechter wird. Was wir von Ihnen verlangen, Majestät, entspricht dem Wunsch eines der eifrigsten Verteidiger der Menschenrechte und dem erklärtesten Feind der Sklaverei. Wir wollen wie er, dass die bürgerlichen Gesetze uns gleichzeitig von Missbräuchen und Gefahren befreien."

Allein auf den Antillen (ohne die Republik Haiti) hängt von der Lösung dieses Problems die Sicherheit von 875.000 Freien (Weißen und Farbigen[92]) ab und die Milderung des Schicksals von 1.150.000 Sklaven. Wir haben gezeigt, dass die Lösung nur auf friedlichem Wege und nicht ohne die Teilnahme von Ortsbehörden, <u>Kolonialräten</u>, oder der unter einem von den alten Mutterstaaten minder gefürchteten Namen stattfindenden Vereinigung der Eigentümer erlangt werden kann. Der direkte Einfluss der Behörden ist unerlässlich, und es ist ein fataler Fehler zu glauben, "dass sich mit der Zeit alles einrenken wird". In der Tat wird die Zeit gleichzeitig Einfluss auf die

---

[92]Und zwar 452.000 Weiße, wovon allein 342.000 auf die zwei einzigen spanischen Antillen (Kuba und Puerto Rico) fallen, und 423.000 freie Farbige, Mulatten und Neger.

Sklaven ausüben, auf die Beziehungen zwischen Inseln und Kontinent, auf die Ereignisse, die man nicht mehr steuern können wird, nachdem man sie mit apathischer Untätigkeit hat auf sich zukommen lassen. Überall dort, wo Sklaverei schon lange Zeit besteht, hat die Zunahme an Zivilisation viel weniger Einfluss auf die Behandlung der Sklaven als man es allgemein zugeben will. Die Zivilisation einer Nation erstreckt sich nur selten auf viele Individuen. Diejenigen, die in den Werkstätten in unmittelbarem Kontakt zu den Schwarzen stehen, erreicht sie nicht. Die Besitzer, von denen ich sehr menschliche kennenlernte, weichen vor den Schwierigkeiten auf den großen Plantagen zurück. Sie zögern, wenn es darum geht, die etablierte Ordnung anzutasten, Neuerungen einzuführen, die ihr Ziel verfehlen, wo sie nicht gleichzeitig von der Gesetzgebung oder, was noch wirksamer wäre, durch den gemeinsamen Willen unterstützt werden, und vielleicht das Schicksal derer verschlimmern, denen man helfen wollte. Diese vorsichtigen Betrachtungen hemmen das Gute bei Menschen, deren Absichten äußerst wohl gemeint sind und die sich über die barbarischen Einrichtungen beklagen, deren trauriges Erbe sie angetreten haben. Da sie die örtlichen Gegebenheiten kennen, wissen sie, dass für wesentliche Veränderungen im Sklavenstand und allmählicher Freiheit starker Wille von Seiten der Ortsbehörden und Mitwirkung reicher und aufgeklärter Bürger an einem umfassenden Plan erforderlich sind, damit jegliche Störung, die eintreten könnte und Mittel ihr zu begegnen, vorausberechnet werden. Ohne derartig gemeinsame Aktionen und Anstrengungen wird die Sklaverei mit ihrem Leid und ihren Exzessen wie im alten Rom[93] fortbestehen, neben eleganten Sitten, dem so sehr gepriesenen Fortschritt der Aufklärung, neben hohem Prestige, einer Zivilisation, der die Sklaverei zum Vorwurf gereicht und die von ihr verschlungen zu werden droht, sobald die Zeit der Rache gekommen sein wird. Zivilisation oder langsame Verdummung der Völker bereiten die Geister einzig und allein auf zukünftige Ereignisse vor. Um jedoch große Veränderungen in einem gesellschaftlichen Stand hervorzurufen, bedarf es des Zusammentreffens gewisser Gegebenheiten, deren Zeitpunkt nicht vorausberechnet werden kann. Das Schicksal der Menschheit ist dermaßen verwickelt, dass dieselben Grausamkeiten, die die Eroberung der beiden Teile

---

[93]Die von der römischen und griechischen Zivilisation abgeleiteten Argumente zugunsten der Sklaverei sind auf den Antillen sehr beliebt, wo man sich manchmal damit lobt, sie mit dem Luxus der philologischen Gelehrsamkeit auszuschmücken. So hat man zum Beispiel 1795 in den vor der legislativen Versammlung gehaltenen Reden auf Jamaika bewiesen, dass nach dem Vorbild der in den Kriegen von Pyrrhus und Hannibal benutzten Elefanten es nicht schandbar sein könnte, auf die Insel Kuba hundert Hunde und vierzig Jäger kommen zu lassen, die die braunen Neger jagen sollten. Bryan Edwards, Tom I, S. 570.

Amerikas mit Blut beschmutzt haben, sich unter unseren Augen zu einer Zeit wiederholt haben, die wir durch den größten Fortschritt der Aufklärung charakterisiert sahen, durch eine allgemeine Milderung der Sitten. Das Leben eines einzigen Menschen war hinreichend, um den Terror in Frankreich zu erkennen, die Expedition von Santo Domingo[94], die politischen Reaktionen in Neapel und Spanien. Ich könnte hier die Massaker von Chios, Ipsara und Missolunghi anführen, Werke der osteuropäischen Barbaren, die die zivilisierten westlichen Völker nicht für nötig befanden zu verhindern. In den Sklavenstaaten, wo man durch alte Gewohnheit dazu neigt, die ungerechtesten Institutionen zu legitimieren, kann man erst mit dem Einfluss der Aufklärung, der intellektuellen Kultur, der Mäßigung der Sitten und Gebräuche rechnen, wenn diese positiven Impulse von den Regierungen unterstützt werden und die Durchführung der einmal angenommenen Maßnahmen erleichtert wird. Ohne diese Führungskraft der Regierungen und Gesetzgebungen kann man kaum auf friedliche Veränderung bauen. Die Gefahr wird vor allem dann bedrohlich, wenn eine allgemeine Unruhe sich der Geister bemächtigt, wenn innerhalb der politischen Umwälzungen, in denen sich Nachbarvölker befinden, Fehler und Pflichten der Regierungen aufgedeckt worden sind. Sodann kann Ruhe erst wieder durch eine Autorität eintreten, die im edlen Bewusstsein ihrer Kraft und ihres Rechtes die Umstände meistert, indem sie selbst den Weg der Besserungen einschlägt.

---

[94](1821) *North American Review,* Nr. 30, S. 116. Die Auseinandersetzungen mit den Sklaven, die für ihre Freiheit kämpfen, sind nicht nur deswegen so schrecklich, weil sie auf beiden Seiten Gräueltaten geschehen lassen. Sie tragen auch dazu bei, dass nach der Befreiung jegliches Gefühl für Gerechtigkeiten und Ungerechtigkeiten verloren geht. "Einige Kolonisten verurteilen die gesamte männliche Bevölkerung bis zum Alter von sechs Jahren zum Tode. Sie behaupten, dass das Beispiel, das diejenigen vor Augen haben, die noch keine Waffen getragen haben, ansteckend wirken kann. Dieser Mangel an Mäßigung ist die Folge langanhaltenden Unglücks der Kolonisten." Charault (1806): *Réflexions sur Saint-Domingue,* S. 16.

6. Reise ins *Güines-Tal*, nach *Batabanó* und zum Hafen von *Trinidad*, *Jardines* und *Jardinillos del Rey y de la Reina*

Nach Beendigung unserer Beobachtungen und Messungen an der nördlichsten Grenze der heißen Zone waren Bonpland und ich Ende Februar zur Abfahrt mit dem Geschwader des Almiranten Aristizabal nach Veracruz bereit. Jedoch hielten uns Falschmeldungen über die Expedition von Kapitän Baudin in den Nachrichtenblättern davon ab, die geplante Reise zu den Philippinen über Mexiko anzutreten. Verschiedene Zeitungen, besonders aus den Vereinigten Staaten, berichteten, dass zwei französische Korvetten, die "Géographe" und die "Naturaliste", zunächst nach Kap Horn und dann entlang der Küste Chiles und Perus gesegelt waren. Von dort aus hatten sie Kurs auf Neu-Holland genommen. Diese Nachricht erregte meine höchste Aufmerksamkeit. Ich erinnerte mich an alle in Paris geplanten Projekte. Bei dieser Planung hatte ich das Ministerium des Direktoriums beschworen, die Abfahrt von Kapitän Baudin zu beschleunigen. Beim Verlassen Spaniens hatte ich versprochen, mich dieser Expedition anzuschließen, wo immer dies möglich sein würde. Wenn man etwas von ganzem Herzen herbeisehnt, dessen Ausgang fatale Folgen haben kann, versichert man sich leicht, dass nur ein Pflichtgefühl die Entscheidung zur Lösung des Problems begründet hat. Bonpland, der immer zu allem bereit war und an einen glücklichen Ausgang unserer Unternehmungen glaubte, entschloss sich sofort dazu, unsere Herbarien in drei Teile aufzuteilen. Um unsere mühselig am Orinoco, Atabapo und Río Negro zusammengetragenen Sammlungen dem Schicksal einer langen Seereise anzuvertrauen, schickten wir einen Teil über England nach Deutschland, einen zweiten über Cádiz nach Frankreich. Den dritten Teil ließen wir in Havanna. Wir können uns zu diesem vorsichtigen Entschluss nur beglückwünschen. Jede Teilsammlung enthielt ungefährt dieselben Arten und wir vernachlässigten in keiner Weise unsere Vorsichtsmaßnahmen, damit die von den englischen oder französischen Schiffen transportierten Kisten auch tatsächlich Sir Joseph Banks und den Professoren des Museums für Naturgeschichte in Paris zugestellt würden. Glücklicherweise wurden unsere Manuskripte, die ich anfänglich der Sendung nach Cádiz beigeben wollte, nicht unserem Freund und Reisebegleiter, Fray Juan González vom Heiligen Franziskaner-Orden anvertraut. Dieser ehrenwerte junge Mann, den ich schon mehrmals erwähnt habe, war uns nach Havanna gefolgt, um nach Spanien zurückzukehren. Er verließ Kuba kurz nach uns. Aber das Schiff, auf dem er sich eingeschifft hatte, sank bei einem Sturm vor der Küste Afrikas. Dadurch verloren wir eine Teilsammlung unserer Pflanzen, die wir doppelt hatten, und, was für die Wissenschaft ein schwerwiegenderer Verlust war, alle Insekten, die Bonpland unter schwierigsten Bedingungen am Orinoco und Río Negro gesammelt hatte. Auf Grund außerordentlich ungünstiger Umstände erhielten wir zwei Jahre keinen einzigen Brief aus Europa. Auch die uns in den folgenden drei Jahren erreichten, teilten uns nichts über das Schicksal der Sendungen mit. Man kann sicher verstehen, wie beunruhigt ich über das Verbleiben eines Tagebuchs mit astronomischen Daten und allen Höhenmessungen mit Hilfe eines Barometers war, von denen ich leider mangels an Geduld keine detaillierten Kopien erstellt hatte. Erst nach unserer Reise durch Neu-Grenada, Peru und Mexiko, beim Verlassen des neuen Kontinents, fielen meine Augen rein zufällig in der öffentlichen Bibliothek von Philadelphia auf das Inhaltsverzeichnis einer wissenschaftlichen Zeitschrift. Ich fand dort folgende Worte: "Ankunft der Manuskripte von von Humboldt bei seinem Bruder in Paris über Spanien". Mir fiel es schwer, meine Freude zu verbergen: Nie hatte ich ein Inhaltsverzeichnis für so gut befunden.

Während Bonpland Tag und Nacht arbeitete, um die Sammlungen aufzuteilen und zu ordnen, hatte ich mit unzähligen Hindernissen zu kämpfen, die unserer überstürzten Abreise entgegenstanden. Es gab im ganzen Hafen von Havanna kein Schiff, das bereit gewesen wäre uns nach Portobelo oder Cartagena mitzunehmen. Die Leute, die ich fragte, übertrieben allzu gerne alle Unannehmlichkeiten einer Reise durch den Isthmus und die Dauer der Schiffsreise von Norden nach Süden, von Panama bis Guayaquil und von Guayaquil nach Lima oder Valparaiso. Sie warfen mir vielleicht zu Recht vor, nicht weiterhin die großen und reichen Besitzungen des spanischen Amerika zu erforschen, das seit einem halben Jahrhundert keinem fremden Reisenden offen gestanden hatte. Die Möglichkeiten einer Reise um die ganze Welt, auf der man im Allgemeinen nur einige Inseln oder unwirtliche Küsten eines Kontinents berührt, schienen ihnen von keinem Vorteil gegenüber der Möglichkeit, die geologischen Zusammenhänge, das Innere von Neu-Spanien zu erforschen, einem Gebiet, das allein die Menge Silber produziert, die man jährlich aus allen bekannten Minen der Welt abbaut. Ich hielt diesen Argumenten mein Interesse entgegen, auf breiterer Ebene die Unbeugsamkeit der Kurven gleicher Neigung, das Abnehmen der magnetischen Kraft des Pols zum Äquator hin, die von den Breitengraden und den Strömungen und der Nähe der von Untiefen abhängigen Temperatur des Ozeans zu bestimmen. Je mehr ich mich in meinem Vorhaben gehindert sah, desto mehr hasste ich seine Ausführung. Da ich auf neutralen Schiffen keine Reisemöglichkeit fand, mietete ich einen katalanischen Schoner, der in

Batabanó vor Anker lag und zu meiner Verfügung stehen und mich entweder nach Portobelo oder Cartagena bringen sollte, je nach Meeres- und Windverhältnissen der Heiligen Martha, die zu jener Zeit noch heftig unterhalb des 12. Breitengrades wehte. Der blühende Handel in Havanna und die vielfachen bis zu den Häfen der Südsee reichenden Beziehungen dieser Stadt gaben mir die Möglichkeit, mich für mehrere Jahre zu versorgen. General Gonzalo de O'Farrill, der sich sowohl durch Talent als auch durch einzigartige Charaktereigenschaften auszeichnete, residierte zu jener Zeit als Minister des spanischen Hofes in meinem Heimatland. Ich konnte meine Einkünfte in Preußen gegen einen Teil der seinigen auf Kuba eintauschen. Und die Familie des ehrenwerten Bruders des Generals, Ignacio O'Farrill y Herrera, wollte mir gerne, sobald ich den überstürzten Beschluss zur Abreise gefasst hatte, bei all meinen neuen Projekten helfen. Am 6. März erfuhren wir, dass der von mir geheuerte Schoner bereit war, uns aufzunehmen. Der Weg nach *Batabanó* führte uns noch einmal durch das *Güines*-Tal zur Plantage in *Río Blanco*, wo uns der Besitzer, Graf Jaruco y Mopox, unseren Aufenthalt durch seinen Sinn für gute Unterhaltung mit Hilfe seines großen Vermögens verschönerte. Die Gastfreundschaft, die normalerweise mit dem Fortschritt der Zivilisation abnimmt, wird auf Kuba noch so sehr gepflegt wie in den entlegensten Teilen des spanischen Amerika. Einfache Naturforscher möchten hier den Bewohnern Havannas dieselbe Anerkennung aussprechen wie andere berühmte Fremde[95], die, überall dort, wo ich ihre Spuren verfolgt habe, in der Neuen Welt Zeugnis edler Natürlichkeit, Wissbegierde für neue Erkenntnisse und Liebe des allgemeinen Wohls abgelegt haben.

Von *Río Blanco* nach *Batabanó* führt der Weg durch unbesiedeltes Land, zur Hälfte bewaldet. In den Lichtungen gedeihen wild wachsender Indigo und Baumwolle. Da die Kapseln des Gossypium sich in der Zeit der Nordstürme öffnen, wird der Flaum, der die Körner umgibt, überall herumgewirbelt. Die Ernte hochwertiger Baumwolle leidet sehr unter dem Zusammentreffen der Stürme mit der Reifezeit. Mehrere Freunde, unter ihnen Mendoza, Kapitän des Hafens von Valparaiso und Bruder des berühmten lange Zeit in London ansässigen Astronomen, begleiteten uns bis zur Viehfarm von Mopox. Bei der Erforschung der Pflanzen weiter südlich entdeckten wir eine neue Palmenart mit fächerförmigen Blättern (Corypha maritima) und einem freien Faden in den Zwischenräumen der Blättchen. Diese Corypha überzieht einen Teil der Südküste und ersetzt die majestätische Palma Real (Oreodoxa Regia) und die Cocos Crispa der

---

[95]Die jungen Prinzen von Orléans (die Grafen von Orléans, Montpensier und Beaujolais), die von den Vereinigten Staaten flussabwärts des Ohio und des Mississipi nach Havanna gekommen sind und sich ein Jahr auf Kuba aufgehalten haben.

Nordküste. Von Zeit zu Zeit ragte der poröse Kalk der Jura-Formation aus der Ebene hervor.

6.1 *Batabanó* und seine Krokodile

Batabanó war zu jener Zeit ein armseliges Dorf, dessen Kirche erst vor wenigen Jahren fertig gestellt worden war. Etwa eine halbe Meile entfernt beginnt die *Ciénaga,* eine Moorgegend, die sich von dem *Cortés*-See bis zur Mündung des *Jagua*-Flusses über 60 Meilen von West nach Ost erstreckt. Man ist in *Batabanó* der Meinung, dass hier das Meer das Land weit überflutet und die Überflutung durch den Ozean besonders stark Ende des 18. Jahrhunderts war, als die Tabakmühlen verschwanden und der *Chorrera*-Fluss seinen Lauf änderte. Es gibt nichts Traurigeres als den Anblick dieser Moorlandschaft in der Umgebung von *Batabanó*. Kein Strauch unterbricht diese Monotonie. Nur einzelne verfaulte Palmenstämme ragen wie gebrochene Masten aus der Unzahl von Binsen und fleischigen Irispflanzen. Da wir nur einmal in *Batabanó* übernachteten, tat es mir leid, dass ich keine genauen Auskünfte über die zwei Arten von Krokodilen erhalten konnte, die das Sumpfgebiet bewohnen. Die eine Art wird von den Bewohnern Kaiman genannt, die andere Art Krokodil, auf Spanisch cocodrilo. Man versicherte uns, dass Krokodile behender seien, längere Beine und ein wesentlich spitzeres Kinn als Kaimane hätten und dass beide niemals in Gemeinschaft lebten. Das Krokodil soll sehr mutig sein und sogar auf Schiffe klettern, wenn es sich mit dem Schwanz abstützen kann. Der Mut dieser Tiere wurde schon während der ersten Expeditionen des Gouverneurs Diego Velázquez hervorgehoben. Das Krokodil entfernt sich bis auf eine Meile vom *Río Cauto* und dem morastigen Ufer vom *Jagua*, um Wildschweine zu jagen. Man kann einige Exemplare sehen, die 15 Fuß lang sind, und die aggressivsten Tiere sollen, wie die Wölfe in Europa, sogar Reiter verfolgen, während die nur in *Batabanó* so bezeichnete Art von Kaimanen so scheu sind, dass man sich nicht davor fürchtet, dort zu baden, wo sie in Gruppen leben. Diese Gewohnheiten und der Name Krokodil für die gefährlichste Art der fleischfressenden Reptilien auf Kuba scheinen mir ein Beweis dafür zu sein, dass es sich um eine andere Art als bei den großen Tieren des Orinoco, des Río Magdalena und von Santo Domingo handelt. Auf Grund der übertriebenen Erzählungen über die Gefährlichkeit der Krokodile Ägyptens wird jedoch überall auf dem Kontinent des spanischen Amerika von Kolonisten immer wieder behauptet, dass es die wirklichen Krokodile nur im Nil gibt, während die Zoologen erkannt haben, dass es in Amerika sowohl Kaimane oder Alligatoren mit kurzen Beinen ohne Zacken gibt als auch Krokodile mit spitzem Kinn und gezackten Beinen. Dagegen gibt es im alten Kontinent Krokodile und Gavials. Das Crocodilus acutus von

Santo Domingo, von dem ich bis heute nicht in der Lage bin das Krokodil der großen Flüsse wie dem Orinoco und dem Rio Magdalena zu unterscheiden, hat sogar, um mich hier eines Ausdruckes von Cuvier zu bedienen, eine solch verblüffende Ähnlichkeit mit dem Nil-Krokodil, dass es einer minutiösen Untersuchung bedurfte, um das Gesetz von Buffon, das die Verteilung derselben Arten auf die Tropen der beiden Kontinente bezeugt, zu beweisen.

Da ich bei meinem zweiten Aufenthalt in Havanna 1804 nicht in die Morastlandschaft von *Batabanó* zurückkehren konnte, ließ ich mir, mit großen Kosten verbunden, beide Arten, von den Einwohnern Kaimane und Krokodile genannt, zukommen. Zwei Krokodile gelangten lebend zu mir, von dem das ältere 4 Fuß 3 Zoll maß. Man hatte es nur mit großer Not gefangen. Man transportierte die beiden Krokodile festgebunden und mit einem Maulkorb auf einem Maultier. Sie waren stark und sehr gefährlich. Um ihre Gewohnheiten und Bewegungen zu beobachten, brachten wir sie in einen großen Raum, wo sie, von einem sehr hohen Möbelstück aus, auf das sie hochgekrochen waren, große Hunde angriffen. Da wir schon am Orinoco, am Apure und am Magdalena sechs Monate umgeben von Krokodilen gelebt hatten, gefiel es uns vor der Rückkehr nach Europa diese einzigartigen Tiere noch einmal zu beobachten, wie sie erstaunlich schnell von vollkommener Unbeweglichkeit zu unverhofften Bewegungen überwechseln. Die Exemplare, die man uns von *Batabanó* als Krokodile geschickt hatte, hatten dasselbe spitze Kinn wie die Krokodile des Orinoco und des Magdalena (Crocodilus acutus). Sie waren etwas dunkler, grün-schwärzlich auf dem Rücken, weiß am Bauch. An den Seiten hatten sie gelbe Punkte. Ich habe wie bei allen echten Krokodilen 38 Zähne im Oberkiefer und 30 im Unterkiefer gezählt. Im Oberkiefer waren der neunte und der zehnte und im Unterkiefer der erste und der vierte besonders groß. Bonpland und ich haben ausdrücklich an Ort und Stelle beschrieben, dass der vierte Zahn des Unterkiefers frei in den Oberkiefer ragt. Die letzten Zähne waren flachgedrückt. Diese Krokodile von *Batabanó* schienen mit dem Crocodilus acutus identisch zu sein. Allerdings schienen uns die Gewohnheiten, von denen man uns berichtete, nicht sehr mit denen unserer eigenen Beobachtungen am Orinoco übereinzustimmen. Aber die fleischfressenden Reptilien derselben Art sind je nach Örtlichkeit in ein und demselben Gewässer sanfter und scheuer oder gefährlicher und mutiger. Das Tier, das in *Batabanó* den Namen Kaiman trägt, starb auf dem Weg zu uns und wurde uns leider unvorhergesehenerweise nicht gebracht, so dass wir den Vergleich der beiden Arten nicht anstellen konnten. Sollte es im Süden der Insel wirkliche Kaimane mit abgerundetem Kinn geben, deren vierter unterer Zahn in den Oberkiefer ragt, und Alligatoren, die denen Floridas ähneln? Was die Kolonialherren über den weitaus längeren Kopf des Krokodils von *Batabanó* behaupten, bestätigt diese Tatsache[96] in gewisser Weise. Und in diesem Fall hätte das Volk auf Grund eines glücklichen Instinkts auf dieser Insel mit demselben Recht zwischen Krokodil und Kaiman unterschieden wie es heute die gelehrten Zoologen tun, indem sie Untergattungen aufstellen, die dieselben Namen tragen. Ich zweifle nicht daran, dass das Krokodil mit dem spitzen Kinn und der Alligator oder Kaiman mit flachem Kinn[97] gleichzeitig aber in getrennten Gruppen in den Morastgegenden zwischen *Jagua*, dem Anlegeplatz von *Batabanó* und der Insel *De Pinos* leben. Auf dieser Insel war Dampier, den ich sowohl als Forscher als auch als unerschrockenen Seemann hoch schätze, vom großen Unterschied zwischen den amerikanischen *Kaimanen* und *Krokodilen* überrascht. Was er diesbezüglich von seiner Reise zur Bucht von Campeche berichtet, hätte vor mehr als einem Jahrhundert die Neugierde der Gelehrten erregen können, wenn die Zoologen nicht meist voller Verachtung alle Beobachtungen zurückgewiesen hätten, die die Seereisenden und andere Personen ohne wissenschaftliche Kenntnisse an Tieren gemacht haben. Außer einigen Unterscheidungsmerkmalen zwischen Krokodilen und Kaimanen, die nicht alle in gleicher Weise als zuverlässig zu bezeichnen sind, gibt Dampier Angaben über die geographische Verbreitung dieser enormen Reptilien. Er schreibt: "In der Bucht von Campeche habe ich nur Kaimane und Alligatoren gesehen. Auf der Insel *De Pinos* und in den unzähligen Sumpfgebieten der Küste Kubas gibt es gleichzeitig Krokodile

---

[96]Ich glaube einen leichten Unterschied in der Stelle im Nacken zu finden, wo sich eine Art großer Nägel befindet. Das große Exemplar von *Batabanó* hatte in der Nähe des Kopfes zunächst vier reihenförmig und danach drei paarweise angeordnete Tuberkel. Das jüngere Exemplar wies dagegen zunächst eine Reihe von vier Nägeln auf und danach eine einzelne Reihe von zwei und einen längeren leeren Abschnitt. Danach begannen die Rückenplättchen. Diese letztere Anordnung ist beim Krokodil des Orinoco am weitesten verbreitet. Die Krokodile des Magdalena-Flusses dagegen weisen im Nacken drei Nagelreihen auf, die zwei ersten sind Vierer-Reihen, die letzte ist eine Zweier-Reihe. Bei den Exemplaren des Crocodilus acutus, die das Muséum d'histoire naturelle von Paris aus Santo Domingo erhalten hat, gibt es zunächst zwei Vierer-Reihen und danach eine Zweier-Reihe. Im zweiten Band meiner Zoologischen Abhandlung werde ich auf das durchgehende Vorhandensein dieser Charakteristik eingehen. Die vier Moschusbeutel sind beim Krokodil von *Batabanó* genau dort angeordnet, wie ich es bei dem des Magdalena-Flusses vermerkt habe: unter dem Unterkiefer und in der Nähe des Anus. Aber ich war äußerst erstaunt, in Havanna drei Tage nach dem Tod des Tieres bei einer Temperatur von 30° nicht diesen Geruch zu verspüren, während in Mompox am Ufer des Magdalena der Gestank der lebenden Krokodile in unsere Wohnung drang. Ich habe inzwischen gelesen, dass Dampier auch "von dem Ausbleiben des Geruchs der Krokodile auf Kuba" spricht, "während die Kaimane einen sehr starken Moschus-Geruch verbreiteten".
[97]Crocodilus acutus von Santo Domingo, Alligator lucius von Florida und dem Mississippi.

und Kaimane[98]". Ich möchte diesen genauen Beobachtungen von Dampier hinzufügen, dass das echte Krokodil (C. acutus) auf den Leeward-Inseln der Antillen in unmittelbarer Nähe vom Festland zum Beispiel bei den Inseln Trinidad, Margarita und wahrscheinlich auch, trotz des Mangels an Süßwasser, auf Curaçao lebt. Weiter im Süden beobachtet man es (ohne dass ich gleichzeitig irgendeine Art Alligator angetroffen hätte, die an der Küste von Guayana sehr häufig vorkommen)[99], in den Flüssen Neveri, Magdalena, Apure und Orinoco bis zur Mündung des Dassiquiaro in den Río Negro (2°2' Breite), das heißt mehr als 400 Meilen weit von *Batabanó* entfernt. Es wäre interessant festzustellen, wo sich auf der Ostküste Mexikos und Guatemalas, zwischen Mississippi und Río Chagre im Isthmus von Panama die Grenze der verschiedenen Arten der fleischfressenden Reptilien befindet.

6.2 Reise durch die *Jardines* und *Jardinillos*

Am 9. März segelten wir schon vor Sonnenaufgang auf offenem Meer, ein wenig in Sorge wegen des äußerst kleinen Schoners, auf dem wir uns auf Deck kaum ausstrecken konnten. Die Kajüte wurde nur schwach von oben beleuchtet. Es war ein wirklicher Handelskutter, in dem wir unsere Instrumente nur mit Mühe unterbringen konnten. Das Thermometer stand hier ständig auf 32° und 33°. Glücklicherweise dauerten diese Unbequemlichkeiten nur 20 Tage. Die Reisen in Kanus auf dem Orinoco und auf einem amerikanischen Schiff mit einer Last von mehreren Tausend Arroben Dörrfleisch waren weniger beschwerlich.

Der Golf von *Batabanó* erschien uns mit seinen flachen Küsten und Sumpfgebieten wie eine immense Einöde. Fischfressende Vögel, die normalerweise schon vor den kleinen Landvögeln und den faulen Zamuros[100] aufstehen, waren nur in geringer Anzahl vorhanden. Das Meerwasser war braun-grünlich wie in einigen Schweizer Seen, während der äußerst klare Himmel im Moment des Sonnenaufgangs von jenem kalten graublauen Licht war, das die Landschaftsmaler zur selben Stunde in Süditalien festhalten und in dem sich alle weit entlegenen Dinge genauestens abzeichnen. Unser Schoner war das einzige Schiff im ganzen Golf. Denn außer Schmugglern, oder wie man hier höflicher sagt, Händlern, kommt kaum jemand in die Gegend von *Batabanó*. Wir haben weiter oben die Planung des *Güines*-Kanals erwähnt und von der Bedeutung gesprochen, die *Batabanó* dadurch für die Verbindung der Insel mit der Küste von Venezuela erlangen könnte. In seinem heutigen Zustand, ohne dass hier irgendeine Säuberung versucht

---

[98]Dampier (1699): *Voyages and Descriptions*. Tom II, P.I, S. 30 und 75.
[99]Alligator sclerops und Alligator palpebrosus.
[100]Der Peronoptere von Südamerika, Vultur aura

worden wäre, ist das Wasser kaum neun Fuß hoch[101]. Der Hafen liegt am Rande einer Bucht, die im Osten an *Punta Gorda,* im Westen an *Punta de Salinas* grenzt: Aber diese Bucht stellt nur die konkave Spitze eines Golfes dar, der von Süden nach Norden fast 14 Meilen Durchmesser hat und auf 50 Meilen zwischen dem See *Laguna de Cortés* und der Insel *Cayo de Piedras* von einer Unzahl seichter Stellen und Landzungen umgeben ist. Inmitten dieses Labyrinths erhebt sich eine einzige große Insel, deren Fläche viermal die der Insel Martinique ausmacht und deren spärlich bewachsene Berge von majestätischen Koniferen gekrönt sind. Es ist die *Isla de Pinos,* die von Kolumbus *El Evangelista* und später von anderen Seefahrern des 16. Jahrhunderts *Isla de Santa María* genannt wurde. Sie ist wegen ihres ausgezeichneten Mahagoni-Holzes (Swietenia Mahagoni) bekannt, mit dem hier gehandelt wird. Wir segelten nach OSO durch die Zufahrt *Don Cristóbal* um die Felseninsel *Cayo de Piedras* zu erreichen und den von den Spaniern seit der Zeit der ersten Eroberungen *Jardines y Jardinillos* genannten Archipel zu verlassen. Der wirkliche Archipel *Jardines de la Reina*[102] ist in der Nähe von *Cabo Cruz* von dem gerade beschriebenen Archipel durch das offene Meer 35 Meilen getrennt. Kolumbus selbst hat es so im Mai 1494 benannt, als er auf seiner zweiten Reise 58 Tage gegen Strömung und Wind zwischen der Insel *Pinos* und dem östlichen Kap Kubas kämpfte. Er beschreibt die kleinen Inseln dieses Archipels als grün mit vielen entzückenden Wäldchen. In der Tat ist ein Teil dieser scheinbaren Gärten sehr angenehm. Der Seefahrer beobachtet einen ständigen Wechsel der Natur.

---

[101]Die größten Schiffe, die in den Anlegehafen von *Batabanó* einfahren, haben einen Tiefgang von 15 Palmas (à 9 spanische Zoll). Gute Zufahrten sind im Westen der Kanal *Puerto Francés,* zwischen dem Westkap der Insel *Pinos* und dem See *Cortés,* und im Osten der Insel *Pinos* die vier Zufahrten von *Rosario, Gordas, Savana de Juan Luis* und *Don Cristóbal* zwischen den Landzungen der Küste Kubas.

[102]In Havanna selbst herrschen starke Unklarheiten über die alten geographischen Bezeichnungen *Jardines del Rey* und *Jardines de la Reina.* In der Beschreibung von Kuba im *Mercurio Americano* (Tom. II, S. 388) und in der *Historia natural de la Isla de Cuba* (Cap. I, § 1), die in Havanna von Antonio López Gómez geschrieben wurde, werden die beiden Archipele auf der Südseite der Insel angesiedelt. López behauptet sogar, dass die *Jardines del Rey* sich von der *Laguna de Cortés* bis zur Bucht von *Jagua* erstrecken. Aber es besteht kein historischer Zweifel daran, dass der Gouverneur Diego Velázquez diesen Namen dem westlichen Teil des Archipels des *Canal Viejo* zwischen Kap *Cayo Francés* und *El Monillo* an der Nordküste der Insel Kuba zugedacht hat (Herrera, Tom, I, S. 8,81,55 und 232; Tom. II, S. 181). Die *Jardines de la Reina* zwischen *Cabo Cruz* und dem Hafen von *Trinidad* stehen in keinerlei Zusammenhang mit den *Jardines y Jardinillos de la Isla de Pinos.* Zwischen diesen beiden Archipelen befinden sich die seichten Stellen *Placeres* von *La Paz* und *Jagua.*

Und das Grün mancher Inselchen wirkt umso schöner als es einen Kontrast zu anderen Inseln darstellt, die nur weißen Sand und keinerlei Baumbestand aufweisen. Die Oberfläche dieses von den Sonnenstrahlen erhitzten Sandes wellt sich wie die Oberfläche einer Flüssigkeit. Durch den Kontakt mit Luftschichten verschiedener Temperaturen werden hier zwischen 10 Uhr morgens und 4 Uhr nachmittags die verschiedensten Phänomene wie Abhebung und Refraktion erzeugt. Auf diesen wie ausgestorben wirkenden Inseln verleiht die Sonne als einziges Element der Landschaft und den Dingen, die ihren Strahlen ausgesetzt sind, Lebhaftigkeit und Bewegung: der Staubebene, den Baumstämmen, den Felsen, die wie Kaps aus dem Meer herausragen. Sobald die Sonne aufgeht, erscheinen diese herausragenden Massen wie in der Luft schwebende Elemente, und am benachbarten Strand bietet der Sand das trügerische Schauspiel einer vom Wind leicht bewegten Decke. Eine Wolkengruppe genügt, um die schwebenden Baumstämme und Felsen wieder auf den Boden zu befördern, um die wellenförmige Oberfläche der Ebenen unbeweglich zu machen und die Beobachtungen arabischer, persischer und indianischer Dichter, die die "trügerische Lieblichkeit der Einsamkeit der Wüste" besangen, als unzulänglich abzutun.

Wir umfuhren äußerst langsam das Kap *Matahambre*. Da das Chronometer von Louis Berthoud in Havanna sehr gut funktioniert hatte, nahm ich die Gelegenheit wahr, die Positionen der Inseln *Cayo de Don Cristóbal, Cayo Flamenco, Cayo de Diego Pérez* und *Cayo de Piedras* zu bestimmen. Ich befasste mich auch mit Untersuchungen über den Einfluss der Meerestiefe auf die Oberflächentemperatur. Durch so viele kleine Inseln geschützt ist die Oberfläche ruhig wie ein Süßwassersee. Die verschiedenen Meeresschichten werden nicht vermischt, die geringsten Veränderungen der Sonde rufen Veränderungen im Thermometer hervor. Ich wunderte mich darüber, dass sich im Osten der kleinen Insel *Cayo de Don Cristóbal* die tiefen Gewässer nicht durch die milchige Meeresfarbe unterschieden, wie auf der Sandbank Víbora im Süden Jamaikas und auf so vielen anderen, wie ich mit dem Thermometer festgestellt hatte. Der Grund der Bucht von *Batabanó* bildet Sand aus Korallenstückchen. Er ernährt Ledertang, der fast nie an die Oberfläche gelangt. Wie oben schon bemerkt, ist das Wasser grünlich. Hier fehlt jedoch der milchige Ton, was sicherlich der hier einzigartig herrschenden Ruhe zuzuschreiben ist. Überall dort, wo sich die Bewegung in einer gewissen Tiefe fortsetzt, machen die kleinen, feinen kalkhaltigen Sandpartikeln das Wasser trüb und milchig. Es gibt jedoch auch flache Stellen, die sich weder durch Farbe noch durch niedrige Wassertemperatur unterscheiden. Ich glaube, dass diese Naturphänomene vom harten, felsigen Boden abhängen, der weder Sand noch Korallen enthält, von Form und Neigung der Abhänge, Geschwindigkeit der Strömung und Mangel an

Bewegungsübertragung auf die unteren Wasserschichten. Die Kälte, die bei diesen Tiefen meist durch das Thermometer angezeigt wird, ist gleichzeitig durch die Wassermoleküle bedingt, die durch Ausstrahlung und nächtliche Abkühlung von der Oberfläche in die Tiefe fallen, wo sie an den tiefsten Stellen aufgefangen werden und durch das Vermischen mit sehr tiefen Wasserschichten, die an den Abhängen der Bank wie an einer schrägen Plattform aufsteigen, wiederum von den Schichten der Oberfläche vereinnahmt werden.

Trotz unseres kleinen Schiffes und der angeblichen Erfahrung unseres Steuermannes liefen wir oft auf. Da der Meeresboden weich war, gab es keine Gefahr festzusitzen. Jedoch zogen wir es vor, bei Sonnenuntergang in der Nähe der Mündung von *San Cristóbal* vor Anker zu gehen. Der erste Teil der Nacht war wunderbar ruhig. Wir beobachteten eine Unzahl von Sternschnuppen auf der Landseite in entgegengesetzter Richtung des Ostwindes, der in niedrigen Regionen der Atmosphäre wehte. Nichts kommt heutzutage der Einsamkeit dieser Gegend gleich, die zur Zeit von Kolumbus von vielen Fischern bewohnt und aufgesucht wurde. Die Eingeborenen Kubas benutzten damals einen kleinen Schildfisch um große Meeresschildkröten zu fangen. Sie befestigten den Schwanz des Revés (dies ist der Name, den die Spanier dieser Art Echeneis gaben[103]) an einer langen Schnur. Der Pez Pescador hielt sich mit einer von Saugnäpfen umgebenen flachen Scheibe an seinem Kopf am Panzer der Meeresschildkröte fest, die es in Unmengen in den schmalen und verzweigten Kanälen der *Jardinillos* gibt. Christoph Kolumbus schrieb: "Der Revés ließe sich eher in Stücke zerteilen als dass er sich zwingen ließe, den Körper, an dem er sich gerade festhält, loszulassen." Mit solch einer Schnur fischten die Eingeborenen fischfressende Vögel und Meeresschildkröten. Als Gómara und der umsichtige Sekretär von Kaiser Karl V., Petrus Martyr Anglerius, in Europa

---

[103]Der sucet oder guaican der Ureinwohner von Kuba. Die Spanier nannten ihn bezeichnenderweise Revés, um folgendes zu sagen: Fisch, der auf dem Rücken liegt, umgekehrt liegend. Tatsächlich verwechselt man beim ersten Hinsehen die Rücken- mit der Bauchlage. Anglerius schreibt: "Nostrates Reversum appellant, quia versus venatur". Ich habe bei meiner Überfahrt von Lima nach Acapulco einen Remora aus der Südsee untersucht. Da er lange Zeit außerhalb des Wassers lebte, habe ich Versuche mit dem Gewicht gemacht, das er tragen konnte, bevor die Saugscheiben das Holz losließen, auf dem er sich festhielt. Aber ich habe diesen Teil meines Tagebuchs verloren. Es ist ohne Zweifel die Furcht vor der Gefahr, die den Remora dazu zwingt, seine Beute nicht loszulassen, wenn er sich von einer Schnur oder von Menschenhand losgelassen fühlt. Mit dem Sucet, von dem Kolumbus und Martyr Anglerius sprechen, ist wahrscheinlich der Echeneis Naucrates und nicht der Echeneis Remora gemeint. (Vgl. Humboldt, A. v.: *Recueil d'Observations de Zoologie*, Tom. II, S. 192).

bekannt machten, was sie aus dem Munde der Mitreisenden von Christoph Kolumbus erfahren hatten, hielt das Publikum es sicher für abenteuerliche Reiseerzählungen. In der Tat ist der Bericht von Anglerius nicht ohne einen Zug von Abenteuerlichem: "Non aliter ac nos canibus gallicis per æquora campi lepores insectamur, incolæ (Cubæ insulæ) venatorio pisce pisces alios capiebant." Wir wissen inzwischen aus Zeugnissen von Kapitän Rogers, von Dampier und Commerson, dass dieselbe Fangtechnik für Meeresschildkröten, die in den *Jardinillos* üblich, auch bei den Bewohnern der Ostküste Afrikas in der Nähe von Kap Natal, Mosambik und Madagaskar beobachtet wurde. Männer, die auf dem Kopf große durchlöcherte Kürbisse trugen, fingen Enten in Ägypten, Santo Domingo und in den Seen der Täler von Mexiko, indem sie sich im Wasser versteckten und Fische mit den Füßen fingen. Die Chinesen benutzen Kormorane, Vögel der Familie der Pelikane, die sie an die Küste zum Fischen schicken und um deren Hals sie einen Ring anbringen, damit sie die Beute nicht selbst auffressen. In den untersten Schichten der Zivilisation entfaltet sich die gesamte Weisheit des Menschen als Erfindungsreichtum für Jagd und Fischerei. Völker, die wahrscheinlich nie Kontakt zueinander hatten, zeigen beim Einsatz von Tieren zu eigenen Zwecken überraschende Übereinstimmungen.

Wir kamen erst nach drei Tagen aus dem Labyrinth der *Jardines y Jardinillos*. Jede Nacht warfen wir den Anker aus. Am Tage besuchten wir die am leichtesten erreichbaren Inselchen. Als wir gegen Osten vorankamen, wurde das Meer unruhiger und die Meerestiefen begannen sich durch milchiges Wasser abzuzeichnen. Am Rande einer Art Strudel beobachteten wir zwischen den Inseln *Cayo Flamenco* und *Cayo de Piedras*, dass die Meerestemperatur an der Oberfläche plötzlich von 23,5 °C auf 25,8 °C stieg. Die geologische Beschaffenheit der kleinen Felseninsel um die Insel *Pinos* zog meine besondere Aufmerksamkeit auf sich, weil ich nur schwer an die Existenz der Gebäude lithophytischer Korallen in Polynesien glauben konnte, von denen man behauptet, dass sie aus den Untiefen des Ozeans bis an die Oberfläche ragen. Mir schien wahrscheinlicher, dass diese enormen Massen auf primitiven oder vulkanischen Felsen gewachsen waren, an die sie sich in geringer Tiefe anhafteten. Die Formation des zum Teil kompakten und lithographischen, zum Teil hohlen Kalksteins von *Güines* hatte uns bis nach *Batabanó* begleitet. Diese Formation ist dem Jura-Kalk ziemlich ähnlich und es scheint, dass die Kaiman-Inseln aus demselben Gestein sind. Wenn die Berge der Insel *Pinos,* die, wie die ersten Historiker der Eroberung behaupteten, gleichzeitig pineta et palmeta enthalten und auf 20 Seemeilen Entfernung zu erkennen sind, müssen sie höher als 500 Toisen sein: Man hat mir versichert, dass sie auch aus einem dem von *Güines* sehr ähnlichen Kalk sind. Deshalb glaubte ich, diesen Jura-Felsen auch in den *Jardinillos* vorzufinden: Aber ich habe bei meiner Reise durch diese Inseln, die meist 5 bis 6 Zoll aus dem Wasser ragen, nur eine Gesteinsklippe mit eckigen Stückchen von Madreporen auf Quarz-Sand gesehen. Manchmal sind die Fragmente einen oder zwei Kubikfuß groß und die Quarzkörner verschwinden derartig, dass man an ihrer Stelle in mehreren Schichten litophyte Polyparien vermutet. Das gesamte Felsgestein der Inseln sieht wie Kalksteinagglomerat aus, dem Tertiärkalk der Halbinsel Araya in der Nähe von Cumaná sehr ähnlich (*Cerro del Barrigón*), aber von späterer Formation. Die unregelmäßige Oberfläche dieser Korallenfelsen bedecken Muschel- und Madreporendetritus. Alles, was hier aus dem Meeresspiegel ragt, ist von kleinen Fragmenten übersät, die auf Kalziumkarbonat aufbauen und mit quarzhaltigen Sandkörnern versetzt sind. Ich frage mich, ob unterhalb dieser Korallenfelsklippe noch lebende Polypenstrukturen vorkommen und ob sich diese Polypen auf der Jura-Formation befinden. Weil man sieht, dass die Inseln größer werden und sich immer mehr abheben, sei es durch Wellenschlag, sei es durch aufeinanderfolgende Aglutination, glauben die Seeleute, dass das Meer in diesen Gebieten zurückgeht. Es wäre außerdem nicht unmöglich, dass die Verbreiterung des Bahama-Kanals, durch den der Golfstrom abfließt, im Laufe der Jahrhunderte ein leichtes Absinken der südlichen Gewässer Kubas und besonders im Golf von Mexiko zur Folge gehabt hätte, der das Zentrum dieses großen Wirbels des pelagischen Stroms ist, an den Vereinigten Staaten entlang führt und Früchte tropischer Pflanzen an die Küsten Norwegens spült. Beschaffenheit der Küsten, Richtung, Stärke und Dauer gewisser Strömungen und Winde, Veränderungen, denen sie auf Grund der Variablen dieser Winde unterliegen, sowie Barometerwerte sind Gründe, die über lange Zeit hinweg und innerhalb ziemlich festgesetzter Grenzen bezüglich Ausdehnung und Höhe das Gleichgewicht der Meere verändern können. Wo die Küsten derart tief liegen, dass sich die Erhebungen bis eine Meile ins Landesinnere hinein kaum um einige Zoll verändern, verblüffen Erhebungen und Senkungen der Gewässer die Vorstellungskraft der Bewohner.

Die Insel *Cayo Bonito*, die wir zunächst besuchten, verdient ihren Namen (bonito=schön) auf Grund reicher Vegetation. Alles weist darauf hin, dass sie seit langem über dem Meeresspiegel des Ozeans liegt. Auch das Inselinnere liegt kaum tiefer als die Inselränder. Auf einer 5 bis 6 Zoll hohen, die Madreporen-Felsklippe überziehende Sand- und Muschelbruchschicht, erhebt sich ein Manglarwald (Rizophora). Höhe und Blätter nach zu schließen könnte man es von Weitem für Lorbeer halten. Die Avicennia nitida, Batis, kleine Euphorbien (Wolfsmilch) und vereinzelte Gramineen halten mit ihren Wurzeln den Sand fest. Besonders charakteristisch für die

Flora[104] dieser Koralleninseln ist die majestätische Tournefortia gnaphalioides de Jacquin mit ihren Silberblättern, die wir hier zum ersten Mal antrafen. Es ist eine Pflanze, die in Gesellschaft lebt, ein 4,5 bis 5 Fuß hoher Busch, dessen Blüten einen sehr angenehmen Duft verbreiten. Dieser Busch schmückt auch die Inseln *Cayo Flamenco, Cayo de Piedras* und wahrscheinlich die meisten Hügel der *Jardinillos*. Während wir damit beschäftigt waren, ein Herbarium anzulegen, suchten unsere Seeleute Langusten. Da sie darüber verärgert waren, keine zu finden, rächten sie sich, indem sie auf die Manglare stiegen und dort ein Blutbad unter den jungen Basstölpeln (alcatraz) anrichteten, die dort jeweils zu zweit in ihren Nestern saßen. Im spanischen Amerika bezeichnet man mit diesem Namen den braunen Pelikan von der Größe des Buffon-Schwans. Der Basstölpel baut in leichtsinnigem großen Meeresvögeln eigenen Selbstvertrauen sein Nest nur aus wenigen Zweigen. Wir fanden vier oder fünf solcher Nester auf einem einzigen Stamm einer Rhizophora. Die jungen Vögel verteidigten sich tapfer mit ihren riesigen 6 bis 7 Zoll langen Schnäbeln. Die Eltern schwebten währenddessen über unseren Köpfen, indem sie heisere und wehmütige Schreie ausstießen. Das Blut floss von den Bäumen herunter, denn die Seeleute waren mit großen Stöcken und Messern bewaffnet. Trotz unserer Vorwürfe wegen ihres rohen Verhaltens und ihrer nutzlosen Schlächterei, waren sie nicht davon abzuhalten. In der Einsamkeit der Meere sind Matrosen an lang andauerndem Gehorsam gewöhnt und genießen deshalb jede Gelegenheit, ihre grausame Herrschaft gegenüber Tieren auszuüben. Der Boden war mit verwundeten, zwischen Leben und Tod kämpfenden Tieren übersät. Bei unserer Ankunft hatte tiefe Stille auf diesem Erdenplätzchen geherrscht. Aber nun schien alles darauf hinzuweisen, dass hier der Mensch die Erde betreten hatte.

Der Himmel war von rötlichem Dunst bedeckt, der sich gegen Südwesten verlor. Wir hofften umsonst, die Höhe der Insel *Pinos* zu messen. Diese Gegend verfügt über einen Charme, der dem größten Teil der Neuen Welt abgeht. Hier werden Erinnerungen wach, die mit den größten Namen der spanischen Monarchie verbunden sind, denen von Christoph Kolumbus und Hernán Cortés. An der Südküste der Insel Kuba zwischen der Bucht von

---

[104]Wir fanden Cenchrus myosuroides, Euphorbia buxifolia, Batis maritima, Iresine obtusifolia, Tournefortia gnaphalioides, Diomedea glabrata, Cakile cubensis, Dolichos miniatus, Parthenium hysterophorus, etc. Diese letzte Pflanze, die wir im Tal von Caracás und auf den gemäßigten Hochebenen Mexikos in 470 bis 900 Toisen Höhe fanden, bedeckt in Kuba das ganze Land. Die Bewohner benutzen sie für aromatische Bäder und um Flöhe zu vertreiben, die sehr häufig in tropischem Klima vorkommen. In Cumaná werden die Blätter verschiedener Akazien-Arten auf Grund ihres Duftes dazu benutzt, diese unangenehmen Insekten zu vertreiben.

Jagua und der Insel *Pinos* hatte der Admiral auf seiner zweiten Reise mit Erstaunen "diesen mysteriösen König" gesehen, "der zu seinen Untertanen nur mittels Zeichen sprach, und diese Menschengruppe trug lange weiße Tuniken wie die der Mönche vom Orden der barmherzigen Brüder, während der Rest der Bevölkerung nackt herumlief". Auf seiner vierten Reise fand Kolumbus auf den *Jardinillos* große Kanus von mexikanischen Einheimischen voller wertvoller Produkte und Waren aus Yucatán. Durch seine blühende Einbildungskraft verführt, glaubte er aus dem Mund der Seeleute zu hören, "dass sie aus einem Land gekommen waren, wo die Menschen auf Pferden[105] ritten und Goldkronen auf den Häuptern trugen". Schon "China, das Reich vom Dschingis Khan und die Mündung des Ganges" schienen ihm so nahe, dass er glaubte, bald zwei arabische Dolmetscher zu benötigen, die er in Cádiz auf dem Weg nach Amerika an Bord genommen hatte. Andere Erinnerungen der Insel *Pinos* und der sie umgebenden *Jardines* betreffen die Eroberung Mexikos. Als Hernán Cortés seine große Expedition vorbereitete, lief er auf der Reise von *Trinidad* nach Kap *San Antonio* mit seinem Schiff *Capitana* auf eine seichte Stelle der *Jardinillos* auf. Fünf Tage hielt man ihn für verschollen, woraufhin der

---

[105]Vgl. *Lettere rarissima di Christoforo Colombo di 7 di Julio 1503*, S. 11 mit Herrera: *Década I*, S. 125, 131. Es gibt nichts Rührenderes und Pathetischeres als den Ausdruck von Traurigkeit, der diesem in Jamaika geschriebenen Brief von Kolumbus an König Ferdinand und Königin Elisabeth innewohnt. Ich empfehle besonders denjenigen, die sich für den Charakter dieses außergewöhnlichen Mannes interessieren, die Wiedergabe seiner nächtlichen Vision zu lesen, in der inmitten eines Sturms eine himmlische Stimme den Alten mit folgenden Worten ermuntert: "Iddio maravigliosamente fece sonar nome nella terra. Le Indie que sono parte del mindo cos ricca, te leha date per tue; tu le hai repartite dove ti è piaciuto, e ti dette portenzia per farlo. Delli ligamenti del mare Oceano che erano serrati con catene cosi forte, ti donò le chiave, etc." Dieser Absatz voller mystischer Anbetung und Poesie ist nur durch eine alte italienische Tradition überliefert, denn das spanische Original aus der Schiffsbibliothek von Antonio León ist bis heute unauffindbar. Ich könnte andere recht naive Aussprüche des Mannes zitieren, der die Neue Welt entdeckt hat: "Ihre Hoheit kann mir glauben", sagte Kolumbus, "dass die Erdkugel längst nicht so groß ist wie man allgemein glaubt. Sieben Jahre habe ich an Ihrem Königlichen Hofe verweilt und während dieser sieben Jahre hat man mir gesagt, dass mein Vorhaben verrückt sei. Heute, nachdem ich den Weg geöffnet habe, verlangen sogar Schneider und Schuhmacher nach dem Privileg, neue Erdteile zu entdecken. Verfolgt und vergessen wie ich heutzutage bin, kann ich nicht umhin, dass sich meine Augen bei der Erinnerung an Hispaniola und Paria mit Tränen füllen. Ich habe zwanzig Jahre lang im Dienst Ihrer Königlichen Hoheit gestanden und meine Haare sind grau geworden. Mein Körper ist schwach. Ich kann nicht mehr weinen, pianga adesso il cielo e pianga per me la terra; pianga per me chi ha carità, verità, giustizia." *Lettere rarissima di Christoforo Colombo di 7 di Julio 1503*, S. 13, 19, 34, 37.

hilfreiche Pedro de Alvarado im November 1518 drei Schiffe vom Hafen von Havanna[106] ausschickte, um ihn zu suchen. Etwas später, im Februar 1519, vereinigte Cortés seine gesamte Flotte in der Nähe von Kap *San Antonio* wahrscheinlich an dem Ort, westlich von *Batabanó* gegenüber der Insel *Pinos*, der noch heute den Namen *Ensenada de Cortés* (Cortés - Bucht) trägt. Von dort aus glaubte er, den Fallen des Gouverneurs Velázquez leichter zu entgehen, und segelte fast unbemerkt nach Mexiko hinüber. Seltsame Machenschaften der Menschen! Das Reich von Montezuma wurde von einer Handvoll Männern erobert, die von West-Kuba mit Kurs auf Yucatán ausliefen. Und heute, drei Jahrhunderte später, hat dasselbe Yucatán als Teil der Neuen Föderation der Freien Staaten von Mexiko fast mit der Eroberung der Westküste Kubas gedroht.

Am Morgen des 11. März besuchten wir die Insel *Cayo Flamenco*. Ich habe hier die Breite 21°59'39'' festgestellt. Das Innere dieser Insel liegt tief, nur 14 Zoll über dem Meeresspiegel. Hier ist das Wasser nicht sehr salzhaltig. Andere Inselchen verfügen über Süßwasser. Die Seeleute von Kuba schreiben wie die Bewohner der Seen von Venedig und einige moderne Physiker das Vorhandensein von Süßwasser dem Einfluss zu, den der Sand auf das infiltrierte Meerwasser ausübt. Aber was bedeutet dieser Einfluss, dessen Annahme durch keinerlei chemische Analogie gerechtfertigt ist? Außerdem sind die Inseln in diesem Archipel aus Felsen und nicht aus Sand. Auf Grund ihrer geringen Ausdehnung ist die These, dass Regenwasser sich dort wie in einem ewig bestehenden See ansammelt, zudem unhaltbar. Vielleicht werden die Süßwasservorkommen der Inseln von den benachbarten Küsten hervorgerufen, von den Bergen Kubas selbst und zwar auf Grund hydrostatischen Drucks. Dies würde bedeuten, dass es eine Verlängerung der Kalksteinschichten mit aufsitzendem Korallenfels unter Wasser gibt[107]. Es ist ein weit verbreitetes Vorurteil, jede Süß- oder Salzwasserquelle als ein kleines lokales Phänomen zu betrachten. Die Wasserströmungen verlaufen unterirdisch zwischen den Felsschichten mit

---

[106]Zu jener Zeit gab es noch zwei Häfen, den von *Carenas* in der alten Eingeborenen-Provinz von Havanna (Herrera: *Década I,* S. 276, 277), und einen anderen größeren in der Stadt *San Cristóbal de Cuba*. Erst 1519 wurden beide Häfen zusammengelegt und daraufhin bekam der Hafen von *Carenas* den Namen *San Cristóbal de la Habana*. "Cortés", schreibt Herrera in *Década II*, S. 80 und 95, "fuhr zur Stadt *San Cristóbal*, eine Stadt, die an der Südküste lag, und danach fuhr er nach Havanna."

[107]Schon die Alten kannten die Süßwassereruptionen im Meer, in der Nähe von Bayas, Syrakus und Aradus in Phönizien. Die Koralleninseln rund um Radak, vor allem die sehr flache Insel Otdia, verfügt auch über Süßwasser. Man kann den Reisenden nicht genug empfehlen, sorgfältig diese Umstände zu beobachten, die die Phänomene auf dem Meeresspiegel hervorbringen.

besonderer Intensität oder Eigenart in riesigen Entfernungen voneinander, den Strömen vergleichbar, die die Oberfläche des Globus zerschneiden. Der gelehrte Ingenieur Francisco Le Maur, der später so energisch und originell die Festung *San Juan de Ulua* verteidigen sollte, hat mir berichtet, dass man in der Bucht von *Jagua*, einen halben Grad im Osten von den *Jardinillos* auf offenem Meer zweieinhalb Meilen von der Küste entfernt Süßwasserquellen hervorsprudeln sieht. Die große Kraft, mit der dieses Wasser hervorquillt, erzeugt so heftigen Wellenschlag, dass es für kleine Boote gefährlich wird. Schiffe, die nicht in *Jagua* einlaufen wollen, holen sich aus diesem Brackwasser manchmal Wasser. Das Wasser ist umso süßer und kälter je tiefer man schöpft. Einem inneren Instinkt gehorchend, haben die Lamantine (Manatis) diese Süßwasservorkommen entdeckt. Fischer, denen das Fleisch der pflanzenfressenden Wale[108] besonders schmeckt, finden diese hier im Überfluss vor und töten sie auf offenem Meer.

Eine halbe Meile östlich von der Insel *Cayo Flamenco* prallten wir fast auf zwei Riffe, gegen die das Meer mit voller Kraft aufschlug. Es sind die *Piedras de Diego Pérez* (21°58'10'' Breite). Die Meerestemperatur geht hier an der Oberfläche bei einer Tiefe von nur 6,5 Fuß auf 22,6° zurück. Am Abend kamen wir zum *Cayo de Piedras*. Es handelt sich hier um zwei durch Riffe miteinander verbundene Klippen, die sich von NNO nach SSO ausrichten. Da diese Klippen ziemlich vereinzelt dastehen (sie bilden den Ostteil der *Jardinillos*), gehen hier viele Schiffe verloren. *Cayo de Piedras* hat so gut wie keine Büsche, weil sie die Schiffbrüchigen abreißen, um daraus Feuerzeichen zu machen. Die Ränder der Insel sind auf der Meeresseite gezackt. In der Mitte der Insel gibt es ein kleines Süßwasserbassin. Im Felsen entdeckten wir einen über drei Kubikfuß großen Madreporenblock. Es wäre zu wünschen, dass eines Tages Geographen die gesamte Inselgruppe in der Umgebung von Kuba untersuchten, um zu bestimmen, was Tieren zukommt, deren Arbeit noch in den Tiefen des Meeres fortgesetzt wird und was wirklichen tertiären sehr viele lithophytische

---

[108]Ernährten sie sich etwa von Säften im Meer, wie wir es an den Küsten des Apure und Orinoco gesehen haben, wo sie von verschiedenen Arten von Panicum und Oplismenus (camalote) lebten? Es scheint ein an den Küsten von Tabasco und Honduras und den Flussmündungen ziemlich verbreitetes Phänomen zu sein: Die Lamantine schwimmen ins Meer hinaus, so wie es manchmal die Krokodile tun. Dampier unterscheidet sogar zwischen den <u>Fresh-water Manati</u> und den <u>Sea kind Manati</u>. Zwischen den *Cayos de las doce leguas* im Osten von *Jagua* gibt es kleine Inseln namens *Meganos del Manati*. Ich habe schon erwähnt, dass die Beobachtungen, die wir an den Krokodilen und den Lamantinos gemacht haben, von großem Interesse für den Geografen sind, der zu seinem Erstaunen auf demselben Boden sowohl Knochenreste von Landtieren als auch ozeanische Reste vorfindet.

Korallenreste aufweisenden Formationen zukommt, deren Alter bis auf den primitiven Kalk zurückgeht. Was sonst aus den Gewässern herausragt, ist meist nur eine Bresche oder ein Zusatz von auf Kalkkarbonat aufsetzenden Madreporefragmenten, zerbrochene Muscheln oder Sand. Es wäre interessant an jeder Insel zu untersuchen, worauf diese Bresche ruht und ob sie Schichten von noch lebenden Mollusken oder sekundäre und tertiäre Felsen bedeckt, die wegen Aussehen und Zustand der sie einschließenden Korallenreste einen glauben machen, dass es sich um Produkte unserer Zeit handelt? Der Gips der Inseln, die gegenüber von *San Juan de los Remedios* an der Nordküste Kubas liegen, kommt große Bedeutung zu. Sein Alter geht sicherlich auf historische Zeiten zurück und kein Geograph würde ihn für das Werk der Weichtiere unserer Meere halten.

Vom *Cayo de Piedras* aus begannen wir gegen ONO hohe Berge zu entdecken, die sich über der Bucht von *Jagua* erheben. In der Nacht warfen wir wieder den Anker aus und am nächsten Tag, dem 12. März, fuhren wir zwischen dem Nordkap von *Cayo de Piedras* und der kubanischen Küste ohne jegliche Hindernisse ins freie Meer. Dunkles Indigoblau des Meeres und Temperaturrückgang bewiesen uns, wieviel tiefer das Wasser jetzt sein musste. Das Thermometer, das bei einer Sonde von 6 ½ bis 8 Fuß mehrmals an der Oberfläche des Ozeans 22,6° angezeigt hatte, stand jetzt bei 16,2°. Die Lufttemperatur hielt sich bei diesen Experimenten wie in den *Jardinillos* bei 25 bis 27°. Wir versuchten bei wechselnden Winden von Land- und Seeseite gegen Osten zum Hafen von *Trinidad* zu gelangen, um den Unannehmlichkeiten der Nord-Ostwinde zu entgehen, die damals überall herrschten, und um von dort die Überfahrt nach Cartagena de Indias anzutreten, dessen Länge zwischen *Santiago de Cuba* und der Bucht von *Guantánamo* fällt. Nachdem wir die morastige Küste von *Camareos* verlassen hatten, wo der für seine Menschlichkeit und seinen edlen Mut berühmte Bartolomé de las Casas 1514 von seinem Freund Velázquez eine Anzahl von Eingeborenen erhalten hatte[109], gelangten wir bei 21°50' Breite auf dem Längengrad zur Bucht von *Jagua*. Das Chronometer zeigte eine Länge von 82°54'22'' an, fast dieselbe, die 1821 auf der Karte des *Depósito hidrográfico de Madrid* eingetragen war.

Der Hafen von *Jagua* ist einer der schönsten aber auch einer der am wenigsten besuchten der Insel. "No debe tener otro tal en el mundo" (Er ist wohl einzigartig in der Welt), behauptete schon der Hauptchronist Antonio de Herrera. Befestigungs- und Verteidigungsprojekte von Le Maur auf Ansuchen von Graf Jaruco haben bewiesen, dass der Anlegeplatz von *Jagua*

---

[109]Er verzichtete im selben Jahr aus Gewissensgründen bei einem Kurzaufenthalt auf Jamaika auf diese Eingeborenen.

den Ruhm verdiente, den er seit der Zeit der Eroberung innehatte. Man findet hier nur noch wenige Häuser und eine kleine Festung, die die englische Marine daran hindert, ihre Schiffe in der Bucht auszubessern, wie sie dies in aller Ruhe inmitten der Kriege mit Spanien tat. Im Osten von *Jagua* nähern sich die Berge *Cerros de San Juan* der Küste und bieten einen immer majestätischeren Anblick, aber nicht wegen ihrer Höhe, die 300 Toisen nicht zu übersteigen scheint, sondern weil sie äußerst zerklüftet sind und eine seltsame Gesamtform haben. Wie man mir berichtete, ist die Küste derart steil, dass sich Fregatten ohne Mühe bis hin zur Mündung des *Río Guarabo* nähern können. Während die Lufttemperatur in der Nacht bis 23° sank und der Wind vom Land wehte, spürten wir wunderbaren, den Anlegeplätzen Kubas eigenen Duft nach Blüten und Honig[110]. Wir fuhren in zwei oder drei Meilen Entfernung an der Küste entlang. Am 13. März befanden wir uns kurz vor Sonnenaufgang vor der Mündung des Flusses *Río de San Juan*, den die Seeleute wegen seiner Unzahl von Mücken und Spinnen, die die Gegend erfüllen, meiden. Die Mündung gleicht der Öffnung einer Schlucht, in die Schiffe mit Tiefgang einfahren können, falls ihnen keine seichte Stelle den Weg versperrt. Einige Zeitwinkelmessungen ergaben 82°40'50'' Länge für diesen Hafen, den Schmuggler von Jamaika und Korsaren von Providencia häufig besuchten. Die Berge am Hafen sind kaum 230 Toisen hoch. Ich habe einen großen Teil der Nacht auf Deck verbracht. Welche Einöde an diesen Küsten! Nicht ein Licht, das auch nur auf eine Fischerhütte hindeutete. Zwischen *Batabanó* und *Trinidad* gibt es auf 50 Meilen Entfernung nur ein Dorf mit kaum zwei oder drei Schweine- oder Kuhställen. Dagegen war zur Zeit Kolumbus' dieser Teil der Insel bewohnt, sogar die Küste. Wenn man in der Erde gräbt, um Brunnen zu bohren oder wenn Wasserströme die Oberfläche der Erde abtragen, findet man oft Steinäxte und Kupferutensilien[111] der Urbewohner.

---

[110] Kubanisches Wachs stellt ein wichtiges Handelsprodukt dar, das von europäischen Bienen (Apis, Latr.) stammt. Christoph Kolumbus berichtet ausdrücklich, dass die Eingeborenen zu seiner Zeit kein Wachs ernteten. Das große Stück Wachs, das er auf der Insel während seiner ersten Reise vorfand und König Ferdinand bei der berühmten Audienz in Barcelona präsentierte, wurde später als von mexikanischen Booten aus Yucatán eingeführtes Wachs erkannt (Herrera: *Década I*, S. 25, 131, 270). Es ist interessant zu beobachten, dass das Wachs von Melipones zur ersten Produktion von Mexiko gehört, das nach November 1492 in die Hände der Spanier gelangt ist. S. *Recueil d'Observations de Zoologie*, Tom. I, S. 251 und *Essai politique sur la Nouvelle Espagne*, Tom. II, s. 455.

[111] Ohne Zweifel war es kubanisches Kupfer. Reiche Vorkommen dieses Metalls in seinem Urzustand mussten die Eingeborenen von Kuba und Haiti dazu anregen, es zu gießen. Kolumbus sagte, dass er in Haiti Massen ursprünglichen Kupfers von einem Gewicht von 6 Arroben vorfand, und dass die Boote von Yucatán, die er an der

6.3 *Trinidad*

Bei Sonnenaufgang beauftragte ich den Kapitän, die Sonde auszuwerfen, die eine Tiefe von nur 60 Faden ergab. Die Oberfläche des Ozeans war wärmer als an allen anderen Stellen: 26,8°. Die Temperatur lag um 4,2° höher als die, die wir in der Nähe der Wellenbrecher von *Diego Pérez* gemessen hatten. Eine halbe Meile vor der Küste hatte das Meer nur noch eine Temperatur von 25,5°. Wir hatten keine Gelegenheit, die Sonde auszuwerfen, aber es gab keinen Zweifel, dass die Tiefe abgenommen hatte. Am 14. März fuhren wir in den Fluss *Río Guarabo*, in einen der Häfen von *Trinidad de Cuba* ein, um dort den Lotsen aus *Batabanó* an Land zu lassen, der uns durch die seichten Stellen der *Jardinillos* geleitet hatte und uns dabei mehrmals hatte auflaufen lassen. Wir hofften außerdem in diesem Hafen ein Postschiff zu finden, um uns nach Cartagena de Indias einzuschiffen. Ich ging gegen Abend an Land und stellte die Borda-Inklinationsnadel und den künstlichen Horizont auf, um das Vorüberziehen einiger Sterne über den Längengrad zu beobachten. Aber kaum waren wir damit beschäftigt, als auch schon katalanische Händler, die auf einem gerade angekommenen ausländischen Schiff gegessen hatten, uns fröhlich dazu aufforderten, sie in die Stadt zu begleiten. Die guten Leute ließen uns je zu zweit auf ein Pferd steigen und da es außerordentlich heiß war, zögerten wir nicht, ein solch gutgemeintes Angebot anzunehmen. Es gibt in *Trinidad* in nordwestlicher Richtung ungefähr viertausend Mündungen des *Río Guarabo*. Der Weg führt durch eine Ebene, die offensichtlich durch die lange Anwesenheit von Wasser eingeebnet ist. Diese Ebene besitzt schöne Vegetation mit eigenartigem Charakter durch die Palmenart <u>Miraguama</u> mit silbrigen Blättern gekennzeichnet, die wir hier zum ersten Mal sahen[112]. Diese fruchtbare, obwohl rote Erde wartet nur darauf, von der Hand des Menschen für beste Ernten bearbeitet zu werden. Gegen Westen hatten wir eine äußerst malerische Sicht auf die 1.800 bis 2.000 Fuß hohe Bergkette aus Kalkstein *Lomas de San Juan*, die gegen Süden sehr zerfurcht ist. Die kahlen und unwirtlichen Gipfel sind zuweilen spitz, bilden zuweilen leicht geneigte

---

Südküste Kubas antraf, unter anderen Waren auch „Kupferschmelztiegel" transportierten (Herrera: *Década I*, S. 86 und 131).

[112]Corypha Miraguama. S. *Nova Gen.* , Tom. I, S. 298. Es handel sich hier wahrscheinlich um dieselbe Art, die John und William Fraser (Vater und Sohn) so sehr in *Matanzas* aufgefallen war. Diese Botaniker, die viele wertvolle Grünpflanzen in den Gärten Europas eingeführt haben, erlitten von den Vereinigten Staaten nach Havanna reisend Schiffbruch und retteten sich mit großer Mühe auf die kleinen Inseln (*Cayos*), die dem alten Kanal vorgelagert sind, einige Wochen vor unserer Abreise nach Cartagena.

Hörner[113]. Trotz des bei Nordwind eintretenden Temperatursturzes sieht man auf diesen Bergen und auf denen von *Santiago de Cuba* doch niemals Schnee, aber Eis und Rauhreif. Ich habe schon an anderem Ort von diesem nur schwer erklärbarem Ausbleiben des Schneefalls gesprochen. Wenn man aus dem Wald kommt, bemerkt man eine Hügelkette, deren Südhang mit Häusern bedeckt ist. Das ist die Stadt *Trinidad*, die 1514 angeblich von Gouverneur Diego Velázquez anlässlich des Vorfindens "reicher Goldminen" in dem kleinen Tal des Flusses *Río Arimao* gegründet wurde[114]. Die Straßen von *Trinidad* sind sehr steil. Man beklagt hier sowie in vielen Teilen des spanischen Amerika, dass Eroberer und Gründer der neuen Städte das Terrain derart schlecht gewählt haben[115]. Im Norden der Stadt befindet sich die Kirche *Nuestra Señora de la Popa*, ein berühmter Wallfahrtsort, der 700 Fuß über dem Meeresspiegel zu liegen scheint. Man erfreut sich dort, wie von den meisten Straßen aus, einer wunderbaren Aussicht auf Ozean, beide Häfen *Casilda* und *Boca Guarabo,* auf einen Palmenwald und das hohe Gebirge von *San Juan*. Da ich vergessen hatte, das Barometer und die restlichen Instrumente zum Messen der Höhenlage der Kirche in die Stadt bringen zu lassen, versuchte ich am nächsten Tag als Alternative den Stand der Sonne über dem Meereshorizont und einem künstlichen Horizont zu erfassen. Ich hatte diese Methode[116] schon am Schloss Murviedro, in den Ruinen von Sagunto und am *Cabo Blanco* in der Nähe von *Guayra* erprobt. Aber der Meereshorizont war dunstig und an einigen Stellen von schwarzen Streifen unterbrochen, die entweder Ausdruck kleiner Luftströmungen[117] oder ein Spiel außergewöhnlicher Strahlenbrechungen waren. Wir wurden in der Stadt *Trinidad* bei dem Verwalter der *Real Hacienda*, Herrn Muñoz, mit größter

---

[113]Überall dort, wo Fels zutage tritt, habe ich kompakten grau-weißlichen Kalkstein entdeckt, zum Teil porös, zum Teil mit geraden Spalten, wie in den Juraformationen.

[114]Dieser Fluss fließt von Osten in die Bucht von *Jagua*.

[115]Hätte die von Velázquez gegründete Stadt ihre Lage nicht besser in der Ebene und näher bei den Häfen *Casilda* und *Guarabo* gefunden? Einige Einwohner glauben, dass die Furcht vor den französischen, portugiesischen und englischen Piraten eine Rolle dabei spielte, den Standort an Berghängen zu suchen, wo man wie von einem hohen Wachtturm aus, das Nahen des Feindes beobachten konnte. Aber diese Furcht konnte, wie mir scheint, vor der Herrschaft von Hernando de Soto kein Grund sein. Havanna wurde 1539 zum ersten Mal von französischen Korsaren heimgesucht.

[116]Es ist ein Mittel, um die Depression des Horizonts mit einem Reflexionsinstrument festzustellen.

[117]Nach Meinung des großen Physikers Wollaston, den ich über dieses seltsame Phänomen befragen durfte, bezeichnen diese schwarzen Streifen vielleicht einen Teil, der näher an der Oberfläche des Ozeans liegt, den der Wind aufzuwühlen beginnt. In diesem Fall wäre der Farbunterschied der Grund, dass der wirklich weiter entfernte Horizont für unsere Augen unsichtbar wird.

Gastfreundschaft empfangen. Ich machte fast die ganze Nacht Beobachtungen und fand unter ebenfalls nicht sehr günstigen Umständen 21°48'20'' Breite in der Nähe der Kathedrale über der Ähre der Heiligen Jungfrau, a des Kentauren und ß des Kreuz des Südens. Mein Chronometer zeigte 82°21'7'' Länge an. Ich erfuhr bei meinem zweiten Aufenthalt in Havanna auf der Rückreise von Mexiko, dass diese Länge fast identisch mit derjenigen war, die der Fregattenkapitän José del Río feststellte, der sich lange an diesem Ort aufgehalten hatte, die er jedoch mit einer Breite von 21°42'40'' für die Stadt festlegte. Ich habe an anderem Ort auf diese Abweichungen hingewiesen. Es genügt, wenn ich hier De Puységur erwähne, der 21°47'15'' feststellte und dass 1714 die Beobachtungen von Gamboa der vier Sterne des Großen Bären, auf die sich Oltmanns stützte, bei letzterem 21°46'35'' ergaben, indem er die Deklination gemäß dem Katalog von Piazza auf 21°46'25'' festlegte.

Der statthaltende Gouverneur von *Trinidad*, dessen Jurisdiktion sich auf *Villa Clara, Puerto Príncipe* und *Sancti Spíritus* erstreckte, war der Neffe des berühmten Astronomen Antonio Ulloa. Er veranstaltete zu unseren Ehren ein großes Fest, auf dem einige französische Emigranten von Santo Domingo zusammentrafen, die ihre Intelligenz und Kenntnisse der Industrie in dieses Land investiert hatten. Der Zuckerexport aus *Trinidad* überstieg gemäß der alleinigen Aufzeichnungen des Zolls noch keine 4.000 Kisten. Sie beschwerten sich über "die Regierung, die in ungerechter Weise Havanna bevorzugt und der Entwicklung der Landwirtschaft und des Handels des Inneren und den Osten der Insel Widerstände entgegenbringt". Man beklagte sich "über eine große Anhäufung von Reichtum, Bevölkerung und Macht in der Hauptstadt, während der Rest des Landes wie ausgestorben ist. Mehrere kleine Zentren in gleichen Abständen über die Insel verteilt sind dem jetzigen System vorzuziehen, das an einem einzigen Punkt Luxus, Sittenverfall und das Gelbfieber vereint." Diese übertriebenen Vorwürfe, diese typischen Beschwerden einer Provinzstadt gegenüber der Hauptstadt sind allen Gegenden eigen. Es ist sicherlich richtig, dass in der politischen Organisation so wie in der Physik das allgemeine Wohlergehen von einem gleichmäßig verteilten individuellen Leben abhängt. Aber man muss zwischen dem natürlich gewachsenen Außergewöhnlichen und dem Ergebnis von Regierungsmaßnahmen unterscheiden.

Man diskutiert in *Trinidad* oft über den Vorteil beider Häfen. Vielleicht wäre es bei den beschränkten Mitteln der Stadt günstiger, nur einen zu unterhalten und zu verbessern. Die Entfernung der Stadt zu den Häfen *Casilda* und *Guarabo* ist beinahe dieselbe. Währenddessen sind die Transportkosten im ersteren höher. Die Mündung des *Río Guarabo* wird durch neue Festungsanlagen verteidigt und hat eine feste Anlegestelle, wenn sie auch weniger gut geschützt liegt als die des Hafens von *Casilda*. Schiffe mit wenig Tiefgang oder gelöschter Fracht können den Fluss aufwärts fahren und sich der Stadt auf weniger als eine Meile nähern. Postschiffe, die *Trinidad de Cuba* vom Festland anlaufen, bevorzugen normalerweise den *Río Guarabo*, wo sie auch ohne Lotsen sicher anlegen. Der Hafen von *Casilda* ist in sich geschlossener und stärker in das umliegende Land eingebettet. Aber die einlaufenden Schiffe müssen wegen der Felsklippen *Mulas* und *Mulatas* gelotst werden. Die große Holzmole, die für den Handelsverkehr sehr nützlich war, ist durch Abladen von Artillerie vollkommen zerstört. Und man ist nicht sicher, ob es besser wäre, nach dem Projekt von Luis de Bassecourt eine neue Mole zu mauern oder das Flussbett des *Guarabo* auszuheben. Der große Nachteil des Hafens von *Casilda* ist Mangel an Süßwasser. Die Schiffe sind gezwungen, das Süßwasser eine Meile weit entfernt zu holen, indem sie um die Westspitze fahren und sich zu Kriegszeiten der Gefahr aussetzen, von den Korsaren gefangen genommen zu werden. Man bestätigte uns, dass die Bevölkerung von *Trinidad* mit den im Umkreis von 2000 Toisen liegenden Höfen 19.000 Einwohner betrug. Der Zucker- und Kaffeeanbau wurde außerordentlich gesteigert. Europäische Getreidearten werden nur weiter nördlich, in der Nähe von *Villa Clara* angebaut.

Wir verbrachten einen sehr angenehmen Abend im Hause eines der reichsten Bewohner der Stadt *Trinidad*, Antonio Padrón, bei dem sich die Gesellschaft *Trinidads* zu einem Plausch einfand. Wir waren von Neuem eingenommen von der Lebhaftigkeit der kubanischen Frauen und ihrem Esprit, sowohl in der Provinz als auch in der Hauptstadt. Es sind glückliche Naturanlagen, denen die Feinheiten der europäischen Zivilisation einen besonderen Charme verleihen können, die aber auch schon auf Grund ihrer Ursprünglichkeit und Einfachheit gefallen.

Wir verließen *Trinidad* in der Nacht des 15. März und unsere Abfahrt aus der Stadt hatte nichts mit unserer Ankunft zu Pferde mit den katalanischen Handelsleuten gemein. Die Stadtverwaltung ließ uns eine Begleitung bis zur Mündung des *Río Guarabo* in einem schönen mit altem Damaskus ausgestatteten Wagen zukommen. Und um unser Unbehagen zu erhöhen, rezitierte auch noch ein Priester, der gleichzeitig Dichter dieses Ortes und trotz der Hitze mit einem Samtanzug bekleidet war, ein Sonett über unsere Reise an den Orinoco.

Auf dem Weg zum Hafen wurden wir von einem Anblick überrascht, der uns in den zwei Jahren im heißesten Teil der Tropen hätte vertraut sein müssen. Nirgendwo sonst habe ich so eine große Anzahl phosphoreszierender Insekten (Cocuyo. Elater noctilucus) gesehen. Gräser, Zweige und Blätter, alles glänzte von rötlichem, bewegtem Licht, dessen Intensität von den Insekten abhängt, die es erzeugen. Es schien, als ob das sternenübersäte Firmament sich auf die Erde herabgesenkt hätte. In den Hütten der armen Landbevölkerung dient ein durchlöcherter Kürbis mit etwa 15 Insekten darin in der Nacht zur Beleuchtung und zum Finden von Gegenständen. Es genügt, das Gefäß kräftig zu schütteln, um die Insekten so zu erregen, dass sie die Intensität ihrer lichtspendenden Scheiben auf beiden Seiten ihres Körpers erhöhen. Das Volk behauptet in recht naiver Suche nach der Wahrheit, dass die Cocuyos-Kürbisse Laternen sind, die immer leuchten. Sie erlöschen in der Tat erst mit Krankheit oder Tod der Insekten, die man leicht mit etwas Rohrzucker ernähren kann. Eine junge Frau erzählte uns in *Trinidad de Cuba*, dass sie sich bei einer langen und entbehrungsreichen Überfahrt zum Festland während der Nacht, wenn sie ihr Kind stillen musste, der phosphoreszierenden Eigenschaft der Insekten bedient habe. Aus Angst vor den Korsaren habe der Schiffskapitän nicht erlaubt, ein anderes Licht an Bord anzuzünden.

Da der Wind weiter auffrischte und nach Norden drehte, wollten wir die Inselgruppe der *Caimanes* meiden. Doch die Strömung warf uns auf diese Inseln. Wir segelten in Richtung S ¼ SO und verloren Palmenufer und Berghügel von *Trinidad* sowie die hohen Berge Kubas aus den Augen. Man spürt etwas Erhabenes, wenn man das Land nach und nach vor dem Meereshorizont verschwinden sieht. Dieser Eindruck verstärkte sich in einem Moment, in dem besondereres Interesse und besonderer Nachdruck auf den Ereignissen in Santo Domingo lagen, das damals Zentrum großer politischer Veränderungen war und andere Inseln in blutige im Menschen die Brutalität seiner Gattung wachrufende Kämpfe mit einzubeziehen drohten. Diese Bedrohungen und Befürchtungen haben sich glücklicherweise nicht bewahrheitet. Der Sturm hat sich dort gelegt, wo er entstanden ist. Die freie schwarze Bevölkerung ist weit davon entfernt, den Frieden der umliegenden Antillen hinsichtlich Mäßigung der Sitten und Errichtung positiver ziviler Institutionen zu beeinträchtigen. Puerto Rico, Kuba und Jamaika mit 370.000 Weißen und 885.000 Farbigen umgeben Haiti, wo 900.000 Schwarze und Mulatten leben, die dank eigenen Willens und Waffen ihre Freiheit erlangt haben. Diese schwarze Bevölkerung, die sich mehr dem Anbau von nahrhaften Pflanzen widmet als der Produktion von Kolonialwaren, nimmt derart schnell zu, dass sie nur von der Bevölkerung der Vereinigten Staaten übertroffen wird. Besteht die Ruhe fort, die auf den spanischen und englischen Inseln 26 Jahre nach der ersten Revolution von Haiti geherrscht hat? Wird sie den Weißen diese unheilbringende Sicherheit geben, die sich der Verbesserung der Situation der dienstbaren Bevölkerung entgegenstellt? Rund um dieses Mittelmeer der Antillen, in Richtung Westen und Süden, in Mexiko, Guatemala und in Kolumbien werden neue Gesetze entworfen, um die Sklaverei abzuschaffen. Man sollte hoffen, dass das glückliche

Zusammentreffen dieser sich aufdrängenden Gegebenheiten die gutgemeinten Absichten einiger europäischer Regierungen begünstigen, die das Schicksal der Sklaven nach und nach verbessern wollen. Die Angst vor der Gefahr wird Zugeständnisse mit sich bringen, die auf den ewigen Prinzipien menschlicher Gerechtigkeit aufbauen.

INDEX und GLOSSAR

Vorliegender Index und das sich anschließende Glossar geben eine umfassende Auflistung der Personen- und Ortsnamen und Maßangaben des *Politischen Essays über Kuba* von Alexander von Humboldt. Aus der Unzahl von Vergleichen mit Orten der ganzen Welt wird ersichtlich, welche umfassenden Kenntnisse Humboldt besaß.

Hinweise zur Benutzung: Alle kubanischen Ortsnamen außer Havanna wurden in Kursivschrift wiedergegeben. Falls der heutige Name nicht mehr dem von Humboldt benutzten entspricht, wurde der heutige Name in Klammern hinter dem zur Zeit Humboldts gültigen angefügt. So benutzte Humboldt z.b. durchweg den derzeitig üblichen Ortsnamen *Puerto Príncipe* für den heute üblichen Namen *Camagüey*, der zur Erläuterung in Klammern hinzugefügt wurde. Der heute gebräuchliche Name wurde aber wiederum auch mit Rückverweis in den Index aufgenommen. Oftmals wurde von Humboldt *Cuba* für *Santiago de Cuba* verwendet. In diesen Fällen wurde von uns im Text durchgängig *Santiago de Cuba* verwendet, um Verwechslungen vorzubeugen. Bei kubanischen Fluss- und Hafennamen wurden im Index meist *Río* (z.b. bei *Río Santa María*) und *Puerto* (z.b. bei *Puerto Casilda*) hinzugefügt, obwohl die Ortsnamen auch ohne den Zusatz *Puerto* eingetragen sind.

Unsere Übersetzungsstrategie stand unter dem Leitgedanken der Vereinheitlichung und der Verdeutlichung, um dem Leser Hilfestellungen zu leisten. Maßangaben wurden meist nicht übersetzt und auch nicht in heute gültige Maße übertragen, jedoch ins Glossar aufgenommen und dort mit Angaben versehen, die Aufschluss über die entsprechende Größenordnung mit Orientierung an heutzutage gebräuchlichen Maßangaben geben. Maße, die im deutschen keine Entsprechungen haben, (wie z.b. *Caballerías*) wurden mit der ursprünglichen Bezeichnung in der Fremdsprache übernommen.

Denselben Gesichtspunkten gehorchend wurden von uns die im Original stark verkürzt erschienenen bibliographischen Angaben von Humboldt so vollständig wie möglich ergänzt.

1. Maße, Gewichte, Währungen

Humboldt: "Die Umrechnung der Gewichte geschah nach folgenden Gesetzmäßigkeiten":

A

acres < acres < *acre* (ein *acre* = 4.044 Quadratmeter) = 15 ½ *caballerías*

Acres, englische

area

Arpens = (altes französisches Flächenmaß = 30-51 ar)

Arrobe = (Gewicht eines Zuckerhutes; in Kastilien: 11,5 kg) = 25 spanische Pfund = 11,494 kg < *arroba* (32.000 Arroben < 32.000 *arrobas* = 368.000 kg)

B

Bocoy = *bocoi* = mittelgroßes Fass = 6 Fässer < 6 *barriles*

C

Caballerías (mit 432 Quadratvaras oder 35 englischen *acres*)

cañaveral < (à 3.403 Quadrattoisen) = 1 29/100 hectare

cordeles (= 24 varas)

cwt = 112 englische Pfund = 50,796 kg < "Diese letzte Berechnung beruht auf einer Arbeit von Kelly, der 435,544 gr = 1 Pfund angibt. Francoeur, der nach dem Gewicht eines Kubikzolls destillierten Wassers unter den Bedingungen des neuen englischen Gesetzes berechnet, findet nur 453,296 gr im Pfund, was 1 cwt = 50,796 kg ergibt oder 5/1.000 des Ergebnisses der Umrechnung von Riffault in der zweiten Ausgabe von *Chimie de Thomson,* Tom 1, S. XVII. Ich habe die Umrechnung 1 cwt=50,79 kg nach Kelly angewandt, aber ich habe mich verpflichtet gefühlt, die Zweifel zu erwähnen, die bezüglich eines so wichtigen Elementes bestehen. In den *Prices Current,* die in Havanna gedruckt werden, wird der spanische Zentner zu 46 kg berechnet. Die Umrechnung vom *Hundredweight* (= cwt), dessen man sich in Paris bedient, liegt ebenfalls bei 50,792 kg."

D

Deziliter

Dollar

F

Fanegas

Fass

Franken, französische
Fuß (Burgos)

G

Gallone
Garaffe
Gramm
Goldcastellanos = *castellanos de oro*
Goldmark
Goldpesos

H

Hektar
hogsheads (englisches Hohlmaß für Wein, etwa 238,5 l) zu 14 cwt
Hundredweight = spanischer Zentner < *quintal espagnol*

K

Kilogramm = kilog = kg
Kiste
1 Kiste Zucker aus Havanna = 16 *Arroben* = 183,904 kg < *caja de azúcar*
Klafter
Kubikmeter

L

Leguas planas = *Legales españolas* (mit 5.000 *varas* oder mit 26 1/3 pro Grad)

M

Meilen = Seemeilen = 2.854 Toisen oder 20 auf einen Grad

P

Pfund
Pfund Sterling
Pfund, spanische
Piaster
Piaster, harte
190.000 *piculs* = 11 4/5 Millionen kg
Pinte
1 *Pipa* Branntwein (1 Fass Branntwein) = 180 Flaschen = 67 ½ Gallonen < *67 ½ Gallons* < *Pipa de aguardiente= 180 frascos*

Q

Quadratmeilen, geographische
Quadratseemeilen
Quadratmeter
1 Quintal oder 4 *Arroben* = 100 spanische Pfund = 45, 976 kg

R

Reales
Ries

S

Schilling
Silberreale

T

tarea > 160 Kubikfuß
Toise ($\cong$ 1,999 m)
Tonnen
Tonnage

V

Varas im Quadrat

Z

Zehnter
Zentner

Zentner, spanische
Zoll, englische
Zuckerfass

2. Orte

Ortsregister und geographische Bezeichnungen: Orte, Straßen, Gebäude, Städte, Länder, Berge, Gebirge, Inseln, Inselgruppen, Kontinente, Buchten, Flüsse, Golfe, Häfen, Kanäle, Meere, Meerengen, Seen: (Kubanische, nicht eingedeutschte Namen werden, wie auch im Text in Kursivschrift wiedergegeben)

A

Acahuizotla, 52
Acapulco, 24, 52, 152
Afrika, 49, 50, 82, 83, 84, 85, 115, 130, 135, 136, 144, 153
Ägypten, 146, 153
Algier, 68
Alleghenys, 134
Allgemeines Krankenhaus, 34
Almendaris oder *Chorrera*, 46, 122
Alter Kanal, 23, 58, 59
Alter Kontinent, 49, 50
Alvarado, 24, 157
Álvarez, 39, 62, 67, 70, 86
Amerika, 25, 27, 28, 32, 34, 35, 40, 47, 48, 49, 51, 60, 63, 64, 73, 76, 77, 78, 79, 81, 87, 89, 93, 94, 100, 101, 112, 114, 115, 129, 133, 134, 141, 144, 146, 155, 156, 162
Amerika, äquatoriales, 35, 51, 76, 95
Amerika, östliches, 49
Amerika, spanisches, 28, 133, 134, 144, 145, 146, 155, 162
Amerikanische Föderation, 24
Antigua, 81
Antillen = Antillenarchipel, 23, 25, 27, 37, 38, 40, 42, 44, 45, 51, 52, 56, 63, 64, 65, 68, 71, 74, 75, 76, 77, 78, 81, 84, 85, 89, 91, 92, 93, 94, 95, 99, 100, 101, 106, 107, 108, 109, 118, 119, 123, 129, 130, 131, 132, 133, 135, 138, 139, 140, 149, 165

Antillen, britische, 63, 64, 92, 109
Antillen, englische, 93, 94, 135, 138
Antillen, französische, 71, 93, 94, 138
Antillen, große, 37, 38, 44, 78, 95, 132
Antillen, holländische, dänische und schwedische, 93, 94
Antillen, kleine, 37, 38, 42, 45, 51, 56, 78, 93, 94
Antillen, spanische, 94
Antillenmetropole, 119
Antoneli, 46
Appalachen, 40
Apure, 147, 149, 158
Äquator, 23, 35, 46, 47, 48, 50, 56, 82, 144
Äquator, magnetischer, 35
Aradus in Phönizien, 157
Araya, Halbinsel, 154
Archipel der Philippinen = Philippinisches Archipel, 24
Arcos de Cañasí, 39
Arica, 50
Arras, 101
Asien, 48, 49
Atabapo, 143
Atarés = Festung *Santo Domingo de Atarés* < *Atarès*=chateau *Santo Domingo de Atarès*=Castillo de *Atarès*, 27, 29, 30, 122
Atlantik, 50

B

Bahama-Bank, Große, 58
Bahama-Inseln, 39
Bahamakanal, 23, 60, 78, 154
Bahamas, 79, 93
Bahía, 32, 44, 95
Bahía de Cortés, 59
Bahía de Jagua, 59, 60
Bahía Honda, 23, 44, 59, 60, 86, 87
Baitiqueri, 58, 59
Baja, 86
Bajos de los Colorados, 59
Bajos de Santa Isabel, 59
Bajurayabo, 86
Baltimore, 32
Bancos de Buena Esperanza, 59
Banes, 60
Baracoa, 58, 59, 60, 61, 62, 78, 80, 90,
    113, 121, 124, 126
Barbados, 92, 138
Barcelona, 24, 160
Bariai, 60
Barreto, 44
Basse-Terre, 55
Batabanó, 25, 37, 38, 39, 41, 42, 46, 48,
    51, 59, 60, 69, 79, 86, 87, 122, 143,
    145, 146, 147, 148, 149, 150, 151,
    153, 157, 160, 161
Bauta, 86
Bayamo, 40, 46, 61, 62, 80, 126
Bayas, 157
Bejucal, 69, 103, 122
Belgien, 94
Bengalen, 98, 99
Berbice, 93, 94
Berge *Lomas de Camoa*, 41
Bergkette *Lomas de San Juan*, 39
Bermuda-Inseln, 93, 138
Biscaya, 68
Blaue Berge, 51, 55
Bogotá, 88

Bonaca, 51
Bornu, 47
Boston, 32, 114
Botanischer Garten, 68
Bourbon (Réunion), 50, 95
Brandenburg, 87
Brasilien, 40, 64, 91, 93, 94, 95, 108,
    133, 135
Bremen, 94
Bucht von Campeche, 148
Bucht von *Guantánamo*, 121, 159
Bucht von *Jagua*, 42, 43, 121, 150, 156,
    158, 159, 162
Buena Esperanza, 58
Buenaventura, 86
Buenos Aires, 24, 97, 111, 124
Buschir (Persien), 113

C

Cabañas, 58, 59
Cabo Cruz, 37, 38, 56, 58, 59, 60, 150
Cabonico, 58, 60
Cacaragícaras, 86
Cádiz, 23, 87, 143, 156
Calabazar, 122
Camagüey = Puerto Príncipe, 38, 40,
    46, 60, 70, 78, 79, 88, 127
Camareos, 159
Camarioca, 39
Campeche, 24, 111, 148
Canal Viejo, 150
Canimar, 41
Cano, 69, 86
Canoa, 86
Capri, 55
Caracas, 24, 48, 87, 97, 111
Carenas, 157
Caridad = San Felipe y Santiago, 33
Carolina, 40, 65, 84, 135
Cartagena de Indias, 42, 59, 114, 144,
    145, 159, 161

Casanova, 59
Casilda, 59, 162, 163
Caura-Fluss, 136
Cauto, 46, 59
Cayaguaneque, 59
Cayenne, 132, 133
Cayo Blanco, 59
Cayo Bonito, 42, 154
Cayo Bretón, 59
Cayo Cruz, 58
Cayo de Diego Pérez = *Cayo Diego Pérez*, 151
Cayo de Don Cristóbal, 151
Cayo de Piedras = *Cayo Piedras*, 39, 42, 59, 150, 151, 153, 155, 158, 159
Cayo Flamenco, 42, 151, 153, 155, 157, 158
Cayo Francés, 150
Cayo Galindo, 46
Cayo Romano, 58, 61, 62
Cayos de las doce leguas, 37, 59, 158
Cayos de Sal, 59
Cebollas, 60
Ceibabo, 102
Cerro, 31, 122, 154, 160
Cerro del Barrigón, 154
Cerros de San Juan, 160
Charleston, 32
Chaves-Brücke < *el Puente de Chaves*, 30
Chiapa, 75, 76
Chile, 143
Chilpanzingo, 52
China, 156
Chios, 141
Choco, 40
Chorrera, 46, 146
Cibao, 39, 40, 51
Ciénaga (Morastlandschaft um Batabanó), 42, 62, 146
Ciénaga de Zapata, 42

Cobija, 50
Cobre y Tinguaros, 61
Cofre de Perote, 52
Cogimar, 87
Consolación, 86
Copey, 62
Copiapó, 50
Copper-Mountain in Nordamerika, 44
Cortés, Laguna de, 146, 150,
Cruz del Padre, 59
Cuasiniquilapa < Quasiniquilapa, 52
Cuatro Villas (*Trinidad, Sancti Spíritus, Villa Clara, San Juan de los Remedios*), 61, 62, 67, 70, 71, 74, 79, 112
Cuba, 38, 40, 48, 59, 60, 61, 62, 71, 74, 80, 86, 90, 107, 121, 150, 161, 164, 165
Cuba Mocha, 86
Cubanacán, 39, 40
Cuellar, 62
Cuenca, 86
Cumaná, 24, 41, 42, 47, 54, 154, 155
Cundinamarca, 89
Curaçao, 149

D

Dänemark, 135
Darien, 78, 101
Dassiquiaro, 149
Delaware, 112
Demerary, 81, 93, 94, 95, 130
Deutschland, 28, 43, 94, 101, 143
Diego Pérez, 161
Don Cristóbal, 150, 151
Donndorf, 41
Dos Hermanos, 62
Durango, 50

E

Eingang der Stadtmauer > *Puerta de la Muralle*, 28
Eleuthera, 58
England, 33, 37, 39, 73, 74, 82, 92, 93, 94, 95, 96, 110, 118, 119, 134, 143
Ensenada de Cortés, 157
Escambray, 40
Essequibo, 94
Estero de Baga, 120
Europa, 25, 29, 32, 33, 37, 54, 74, 78, 81, 87, 89, 90, 95, 99, 101, 105, 106, 107, 110, 113, 118, 119, 121, 129, 132, 133, 135, 136, 137, 144, 146, 147, 152

F

Ferro, Insel der Kanarischen Inseln, 113
Festung *Morro* = *Castillo de los Santos Reyes* = *Castillo del Morro*, 27, 30, 35, 42
Festung *San Carlos de la Cabaña*, = *La Cabaña*, 27, 30, 43
Festung *San Carlos del Príncipe* = *Príncipe*, 27, 30
Festung *San Juan de Ulua*, 25, 127, 158
Festung *San Salvador de la Punta* = (kleine) Festung *La Punta* = *Fortín de la Punta* = *Castillo de la Punta*, 27
Festung *Santo Domingo de Atarés* < *Atarés* = *Castillo de Atarés*, 27, 30, 122
Filipinas, 46, 73, 74, 103
Florida, 23, 24, 39, 40, 52, 60, 77, 89, 113, 128, 147, 148
Föderation der Freien Staaten von Mexico, 157
Fort Nr. 4, 30
Franken, 41, 99, 100, 101, 106

Frankreich, 33, 70, 73, 74, 86, 87, 92, 93, 94, 100, 101, 106, 109, 110, 119,, 124, 135, 141, 143

G

Galafre, 46
Ganges, 156
Garten des Bischofs < *Quinta del Obsipo*, 29
Gebirge *Sierra de Turquino* = *Cuchillas / Lomas de Tarquino*, 38
Genua, 94
Georgia, 65
Gesellschaftsinseln, 76
Gibara, 60, 61
Gibraltar = Herkulessäulen, 23, 68
Golf von *Batabanó*, 149
Golf von Guinea, 35
Golf von Mexiko < *Golfo de Méjico*, 23, 50, 113, 154
Golfstrom < *Gulf-stream*, 23, 49, 58, 154
Gordas, 150
Govea, 86
Grenada, 86, 87, 92, 144
Großbritannien ("wir verstehen diese Bezeichnung immer im wahrsten Sinne des Wortes, indem sie nur England und Schottland umfasst"), 33, 92, 93, 94, 95, 109, 110, 119, 120, 135
Große Bahama-Bank, 58
Guacharo-Höhle < caverna del Guacharo, 55
Guadalupe, 27, 31, 109
Guadalupe, 42, 48, 55, 92, 93, 109
Guajaibón, 86
Guamacaró, 86
Guanabacoa, 27, 29, 41, 43, 44, 61, 62, 69, 74, 75, 86, 103
Guanabó, 46

Guanacapé, 86
Guanaja, 51, 59, 60
Guanajay, 62, 69, 86, 103, 105, 121
Guanajuato, 95, 99
Guanamacar, 60
Guane, 86
Guantánamo, 58, 59, 86, 121, 159
Guara, 86
Guarabo, 39, 46, 59, 161, 162, 163
Guatao, 86
Guatemala, 51, 65, 87, 90, 112, 119, 149, 165
Guayana, 91, 93, 94, 95, 135, 149
Guayana, Britisch, 81, 94
Guayana, Britisch, Holländisch und Französich, 94, 132
Guayaquil, 27, 144
Guayra, 162
Guinea, 78, 99
Güines, 25, 34, 41, 45, 61, 68, 69, 78, 86, 96, 102, 103, 105, 122, 143, 145, 149, 153, 192
Güines < Río de Güines, 25, 34, 41, 45, 61, 68, 69, 78, 86, 96, 102, 103, 122, 143, 145, 149, 153, 192
Güines-Kanal < Canal de Güines, 122, 149
Güines-Tal = Ebenen von Güines = Güines-Ebene, 25, 97, 102, 143, 145
Guiros, 121
Guisa, 62

H

Hacienda del Río Blanco, 54
Hafen Batabanó < surgidero del Batabanó, 37, 38, 122
Hafen Casilda < Puerto Casilda, 37
Hafen Guarabo, 163
Hafen Jagua, 159
Haiti = Hispaniola, 23, 37, 38, 39, 40, 44, 45, 58, 64, 65, 68, 75, 77, 78, 92, 94, 109, 110, 120, 124, 135, 137, 139, 160, 165
Halbinsel, spanische, 115
Hamburg, 94
Hanabana, 86
Hato de Guanamón, 122
Hautes-Alpes, Département, 86
Havanna < La Habana, 23, 24, 25, 27, 28, 29, 30, 31, 32, 33, 34, 37, 38, 39, 42, 43, 46, 47, 48, 49, 50, 53, 54, 55, 56, 57, 59, 60, 61, 62, 63, 65, 66, 67, 68, 69, 70, 71, 72, 73, 74, 75, 79, 80, 81, 82, 83, 84, 86, 87, 88, 89, 90, 91, 96, 99, 100, 101, 102, 103, 104, 105, 106, 107, 108, 109, 110, 111, 113, 114, 115, 116, 117, 118, 119, 120, 121, 122, 123, 124, 125, 126, 127, 128, 130, 131, 136, 139, 143, 144, 145, 147, 148, 150, 151, 157, 161, 162, 163
Havanna, Bistum, 103, 104
Havanna, Hafen, 109, 113, 114, 115, 117, 118, 119, 120, 121, 124, 127
Havanna, Provinz, 61, 74, 102, 103, 108, 124, 127
Hawaii, 50, 76
Heilbad Barreto < Baños de Barreto, 44
Herkulessäulen = Gibraltar, 23
Hispaniola (s. Haiti), 39, 139, 156
Hof des Grafen von Mopox < Potrero del Conde de Mopox, 41
Holanda (Zuckerplantage), 122,
Holguín, 38, 40, 44, 61, 62, 80, 126
Holland, 118, 119
Holländisch Guayana, 94
Honduras, 158
Horcón, 27, 31
Husillo, 123

I

Île de France (Mauritius), 50
Indien, 119
Insel *Cayo Romano*, 58, 61
Insel Java, 38, 109
Insel Martinique, 56, 150
Insel *Pinos* = *El Evangelista* = *Isla de Santa María*, 37, 42, 51, 52, 58, 59, 148, 150, 153, 155, 156, 157
Insel Sao Tomé im Golf von Guinea, 35
Inseln der Karibik, 56
Inseln Guanaja (Bonaca) und Rattan (Roatan), 51
Inseln Tobago und Trinidad, 56
Ipsara/Psara, 141
Irland, 68, 73, 74, 92, 93
Isthmus von Darien, 77, 78, 101
Isthmus von Panama, 101, 149
Italien, 87

J

Jagua, 39, 42, 43, 45, 46, 60, 61, 87, 121, 150, 156, 158, 159, 162
Jagua (Fluss), 146, 148
Jalapa, 52
Jamaika, 23, 35, 38, 42, 45, 48, 51, 54, 56, 57, 63, 64, 68, 71, 83, 84, 85, 91, 92, 93, 99, 100, 107, 109, 119, 120, 122, 136, 137, 140, 151, 156, 159, 160, 165
Jaraguá, 59
Jardines, 59, 143, 149, 150, 153, 156, 192
Jardines de la Reina, 150
Jardines del Rey, 150
Jardines y Jardinillos, 59, 143, 149, 150, 153
Jardinillos, 42, 59, 143, 149, 150, 152, 153, 155, 156, 158, 159, 161, 192

Jardinillos del Rey y de la Reina, 143, 192
Jaruco, 39, 41, 46, 60, 61, 62, 74, 86, 87, 102, 103, 122, 136, 145, 159
Java, 33, 38, 95, 106, 109
Jesús del Monte, 31
Jesús María, 27, 30, 31
Jibacao, 86
Jiguaní, 61
Jigüey, 60
Joria in Piemont, 44
Junco, 60
Jungferninseln, 44
Jururu, 60

K

Kaiman-Inseln, 153
Kairo, 47
Kalkutta, 46, 50
Kanada, 48, 75
Kanal *San Nicolás* = Alter Kanal, 59
Kanarische Inseln, 74, 75, 112, 113, 137
Kanton, 46, 49, 50
Kap Blanco, 50
Kap Bojador, 50
Kap *Cabo Cruz* < *Cabo Cruz*, 42, 56, 59
Kap Catoche (Yucatán), 23, 24, 52, 122
Kap Français, 102
Kap Hatteras, 134
Kap Horn, 143
Kap *Matahambre*, 151
Kap Natal, 153
Kap *Punta de Piedras*, 59
Kap *Punta Maisí* = *Punta Maysi*, 37
Kap Samana, 51
Kap *San Antonio* < *Cabo San Antonio*, 23, 37, 52, 59, 60, 61, 67, 70, 121, 122, 156, 157
Kap *Tiburón*, 45

Karibik, Inseln der, 56
Karibische Inseln, 78
Kingston (Jamaika), 54, 55, 131
Kolonien, 24, 25, 70, 75, 87, 96, 103, 105, 106, 107, 108, 124, 130, 132, 135, 137, 139
Kolonien, englische, 130, 135
Kolonien, französiche, 96, 106, 107, 135
Kolonien, spanische, 25, 75, 87, 96, 103, 137
Kolumbien, Republik < Colombia, 55, 65, 68, 124, 127, 128
Königliche Gärten (*Jardines y Jardinillos*), 59
Konstantinopel, 81
Krankenhaus, 34
Krim, 68
Kuba, die Insel, 23, 24, 29, 35, 37, 38, 40, 42, 43, 44, 45, 47, 48, 50, 51, 52, 53, 54, 56, 58, 59, 60, 62, 63, 64, 65, 66, 67, 68, 71, 72, 74, 75, 76, 78, 81, 83, 84, 85, 86, 87, 88, 89, 90, 91, 92, 94, 95, 96, 97, 98, 99, 100, 101, 102, 104, 105, 106, 107, 108, 109, 110, 111, 112, 113, 115, 117, 118, 119, 120, 122, 124, 127, 129, 131, 136, 137, 139, 140, 143, 145, 147, 148, 150, 152, 154, 155, 157
Kupferberge (*Montañas del Cobre*) < *Sierra del Cobre*, 38, 39, 52, 54

L

La Cabaña < *San Carlos de la Cabaña*, 27, 29, 30, 43
La Cruz de Piedra, 29
La Guaira, 114
Laguna de Cortés < Laguna de Cortez, 46, 150
Landgut *Guanamacar*, 60

La Paz, 62, 150
La Punta = Festung *San Salvador de la Punta* < Fortín de la Punta = *Castillo de la Punta*, 27, 28, 29, 42
La Salud, 30, 31
Las doce leguas, 58
Le Havre, 106
Leeward-Inseln, 149
Lima, 88, 144, 152
Lissabon, 81
Liverpool, 96, 110
Livorno, 94
Lomas de Camoa, 41
Lomas de San Juan, 39, 41, 54, 161
London, 35, 134, 145
Long Island, 58
Louisiana, 23, 24, 60, 84, 91, 95, 121, 128
Lucaye-Inseln, 76, 78
Lyon, 32

M

Macao, 46, 47, 48, 49, 50
Macuriges, 86
Madagaskar, 153
Madrid, 24, 34, 60, 72, 113, 130, 159
Madruga, 86
Magdalena, 37
Magdalena, 147, 148, 149
Magellan-Straße, 35
Mahón, 68
Maisí, 37, 38, 44, 58, 59, 60, 62, 67, 78
Managua, 69, 86
Manzanillo, 61
Maravi, 59
Margarita, 149
Mariel, 45, 59, 60, 62, 87, 90, 96, 105, 121, 122
Marimelena, 43
Marinekommandantur, 28

Marsfeld (*Campo de Marte*), 27
Martinique, 48, 56, 71, 85, 92, 93, 109, 150
Maruques, 39
Maskat, 50
Massachusetts, 134
Matahambre, 60, 151
Matamoros, Hazienda, 104
Matanzas, 23, 39, 41, 42, 45, 46, 58, 59, 60, 61, 62, 74, 86, 87, 90, 96, 103, 109, 119, 120, 122, 124, 126, 127, 161
Mauritius, 50
Máximo, 46
Mayarí, 44
Meerenge von Florida, 24
Meganos del Manatí, 158
Mérida, 24
Mesa de Mariel, 39
Metropole = Madrid, 130
Mexikanische Föderation = Föderation der Mexikanischen Staaten, 23
Mexikanische Metropole, 24
Mexiko, 23, 24, 29, 32, 33, 39, 51, 52, 87, 88, 89, 95, 111, 112, 113, 114, 119, 120, 127, 128, 137, 143, 144, 149, 153, 155, 156, 157, 160, 163, 165
Mexiko, die Stadt, 32
Militärkrankenhaus *San Ambrosio*, 33
Mississipi, 112, 134, 145, 148, 149
Missolunghi, 141
Missouri, 134
Mittelmeer der Antillen, 165
Mittelmeer mit zwei Ausgängen < *Méditerranée à deux issues = Méditerranée mexicaine*, 23
Mompox, 148
Monillo, 150

Montañas del Cobre (s. Kupferberge), 38, 39, 54
Montezuma, das Reich von, 157
Mopox, 41, 102, 105, 122, 145
Morón, 59, 60, 62
Morro oder *Castillo de los Santos Reyes* < *El Morro de la Habana* = *Castillo del Morro*, 27, 35, 42, 43, 60
Mosambik, 153
Mussinet in Piemont, 44
Mutterland, 109, 111, 113, 122, 124

N

Naranjal, 86
Naranjo, 58, 60
Neapel, 33, 101, 141
Neue Welt, 112, 145, 156
Neuer Kontinent, 32, 95, 144
Neu-England, 24
Neu-Grenada, 144
Neu-Holland, 143
Neu-Spanien, 23, 24, 128, 144
Nevada de Toluca, 52
Neveri, 149
New Orleans, 32
New York, 32, 114
Nicaragua, 42
Niederägypten, 47
Nil, 146, 147
Nipe, 40, 58, 60
Nordamerika, 23, 44, 64, 65
Nordeuropa, 130
Norwegen, 44, 154
Nouvelle-Grenade, 144
Nueva Filipina, 61
Nuevas Grandes, 58
Nuevitas, 58, 61, 86
Nuevitas del Príncipe, 58, 60
Nuevo Santander, 50

O

Ohio (Fluss), 145
Orinoco, 29, 143, 144, 146, 147, 148, 149, 158, 164
Ostamerika, 50
Osteuropa, 130
Ostindien, 100
Otdia, 157
Ottomanisches Reich, 73
Ozean, 23, 42, 46, 87, 112, 144, 146, 153, 154, 162
Ozean, tropischer, 58

P

Padre, 58
Palmas, in der Nähe von Kap *Maisí*, damals *Alfa y Omega* genannt, 78
Pan de Guajaibón, 39, 86
Pan de Matanzas, 39
Panama, 77, 111, 144
Pappenheim, 41
Parapara, 44
Paria, 156
Paris, 33, 35, 47, 48, 56, 61, 73, 91, 92, 94, 109, 143, 144, 148
Paula-Hospiz, 28
Paz, 62, 150
Pegnitz, 41
Pensacola, 24, 68
Pernambuco, 95
Perote, 52
Persien, 113
Peru, 39, 76, 89, 111, 113, 143, 144
Philadelphia, 32, 144
Philippinen, 78, 143
Philippinischer Archipel < archipel des Philippines, 24
Phönizien, 157
Piedras de Diego Pérez, 158
Piemont, 44

Pinar del Río, 86
Pinos, Insel = *Isla de Pinos* = *Los Pinos*, 37, 42, 51, 52, 58, 59, 148, 150, 153, 155, 156, 157
Placeres, 150
Pol, 35, 49, 50, 55, 144
Polynesien, 78, 153
Port au Prince, 109, 124
Port Royal, 84
Porto Alegre, 94
Portobelo, 51, 144, 145
Portugal, 33, 37, 68, 77, 94, 136
Post < *Correo*, 28
Potrero del Conde de Mopox, 41
Potrero de Madrazo, 60
Preußen, 33, 73, 145
Príncipe, 30, 45, 60, 61, 79
Promenade *Alameda*, 28
Promenade außerhalb der Stadtmauern < *Paseo extra muros*, 28
Providencia, 160
Puerto Casilda, 59, 60
Puerto de Cabañas, 60
Puerto de Cabonica, 60
Puerto de Carenas, 44, 78
Puerto de Cayo Moa, 59
Puerto de las Nuevitas del Príncipe, 58, 60
Puerto de Livisa, 60
Puerto de Mata, 59
Puerto de Navas, 59
Puerto de Nuevas Grandes, 60
Puerto de Remedios, 60
Puerto de Sierra Morena, 60
Puerto del Malagueta, 60
Puerto del Manatí, 60
Puerto del Padre, 60
Puerto Escondido, 39, 59, 60
Puerto Francés, 150

Puerto Príncipe (Camagüey), 38, 40, 44, 45, 46, 60, 61, 62, 67, 70, 71, 78, 79, 88, 126, 127, 163

Puerto Rico, 38, 44, 51, 60, 92, 128, 139, 165

Punta Curiana, 60

Punta de Judas, 62

Punta de Mulas, 58, 60

Punta de Piedras, 59

Punta de Sabina, 46

Punta de Salinas, 150

Punta Gorda, 150

Punta Icacos, 44, 58, 59, 60

Punta Maisí = Punta de Maisí, 38, 58, 60, 62

Punta Matahambre, 60

Punta Maternillo, 37

Pyrenäen, 44

Q

Quareca (Provinz), 77

Quinta del Obispo, 29

Quito, 48, 87, 88

Quivicán, 122

R

Radak, 157

Rattan, 51, 75

Real del Monte, 99

Regierungsgebäude > Casa del Gobierno, 28

Regla, 27, 29, 31, 43, 44

Remedios, 59, 61, 74, 126

Réunion, 50

Reuthberg bei Dolau (Bayreuth), 44

Río Apure, 147, 149, 158

Río Arimao, 162

Río Blanco, 86, 96, 103, 105, 145

Río Blanco del Norte, 86, 103

Río Blanco del Sur, 86

Río Cauto, 46, 62, 146

Río Chagre, 149

Rio de Janeiro, 27, 46, 47, 48, 49, 50, 94

Río de la Chorrera, 55

Río de Oro, 50

Río de San Juan, 160

Río Grande, 94

Río Guarabo, 60, 160, 161, 163, 164

Río Jigüey, 60

Río las Palmas, 46

Río Magdalena, 146, 147, 149

Río Máximo, 46

Río Negro, 143, 144, 149

Río Sagua la Grande, 46

Río San Antonio, 46

Río San Juan, 42

Rio Santa Cruz, 60

Río Santa María, 62

Riviera, italienische, 51

Roatan, 51

Rom, 54, 140

Rosario, 150

Rubí-Berg < Cerro del Rubí, 44

Russland, 28

S

Sachsen, 44

Sagua Grande, 46

Sagua la Chica, 74

Sahara, 50

Saint Christoph (Saint Kitts), 138

Salvador, 112

Salzklippen < Cayos de Sal, 59

Sama, 58, 60

San Agustín de la Florida, 74

San Ambrosio (Militärkrankenhaus), 34

San Anastasio del Cupey, 74

San Andrés, 42

San Antonio, 23, 38, 41, 55, 61, 62, 74, 86, 103, 157

San Antonio Abad, 62, 103

San Antonio de Barreto,
San Antonio de Beitia, 55
San Antonio de los Baños, 41, 61, 62
San Carlos de la Cabaña = La Cabaña, 27
San Carlos del Príncipe, 27
San Carlos del Río Negro, 35
San Cristóbal, 152
San Cristóbal de Cuba, 157
San Cristóbal de la Habana, 62, 78, 157
San Eugenio de la Palma, 62
San Felipe, 34, 61, 62, 74
San Fernando de Nuevitas, 121
San Jerónimo, 86
San Juan, Gebirge, 162
San Juan de los Remedios, 41, 61, 62, 74, 79, 121, 159
San Juan in Nicaragua, 42
San Julián de los Güines, 62
San Lázaro, 29, 30, 31
San Nicolás (Kanal), 59
San Salvador de Bayamo, 78
San Salvador de la Punta = (kleine) Festung *La Punta = Fortín de la Punta = Castillo de la Punta,* 27
San Vicente, 75
Sancti Spíritus (Villa de) = Sancti Espíritus, 40, 61, 62, 74, 78, 79, 88, 126, 163
Sandwich-Inseln, 50, 76
Sankt Vincent, 92
Sankt-Lorenz-Strom, 24
Santa Ana, 62
Santa Clara, 28, 30, 61, 62, 103
Santa Cruz, 46, 49, 86
Santa Cruz auf Teneriffa = Santa Cruz de Tenerife, 49
Santa Cruz de los Pinos, 86
Santa Fe, 74
Santa Isabel, 59

Santa Lucía, 86, 92
Santa María, 34, 60, 61, 62, 68, 74, 150
Santa María del Rosario, 61, 62, 74
Santa Rosa, 122
Santander, 50, 120
Santiago, 34, 38, 44, 58, 59, 60, 62, 67, 70, 74, 78, 79, 80, 82, 86, 90, 103, 109, 124, 127, 128, 159, 162
Santiago de Cuba = Cuba, 38, 44, 58, 59, 60, 61, 62, 67, 70, 71, 74, 78, 79, 80, 82, 90, 109, 124, 126, 127, 128, 159, 162
Santiago de las Vegas (o de Compostela), 61, 62
Santiago del Bejucal, 62
Santo Domingo, 23, 25, 27, 29, 37, 38, 39, 40, 48, 51, 56, 60, 64, 65, 68, 69, 87, 89, 94, 95, 97, 100, 101, 102, 105, 107, 108, 119, 120, 136, 141, 146, 147, 148, 153, 163, 165
Santo Domingo de Atarés = Atarés, 27
Sao Tomé (Insel), 35
Saualpe (Steiermark), 44
Savana de Juan Luis und *Don Cristóbal,* 150
Savannen, 89
Schlachthof < *Matadero,* 30
Schlesien, 44
Schottland, 44, 110
Schweden, 33
Schweinebucht < *Ensenada de los Cochinos,* 59
Schweizer Seen, 149
Selle und La Hotte der Insel Santo Domingo, 38
Señor de la Salud = La Salud (Vorort), 27
Sevilla, 51, 111, 128
Sibarimón, 86
Sierra Morena, 60
Sierras de Gavilán, 39

Siguapa, 44
Sklavenkolonien, 118
Sklaven-Staaten = Sklavenstaaten <
  slave-states, 24, 79, 141
Smyrna (Izmir), 81
Sopuerta, 68
Spanien, 24, 37, 40, 59, 74, 77, 81, 82,
  86, 87, 89, 111, 113, 118, 119, 120,
  121, 124, 127, 129, 133, 136, 141,
  143, 144, 160
Spanische Halbinsel, 115
Spitzbergen, 35
Stadtmauer, 30
Stadtviertel *Casa Blanca*, 27
Straße *Calle de los Mercaderes* > *Calle
  de los Mercadares*, 28
Südamerika, 42, 149
Süd-Carolina, 84
Südfrankreich, 101
Süditalien, 149
Südsee, 42, 105, 145, 152
Südstaaten, 84, 135
Surgidero de Batabanó, 59
Surinam, 93, 94
Syene (Assuan), 50
Syrakus, 157

T

Tabakfabrik, 28
Tabasco, 158
Taco, 59
Tahiti, 76, 99, 102
Tampico, 24
Tánamo, 58, 60
Tapaste, 86
Taverna del Rey, 122
Tetas de Managua, 39, 41
Teneriffa, 49, 75
Tiburón, 45
Tinguaros, 61
Tobago und Trinidad, Inseln, 56, 92

Tortugas, 122
Toscana, 44
Touraine, 106
Triest, 94
Trinidad, 44, 56, 81, 92, 149
Trinidad = Trinidad de Cuba, 25, 39,
  41, 45, 46, 54, 57, 59, 60, 61, 62, 74,
  78, 79, 82, 86, 87, 88, 90, 103, 109,
  113, 124, 126, 143, 150, 156, 159,
  160, 161, 163, 164, 165
Tropen, 43, 89, 100, 101, 106, 110, 118,
  119, 120, 147, 164
Trujillo, 114
Tumbach, 41
Turquino, 38

V

Vallorbe, 44
Valparaiso, 144, 145
Venedig, 157
Venezuela, 25, 44, 119, 122, 133, 149
Veracruz, 24, 28, 47, 56, 113, 114, 120,
  121, 143
Veragua, 101
Vereinigte Staaten von Amerika =
  Krim der Neuen Welt = USA, 23,
  29, 32, 33, 52, 64, 84, 85, 95, 98,
  112, 114, 117, 118, 119, 120, 124,
  133, 134, 135, 136, 143, 145, 154,
  165
Vertientes, 60
Víbora, 151
Villa Clara, 38, 40, 46, 61, 74, 79, 121,
  126, 163, 164
Villa de Santa Clara, 61
Virginia, 23
Vita, 60
Vorort *Cerro*, 31, 122
Vorort *Jesús del Monte* < *arrabal de
  Jesús del Monte*, 31
Vororte, 27, 30, 31, 123

Vuelta de Abajo, 61, 62, 79, 86, 112
Vuelta de Arriba, 62, 86

W

Waffenarsenal (Zeughaus), 27, 28
Wajay, 53, 54, 86
Wales, 23, 37, 73
Washington, 134
Welten, beide, 112, 113
Westindien, 93
Wien, 134

Y

Yaguabo, 60
Yaguaneque, 59
Yucatán, 23, 24, 39, 52, 156, 157, 160
Yumurí, 86

Z

Zanja de Antoneli, 46
Zanja Real, 123
Zentralamerika, 87, 112
Zuckerinseln, 101, 130
Zuckerkolonien, 107, 118

3. Personen

Personenregister und Bevölkerungsglossar
In dieses Register sind neben Geschäftsleuten, Forschern, Künstlern, Wissenschaftlern, Eroberern, Autoren, Regierungschefs, Angehörigen des Klerus auch ethnische Gruppen, sowie Berufsgruppen, Angehörige von religiösen Vereinigungen, nach Farben, Alter und sozialem Stand unterschiedene Menschengruppen und Angehörige verschiedener Staaten und Kontinente aufgenommen. Spanische Ausdrücke sind in Kursivschrift eingetragen.

A

Abgeordnete, 124
Adliger, 70
Afrikaner, 23, 66, 78, 83, 84, 131, 135
Alcocer, 70
Alexander VI., Papst, 76
Alvarado, Pedro de, 157
Amerikaner, 78
Apotheker < *boticario*, 70, 88
Arago, François, 48
Arango y Parreño, Francisco de, 70, 80, 137
Arbeiter, 138
Arco, Marquis del, 96
Argüelles, Agustín de, 70
Aristizabal, Gabriel de (Admiral), 143
Arrate, José Martín Félix de (franziskanischer Geistlicher von *Santiago de Cuba*), 39
Ärzte < *médicos*, 70, 88
Äthiopier, 78
Atienza, Pedro de, 89
Aufseher, 138
Ausländer, nicht fest ansässige = Durchreisende < *transeuntes*, 31, 34
Avendaño, 134

B

Bailli, 97
Baker, 81
Balbis, Adrien (Professor), 51
Balboa, Vasco Núñez de, 77, 78
Banks, Sir Joseph, 143
Barataro, 51
Barba, Pedro de, 77
Barbaren, 140
Barcaíztegui, Ventura de (Fregattenkapitän / Schiffsleutnant), 37, 60
Barreto, Graf von, 137
Barruel, 100
Barrutia, 126
Bassecourt, Luis de, 164
Baudin, Kapitän Nicolás, 143
Bauern, 133
Bauzá, Felipe (Geograph, ehemaliger Direktor des *Depósito hidrográfico de Madrid*), 37, 38, 60, 92
Beaujolais, Graf, 145
Beauftragte < *encomenderos*, 75
Berthoud, Louis, 151
Bertrán, Luis (dominikanischer Geistlicher), 75
Besitzer, 98, 102, 104, 106, 109, 130, 131, 137, 140, 145
Bethlemiten-Mönche, 80

Bischof von Chiapa, 75, 76
Bischof von Havanna, 60, 88
Bockford, 98, 99, 100
Bolingbroke, 130
Bonpland, Aimé, 25, 44, 52, 143, 144, 147
Borda, J. Ritter von, 35, 161
Braconnot, 99
Brown, Robert, 51
Buch, Leopold von, 49, 112
Buffon, Georges Louis Leclerc, 147, 155
Bürger, 140
Bürgermeister, 136

C

Cabrera, Gabriel de, 112
Caldcleugh, 108
Calvo de la Puerta, Nicolás, 97
Casa Enrile, Marquis de, 81
Casas y Aragorri, Luis de las, (Generalkapitän und Gouverneur von Kuba), 28, 32, 68, 69, 70, 79, 102, 120
Casas, Bartolomé de las, 159
Castries, Marschall, 132
Chamisso, de, 42
Chaptal, Graf Jean Antoine, 106
Charault, (Autor), 141
Chateauneuf, 109
Chemiker, 99
Chinesen, 153
Chirurgen, 88
Chorherren, 88
Churruca, Cosme de, 35
Clarke, 99
Clouet, Luis de, 121
Colón, Diego, 78
Colquhoun, 92
Commerson, Philibert, 153
Cook, Kapitän James, 76

Cortés, Hernán, 29, 46, 59, 155, 156, 157
Crawfurd, John, 106, 109
Croker, (erster Sekretär der Admiralität), 73
Cropper, 84
Cuesta, 34
Cuvier, George, 147

D

Dampier, William, 148, 149, 153, 158
Daniell, 99
Dawson, 81
Derosne, 99
Dolmetscher, 156
Dschingis Khan, 156
Durchreisende < *transeuntes*, 72
Dutrône, 99

E

Echegoyen, José Ignacio, 106
Edwards, Bryan, 92, 93, 140
Eigentümer (s. Besitzer)
Eingeborene = Ureinwohner, 34, 40, 75, 76, 77, 78, 89, 110, 112, 133, 137, 152, 159
Einwohner von Havanna < *Habaneros*, 87, 121
Elisabeth, Königin, 156
Ellis, Charles, 92
Elphinstone, 134
Engländer, 30, 75, 78, 81, 101, 123, 136
Eroberer < *conquistadores*, 29, 40, 62, 76, 77, 78, 102, 162
Erzbischof von Kuba, 88
Escolar, 49
Eskimos, 78
Espinosa y Tello, José, 34
Europäer, 27, 45, 118, 119

F

Farbige, 63, 64, 66, 67, 69, 71, 73, 74, 75, 77, 83, 139
Farbige, freie, 63, 64, 66, 69, 71, 72, 73, 74, 79, 80, 83, 85, 131, 132, 133, 139
Farquhar Mathison, Gilbert, 76
Ferdinand, König, 156, 160
Ferrer y Cafranga, José Joaquín, 35, 37, 47, 54, 55, 56, 57, 60
Fischer, 152
Flüchtlinge, 136
Forscher, 148
Francoeur, 91
Franzosen, 81, 100
Freie < *libres*, 31, 63, 64, 65, 66, 69, 70, 71, 72, 74, 75, 83, 84, 91, 107, 119, 121, 139
Freie Mulatten < *pardos libres*, 31, 69
Freie Negerinnen und Neger, 69
Freie Schwarze, 31, 83
Freigelassene, 63, 65, 71, 75, 84
Fremde, 81, 145
Freycinet, de, 76

G

Galeano, Dionisio, 35
Gallatin, Albert, 85
Galliffet, Marquis de, 107
Gamboa, Marco Antonio de, 163
Garcilaso, 76
Gay-Lussac, 99
Geistliche, 88
Gelehrte, 148
Geographen, 68
Gerichtsschreiber < *escribano*, 70, 75, 88
Geschäftsleute, 102
Geschichtsschreiber, 89, 129
Gómara, Francisco López de, 40, 48, 76, 77, 78, 152

Gómez Reynal, 81
González, Fray Juan, 68, 143
Gonzalo de O-Farrill, General, 145
Gouverneure, 76
Griechen, 81, 137
Guaimard, 42
Guanches (Ureinwohner der Kanarischen Inseln) < *Guanches*, 75

H

Hafenkapitäne, 72
Handwerker, 66
Hannibal, 140
Harris, 35
Hassel, 76
Hatuey, Kazike, 77, 78
Hausknechte, 66
Herren (den Herren wechseln < *buscar amo*) *amo*, 75, 78, 137, 138
Herrera y Tordesillas, Antonio de (Chronist), 39, 51, 77, 112, 150, 156, 157, 159, 160, 161
Higgins, 99
Historiker, 76
Howard, 99
Humboldt, Alexander von, 44, 52, 100, 106, 107, 108, 112, 144, 152

I

Inder, 100

J

Jäger, 140
Jaruco y Mopox, Graf < *Conde de Jaruco*, 102, 122, 145
Jáuregui, Felicia, 96
Jesuiten, 80
Juarros, 51

K

Kaffeepflanzer > *haciendados de café*, 131
Karl III., König, 29
Karl V., Kaiser, 152
Kaufleute < *mercadores*, 70, 104
Kelly, 91
Kirchendiener, 70
Kolonisten < *colons*, 45, 65, 75, 80, 121, 130, 137, 141, 146
Kolumbianer, 87
Kolumbus, Christoph, 29, 51, 62, 75, 76, 77, 150, 152, 153, 155, 156, 160
König Ferdinad, 156
König Karl III, 29
König Ludwig XVI., 132
Könige, 29, 30, 82, 94, 132, 156, 160
Königin Elisabeth, 156
Kranke, unheilbar < *incurables*, 34
Kreolenneger < *negros creoles*, 73
Kubaner, 81
kubanische Landwirte, 46
Küster < *secretarios y sirvientes de iglesias*, 70

L

Laet, 51
Lafayette, General, 132
Landarbeiter, 108
Landbewohner =Landbevölkerung =Landleute, 70, 119, 132
Landtruppen, 31, 124, 127
Landwirte, 111, 112, 119
Latreille, 113
Leclerc, General, 102
Lemaur, Francisco und Felix, 123
León, Antonio, 156
Lessert, Baron de, 100

Leutnant (Stellvertretender Gouverneur) < *Capitan General y Gobernador* < *Teniente Gobernador*, 61
Lindenau, von, 37, 92
López Gómez, Antonio, 150

M

Maistre, Graf, 77
Majariegos, Diego de, 77
Majestät, Seine, 139
Majoratsherr, 70
Martínez de Pinillos, Claudio (Verwalter und Intendant), 121, 127
Martyr Anglerius, Petrus, 39, 76, 78, 152, 153
Matrosen, 31, 155
Mauren, 77
Mendoza, Kapitän, 145
Mestizen und *Zambos* (Mischung zwischen Urbevölkerung und Weißen und Schwarzen) < *mestizos y zambos*, 75, 133
Methodisten, 75
Mexikaner, 87
Mischlinge, 133
Missionare, 76, 133
Mönche, 31, 80, 156
Montezuma, 157
Montpensier, Graf, 145
Mopox, Graf von, 41, 105
Moreau de Jonnes, 107
Morse, 84, 124
Mulatten, 30, 31, 64, 65, 66, 67, 68, 69, 70, 72, 73, 81, 83, 85, 133, 135, 139, 165
Mulatten, freie, 31, 69, 70, 72, 81, 83
Mulattensklaven < *pardos esclavos*, 65, 69, 73, 83, 108
Muñoz, Pedro (Verwalter der *Real Hacienda*), 163

N

Nairne, 53
Naturforscher, 145
Narváez, Pánfilo de, 57
Necker, Minister J., 73
Neger, 30, 31, 33, 34, 64, 65, 66, 67, 68, 69, 70, 71, 72, 73, 75, 78, 80, 81, 82, 83, 84, 85, 86, 97, 98, 102, 107, 108, 110, 115, 120, 121, 129, 130, 131, 132, 133, 135, 136, 137, 139, 140
Neger, afrikanische, 67, 71, 81, 83, 137
Neger, eingeführte / importierte < *negros bozales = bozales*, 33, 69, 72, 74, 80, 81, 82, 83, 85, 97, 115, 120, 136
Neger, entlaufene, flüchtige = Cimarronneger < *negros cimarrones* (kub.), 75, 136
Neger, freie, 65, 69, 70, 135
Neger, freie importierte < *negros bozales libres*, 74
Neger, reinrassige, 31, 75
Negersklaven, 65, 67, 69, 73, 77, 80, 81, 83, 84, 100
Nichols, 110
Noah, 112
Norris, 135
Notar < *notario*, 70
Nuix, Abt Juan, 77

O

Ocampo, Sebastián de, 43, 44
O'Farril, Rafael, 96
O'Farrill y Herrera, Ignacio, 145
O'Farrill, Juan de, 122, 145
Oltmanns, Jabbo, 35, 60, 163
Ordensbrüder *San Juan de Dios*, 34
Ordensleute, 31
O'Reilly, Graf, 34
Orléans, Prinzen von, 145

Oudney, Doktor, 47
Ovando, Nicolás de (Gouverneur von Hispaniola [Haiti]), 139

P

Padres Predicadores, 88
Padrón, Antonio, 164
Page, 137
Papst Alexander VI, 76
Papst Leo X, 60
Papst Pius VI, 60
Papuas, 78
Patrizierfamilien, 121
Pedroso, Matheo de, 121
Peralta, Gaspar de, 81
Perouani, Guiseppe, 28
Pflanzer, 75, 101, 102, 131
Philipp III., 77
Piazzi,
Piraten, 78, 162
Pitkins, 120
Plantagenbesitzer oder Herren < planteurs ou maîtres, propriétaires < *hacendados, amos*, 34, 106
Poinsett, 72, 80
Polynesier, 78
Portugiesen, 81
Priester, 132
Proust, Louis, 39, 98, 99
Puységur, De, 163
Pyrrhus, 140

Q

Quarecas, 78

R

Raffinierer, 105
Ramírez, Alejandro, 88
Ramírez, Francisco, 39

Raynal, Abt Guillaume Thomas François, 68, 77, 111, 113
Rechtsanwälte < *abogados*, 70, 88
Reisende, 76, 78, 79, 129, 137, 144, 148, 157
Richenet, Abt, 49
Richeprey, 132
Richter, 138
Riffault, 91
Río, Fregattenkapitän José del, 37, 60, 163
Robinson, 120
Robredo, Antonio, 47, 48, 54
Rochambeau, General, 102
Rodet, 109
Rodríguez, 81, 96
Rodríguez de Elvas, Antonio, 81
Rogers, Kapitän, 153
Romay, Tomás, 68
Roxburgh, 98, 99, 100

S

Sabine, Kapitän, 35
Sánchez Cerquero, José, 60
Sánchez Dorta, Benito, 49
Santa Clara, Graf von, 28, 30, 61, 62, 103
Schiffsmannschaft, 72
Schneider, 156
Schuhmacher, 156
Schulbeamter < *ministro de escuela*, 70
Schwarze, 31, 32, 64, 66, 70, 72, 75, 77, 78, 83, 84, 85, 107, 120, 129, 130, 131, 132, 133, 135, 136, 137, 138, 139, 140, 165
Schwarze, freie, 64, 72
Schwarze der Philippinen, 78
schwarze Sklaven, 31
Sedano, Diego José de, 104, 106
Seefahrer =Seeleute, 76, 148, 154, 155, 156, 157

Sieder < *maestros de azúcar*, 95, 99
Six, 49
Sklaven, 24, 28, 31, 32, 63, 64, 65, 66, 67, 68, 69, 70, 71, 72, 73, 74, 75, 78, 79, 80, 81, 82, 83, 84, 85, 91, 92, 93, 94, 95, 96, 97, 100, 101, 102, 105, 106, 107, 108, 110, 111, 114, 115, 118, 119, 128, 129, 130, 131, 132, 133, 135, 136, 137, 138, 139, 140, 141, 166, 191
Sklavenschützer, 132
Soldaten, 69
Soto, Hernando de, 77, 162
Spanier, 40, 77, 78, 81, 89, 150, 152, 160
spanische König, 82
Spanier, die ersten, 51
Spekulanten, 104
Stewart, 100, 119, 120
Sudanneger, 78
Swartz, 51, 52, 185

T

Tagelöhner, 66
Thenard, 99
Thomson, 91
Thuret, (Generalkonsul), 94
Torre, Marquis de la < *Marqués de la Torre*, 28, 68
Tuckey, 51

U

Ubite, Juan de (Bischof), 61
Ugarte, Tomás de (Schiffskapitän) < *capitán de navío Tomás de Ugarte*, 57
Ulloa, Antonio de (Astronom), 77, 163
Unternehmer, 98
Urbevölkerung, 75

V

Valdés, Pedro (erster Gouverneur der Insel mit Titel Generalkapitän 1601), 62

Varela y Ulloa, Pedro, 77

Velázquez, Diego (Gouverneur, Siedler und Eroberer) < *Poblador y Conquistador*, 62, 77, 78, 146, 150, 157, 162

Verwaltungspräsident < *Superintendente general subdelegado de Real Hacienda de la Isla de Cuba*, 61

W

Walsh, 134

Weiße, 31, 63, 64, 65, 66, 69, 70, 71, 72, 73, 74, 75, 78, 79, 80, 83, 84, 87, 89, 107, 130, 132, 133, 134, 139

Wells, 48

Willdenow, Karl Ludwig, 112

Wilson, 48

Withmore, 107

Wollaston, (Verwalter), 162

Z

Zach, Franz Xaver von, 60

Zambocariben,

Zoologen, 146, 148

4. Pflanzen

A

Acer saccharinum = Zuckerahorn
Akazie
Amentaceen
Ananas
Andropogon avenaceus Schrad
Avicennia nitida

B

Bambusaceen
Bananenstauden
Batis
Batis maritima
baumartige Gräser
Baumwolle
Benisterien
Bergreben < *parras monteses*
Bertholletia
Beta vulgaris
Bignonia lepidota

C

Cakile cubensis
Calophyllum calaba
Caña criolla
Caña de la tierra
Caña de Otahití
Chloris cruciata
Cecropia peltata
Cenchrus myosuroides
Cocollobabäume < *Cocolloba*
Cocos crispa
Convulvulus calycinus
Convulvulus pinnatifidus
Cordia globosa
Corypha maritima
Corypha miraguama

D

Diomediea glabrata
Dolichos miniaturs

E

Ehretia havanensis
Euphorbis
Euphorbis buxifolia

F

Fichte
Fucus

G

Gartenagrumi   (Zitrusfrüchte)   <
  agrumi
Getreidearten
Gossypium

I

Ignamen
Indigo < *indigo*
Iresine obtusifolia
Iris

J

Jatropha fragrans
Jatropha integerrima Jacq.
Jatropha panduraefolia
Junqueras

K

Kaffeebaum
Kaffeestrauch
Kartoffel
Kiefer (Pinus occidentalis)
Kokospalme, gemeine
Königspalme *Palma   real* =
  Oreodoxa regia
Konifere, einfrüchtige *Pino del
  Cibao* = Podocarpus
Kürbis

L

Lagascea mollis Cav
Lantana involucrata

M

Mahagonibaum   <   *Cahoba*   =
  Swietenia Mahagoni
Mais
Malpighia cubensis
Manglebäume
Maniok
Mariscus havanensis
Mummea
Myrtus tuberculata

O

Olyra latifolia
Oplismenus (*camalote*)
Orange, kleine bittere
Orangenbäume
Orangenbäume, wilde
Oreodoxa regia

P

Palma real
Palme Corypha Miraguama
Palmen
Panicum
Parthenium hysterophorus
Petiveria alliacae
Pinus occidentalis Swartz < Pinus
  occidentalis Swarz
Pisonia loranthoides
Podocarpus

Q

Quinoa

R

Rhizophora
Runkelrübe
Russelia sarmentoṣa

S

Saccharum officinarum
'soziale Pflanzen'
Süßkartoffeln
Swiertenia Mahagoni L.

T

Tabakpflanzen
Tournefortia gnaphalioides de Jacquin
Triopteris lucida
tropische Pflanzen

U

Ulven

V

Vadgiai-Palme
Vitis tiliaefolia
Vitis vinifera

W

Warzenpomeranzen
Wein
Wein, wilder
Weizen

Z

Zanthoxylum Pterota
Zitronenbaum, kleiner
Zitronenbaum
Zuckerahorn
Zuckerrohr

5. Tiere

A

Alcatraz
Alligator
Alligator lucius
Alligator palpebrosus
Alligator sclerops

B

Buffon-Schwan

C

Cocuyu (Elater nactilucus)
Crocodilus acutus

E

Echeneis Naucrates
Echenais Remora
Elefanten
Enten

F

Fische
Fischreiher
Fresh-water-Manati

G

Guacán
Gavials

I

Insekten

H

Hunde

K

Kaiman
Kormoran
Korallen
Krokodil
Kühe

L

Lamantin

M

Manati
Maultiere
Meeresschildkröte
Meeresvögel
Mollusquen
Muscheln

O

Ochsen

P

Pelikan
Peronoptere
Pferde

Q

Quetaceos, pflanzenfressende

R

Remora
Revés
Reptilien, fleischfressende

S

Saurier
Schafe
Schildfisch
Sea kind Manati
Seekühe
Sucet

V

Vögel, fischfressende
Vultur Aura

W

Wale
Wildshweine
Wölfe

Z

Zamuros
Ziegen

Glossare

Tabakglossar

Factoría de tabacos (staatliches Unternehmen)
Monopol, königliches < *estanco*
Schwund und Schäden bei der Tabakherstellung < *merma y averías*
Tabak
Tabak, gebündelter < *tabaco torcido*
Tabak, pulverisierter < *polvos delgados con color, polvos suaves o cucaracheros*
Tabak in Blättern < *tabaco en rama*
Tabak in Blättern und Rippen
Tabakanbau
Tabaksorten, drei : *suprema, mediana e ínfima*
Zigarren < *cigarros*

Glossar der Zuckerproduktion

ablaufen lassen < *escurrir y limpiar*
Arrobe (Gewicht eines Zuckerhutes; in Kastilien: 11,5 kg) < *arroba*
Boden, der ausschließlich dem Zuckeranbau dient < *cañaveral*
Branntwein aus Zuckerrohr < *aguardiente de caña*
Farin-, Roh- oder Mehlzucker aus restlichem Sirup
Fass, kleines Melassezucker < *barril de miel de purga*
Fass, mittleres Melassezucker < *bocoy/i (= 6 barriles) de miel de purga*
Gestelle für Zuckersiedekessel < *trenes de tachos*
Honigfass < *barril de miel (a 2 arrobas)*
Kegelform < *horma*
Kessel < *fondos*
Kiste Zucker
Klärmaschinen < *clarificadoras*
Melasse < *miel de purga*
Melassenschaum < *cachaza*
Melassezucker < *cucurucho* (kub.)
Metallbecken < *peila = paila*

Pflanzer
Pipas Zuckerrohrschnaps < *pipas de agaurdiente de caña una pipa de aguardiente* = 180 *frascos* = 76 ½ gallons
Raffinieren < *purga*
Reverberieöfen < *reverberías*
Rohzucker < *azúcar mascabado*
Rohzucker, nichtraffinierter
Runkelrübenzucker
Siedekessel < *pieza*
Sieder < *maestros de azúcar*
Trester: ausgepresstes Zuckerrohr, das noch zuckrigen und gährungsfähigen Stoff enthält < *bagazo*
Wurzel, knollige
Zucker < *azúcar*
Zucker, gelber < *azúcar quebrado*
Zucker, kristallisierbarer
Zucker, raffinierter (weißer und gelber) < *azúcar blanco y quebrado*
Zucker, weißer < *azúcar blanco*
Zuckerfass < *barril de azúcar*
Zuckerhut < *pan de azúcar*
Zuckerinseln
Zuckerkolonien
Zuckerrohr ohne Saft < *bagasse*
Zuckerrohr, gewöhnliches/ Kreolen-
Zuckerrohr, rotes von Guinea
Zuckerrohr von Tahiti
Zuckerrohrsaft < *vezú / guarapo*
Zuckersiederei, Zuckerplantage < *yngenio / ingenio*
Zylindergerät, das mittels Ochsen / Maultieren / Wasser in Bewegung gesetzt wird = klein Zuckermühle < *trapiche de bueyes / mulas / agua*

Glossar der Sklaverei

Abschaffung der Sklaverei
Barbarei, Gesetzes- und institutionelle
Buschmesser < *machete*
Einfuhr von afrikanischen Negern
Farbige
Farbige, freie
Freie

Freilassung
Freigelassene
Klasse, dienstbare
Menschenjagd
Mestizen < *mestizos*
Mischlinge von Negern und Eingeborenen < *zambos*
Mulatten, freie < *pardos y morenos libres*
Neger auf der Flucht, flüchtende Neger < *negros cimarrones*
Neger, braune aus Afrika < *negros bozales*
Neger, freie
Neger gefangennehmen
Negerbauern der Antillen
Negerhandel
Neger- und Mulattensklaven
Negerversteigerung gemäß dem Nachlass < *venta de negros de una testamentaría*
Rasse, kupferfarbige
Schwarze
Schwarze, freie
Sklaven
Sklave, gegeißelter, ausgehungerter und überarbeiteter
Sklavenhalter
Sklavenhandel
Sklavenstaaten
Sklaverei
ungleiche Verteilung von Rechten und Annehmlichkeiten des Lebens
Unterwerfung der Schwarzen
Übel, das allen moralischen Grundsätzen widersprach: < *cuatro consuelos*:
    1.- einen neuen Herrn suchen < *buscar amo: ¿Quiere Vd. comprarme?* 2.- die Freiheit, sich nach eigenem Belieben zu verheiraten < *la facultad de casarse según su inclinación* 3.- die Möglichkeit, die Freiheit durch Arbeit wieder zu erkaufen oder sie durch gute Arbeit zu erlangen < *la posibilidad de comprar la libertad por medio del trabajo* 4.- etwas besitzen zu können und damit die Freiheit seiner Frau und der Kinder zu erkaufen
verschanzt < *apalancados*
weiß werden, auf illegale Weise = in die Gruppe der Weißen ohne Dekret der Audiencia aufgenommen werden < *blanquearse*
Zucker- und Sklaveninseln

Inhalt

Irene Prüfer Leske

Danksagung.. 5

Kurz-Biographie Alexander von Humboldts... 9

Vorwort... 11

Zu dieser Ausgabe.. 15

Faksimilblatt... 19

Alexander von Humboldt

Essay über Kuba.. 21

0. Einleitung: Die geopolitische Bedeutung Kubas................................ 23

1. Havanna und Umgebung.. 27

   1.1 Havanna und Vororte... 27

   1.2 Bevölkerung Havannas und der Vororte um 1810........................ 31

   1.3 Umgebung Havannas.. 34

2. Geographische Beschreibung Kubas.. 37

   2.1 Ausdehnung und territoriale Abgrenzung..................................... 37

   2.2 Geophysikalische Verhältnisse... 38

   2.3 Hydrographische Skizze... 45

   2.4 Das Klima Havannas.. 46

   2.5 Häfen.. 59

   2.6 Gerichtsbarkeiten und Einteilung des Landes............................... 60

3. Bevölkerung.. 63

   3.1 Bevölkerung Kubas.. 63

   3.2 Bevölkerung im Vergleich innerhalb der Antillen und mit den amerikanischen Festlandstaaten... 64

   3.3 Prozentuale Verteilung freier Farbiger und Sklaven auf verschiedene Gebiete Kubas von 1811... 67

   3.4 Volkszählung von 1775.. 69

   3.5 Bevölkerung im Jahr 1811... 71

   3.6 Bevölkerung Kubas gemäß Volkszählung von 1817..................... 72

   3.7 Urbevölkerung.. 75

   3.8 Gerichtsbarkeiten... 79

   3.9 Die vier Bezirke der Provinz *Santiago de Cuba*......................... 80

   3.10 Verhältnis Neger zu Negerinnen... 80

3.11 Negereinfuhr nach Havanna zwischen 1763 und 1790 nach Freigabe des Negerhandels 81
3.12 Sklaven in den Vereinigten Staaten ....•.........................84
3.13 Sterberate der Neger 85
3.14 Bevölkerungsdichte 86

4. Landwirtschaft 89

4.1 Zucker 90
4.2 Kaffee 108
4.3 Tabak 110
4.4 Wachs 113
4.5 Handel 113
4.6 Finanzen 123

5. Über die Sklaverei 129

6. Reise ins *Güines-Tal*, nach *Batabanó* und zum Hafen von *Trinidad*, *Jardines* und *Jardinillos del Rey y de la Reina* 143

6.1 *Batabanó* und seine Krokodile 146
6.2 Reise durch die *Jardines* und *Jardinillos* 149
6.3 *Trinidad* 161

Irene Prüfer Leske
INDEX und GLOSSAR 167

1. Maße, Gewichte, Währungen 168
2. Orte 171
3. Personen 184
4. Pflanzen 190
5. Tiere 192
Glossare 194
Tabakglossar 194
Glossar der Zuckerproduktion 194
Glossar der Sklaverei 195

Zuckersiederei

ISLA DE PINOS

M E R   D E

Cayman grande

PLAN
DU PORT ET DE LA VILLE
de la
HAVANE

Longitude Occidentale

Carte dépliante de Cuba

Havanna

<<*Trinidad*>>

Tabaksplantage

La Magdalena

CASA CONDE DE VILLANUEVA
CALLE MERCADERES
LA HABANA VIEJA

CASA CONDE DE VILLANUEVA
CALLE MERCADERES
LA HABANA VIEJA

Innenhof

CASA CONDES DE JARUCO.
C/ MURALLA ZWISCHEN INQUISIDOR UND SAN IGNACIO.
PLAZA VIEJA.

Innenhof

CASA CONDE DE VILLANUEVA
CALLE MERCADERES
LA HABANA VIEJA

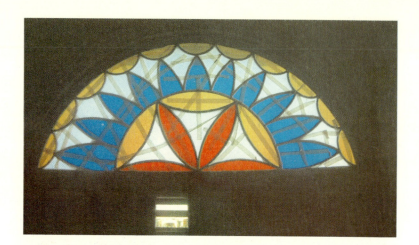

CASA CONDES
DE JARUCO.
C/ MURRALLA
ZWISCHEN
INQUISIDOR
UND
SAN IGNACIO.
PLAZA VIEJA.

CASA CONDES DE JARUCO.
C/ MURRALLA ZWISCHEN INQUISIDOR
UND SAN IGNACIO.
PLAZA VIEJA.

Innenhof Obergeschoss

Innenhof

CASA CONDES DE JARUCO.
C/ MURRALLA ZWISCHEN
INQUISIDOR
UND SAN IGNACIO.
PLAZA VIEJA.

Innenhof

CASA DEL OBISPO.
C/ ESPADA,
ZWISCHEN CHACÓN
UND CUARTELES.

CASA DEL OBISPO.
C/ ESPADA, ZWISCHEN CHACÓN
UND CUARTELES.

Cayo

Cayo

Cayo

Güines - Tal

Trinidad

Museum in Batabanó November 2000